춤춰라 우리의 밤을 그리고

이 세계에 오는 아침을 맞이하라

춤춰라
우리의 밤을
그리고
이 세계에 오는
아침을
맞이하라

사사키 아타루 지음 | 김소운 옮김

여문책

/ 차례

/ 머리말

2012년 6월 29일 오후, 이 책의 제목인 '춤춰라 우리의 밤을 그리고 이 세계에 오는 아침을 맞이하라'라는 주제로 이소베 료磯部涼 씨를 게스트로 모시고 인터뷰를 진행했다. 풍영법(풍속영업 등의 규제와 업무정당화 등에 관한 법률)에 의한 클럽의 영업규제가 강화되는 가운데 진행된 이 인터뷰는 헌법론과 댄스론까지 폭넓게 다루어서 의외로 화제가 풍성했다. 그 후 우리는 편집자 S씨와 함께 관저 앞에서 벌이는 금요시위 현장으로 향했다. 참가자가 15만 명이라느니 20만 명이라느니 말들이 많지만 신기하게도 열띤 지지를 얻은 최대 규모의 시위였다. 엄청난 인파와 소란, '시민civitas의 의지'를 목격했다.

그 눈부시게 아름다운 밤의 광경은 몸속 깊숙이 침잠해 있다가 갑자기 『밤을 빨아들여서 밤보다 어두운夜を吸って夜より昏い』(가와데쇼보신샤)이라는 소설을 집필하고 있을 때 손끝에서 끓어 넘쳐 남보라색으로 물든 저 밤하늘로 잉크처럼 용솟음친다. 그리고 10월, 11월에 했던 오사카 강연, 규슈 강연 이후 무슨 일이 일어났고 지금도 일어나고 있는지는 여러분도 잘 알 것이다. 그

것을 패배라고 단정 짓는 곡학아세의 목소리가 끊이질 않는다. 하지만 이 상황에 대한 나의 태도는 예전에 했던 두 차례의 강연에서 이미 밝혔다.

한 줄도 바꿀 필요를 나는 못 느낀다.

이 책에 수록된 이후의 대담에서 예술의 긍정성에 관해 했던 말이 미학적인 것으로의 후퇴일 수는 없다. 오랜 세월 견지해온 논리로 보건대 그것은 다름 아닌 투쟁의 연속이다. 후속작인 소설 『누더기 끌기らんる曳く』도 마찬가지다.

동시대를 사는 그리고 같은 전쟁을 치르는 여러분에게 이 책을 보낸다.

언제나 그랬듯 우리는 날쌘 발놀림으로 유쾌하고 신명나게 춤추는 괴물이어야 한다.

2013년 6월 21일

사사키 아타루

오늘은 중세 아니 고대부터 줄기차게 투쟁해서 획득한 표현의 자유나 영업권 때문에 대체 몇 명이나 희생당했나를 주제로 이야기했습니다. 셀 수 없이 많은 사람의 희생을 무시하는 것은 누구에 대한 범죄인가요? 우리에 대한 범죄만은 아닙니다. 이 법 권리를 획득하기 위해 피 흘리고 지혜를 짜낸 인류의 고귀한 역사에 대한 범죄입니다.

생존권을 얻기 위해 3만 5,000명이 죽어야만 했던 사실은 우리 인류에게 치욕입니다. 하지만 이것을 수호하지 않아 사망자가 점점 늘어난다면 치욕은 갈수록 더해만 갈 것입니다. 그런 짓은 절대 용납할 수가 없습니다. 표현의 자유든, 직업선택의 자유든, 법 권리는 그러한 역사를 짊어지고 쟁취해온 것입니다. 그러니 이 과중한 유산을 물려받고 그저 즐겁게 술 마시고, 아침이 밝을 때까지 밤새 덩실덩실 춤추면서 기쁘게 축하할 수 있습니다. 우리의 명예, 인류의 긍지를 수호할 수 있습니다. 이보다 멋진 일이 또 있을까요.

반복하겠습니다. 얘기가 약간 빗나가서 죄송하지만 이것은 '최저 강령'을 핵심 쟁점으로 하는 논의입니다. 진정한 보수주의자인 여러분, 진정으로 이 열도를 사랑하는 여러분께 다 함께 춤을 추자고 말하고 싶습니다.

법을 지켜라. 아침까지 춤추게 하라. 그 말 한마디면 충분합니다. 아침까지 춤추는 것에 정치적인 입장은 관계가 없습니다.

/ 01

춤춰라 우리의 밤을 그리고 이 세계에 오는 아침을 맞이하라

/ 2013년 6월 29일에 수록된 「춤춰서는 안 되는 나라, 일본」
(가와데쇼보신샤, 2012년 8월 간행)에 수록된
이소베 료 씨가 진행한 인터뷰 원고의 완전판

미리 밝혀두지만 오늘은 정치적 입장을 불문하고 핵심 쟁점인 '최저강령'을 집중적으로 논의하겠습니다.

클럽이란 '벽으로 둘러싸인' 공간입니다. 지정된, 폐쇄된 공간에서만 춤을 추죠. 감옥이나 군대, 학교, 미술관도 그런 기능이 있습니다. 미술관은 예술과 비예술을 분할하며, 예술을 가둬두는 공간입니다. 클럽도 마찬가지여서 예술과 춤의 힘을 감쇄시킵니다.

그나저나 어쨌든 클럽은 울타리 안에 은폐된, 울타리 안에 속하는 장소인 것은 기정사실입니다. 푸코는 『감시와 처벌』에서 복잡한 권력관계의 결과와 도구, 다양한 '감옥'장치들로 예속화된 신체와 힘, 그러한 전략의 구성요소인 담론의 대상들 사이에서, 곧 중심적이고 중앙권력 지향적인 사람들 틈에서 으르렁거리며 싸우는 소리를 들어야 한다고 했습니다. 갇혀 있다고 해서 끝이 아닙니다. 싸움은 지금부터 시작입니다.

그래서 지금 가장 중요한 것은 무엇일까요. 수단을 가리지 않고 싸우는 것입니다. 차근차근 진행하겠습니다.

/ '정의를 포섭하는 새로운 미'를 창조하기 위해

현재 각지에서 데모와 서명을 통한 청원 등의 직접행동을 촉구하는 목소리가 쇄도하고 있습니다.

이른바 현존하는 대의제가 한계를 드러내고 있다는 증거입니다. 일본은 양당제 국가이므로 정권이 바뀌면 새 세상이 온다고 했습니다. 그리고 국민들은 현 상황에 실망하고 있습니다. 애초에 그 말은 언어도단이었습니다. 이유는 간단합니다. 전쟁 전의 일본도 양당체제였거든요. 오늘날의 미국도 양당체제입니다. 양당제는 전쟁을 종식시킬 수도, 정·재계에 걸친 일부의 파벌지배를 저지할 능력도 없습니다. 역사적으로 분명한 사실입니다. 그냥 '자민당이 못하면 민주당', '민주당이 못하면 모두의 당'이라는 식으로 돌아가면서 해먹는 것입니다. 선택의 여지가 없을 때는 결국 어떤 일이 벌어질까요. 바이마르 공화국에서는 나치가 출현했습니다. 그러한 파시즘에 이르는 길을 답습하고 있지는 않은지 걱정됩니다.

현재 일본의 대의제는 사실상 완전히 붕괴했습니다. 자공민(자민당, 공명당, 민사당)의 삼자 밀담에서 추진해서인지 민주당 주류파는 자민당의 한 파벌 같습니다. 이미 그들은 국회에서 논의할 마음이 없습니다. 이러니 직접행동이 증가하는 것은 당연합니다. 심지어 정부가 혁명을 유도하는 듯싶기도 합니다.

"문만 닫으면 들통 나지 않아ドアだけ閉めときゃバレないさ"*라는 일본

랩을 대표하는 펀치라인이 있습니다. 펀치라인이란 힙합에서 중의적 표현을 목적으로 동음이의어(캬바레나이사きゃバレないさ: 카바레, 즉 무도장이 아니야)를 활용한 가사를 뜻하지요. 아무튼 기존에는 저항의 한 형식이었습니다. 선택지는 많을수록 좋다고, 이제는 저항형식도 한 가지만 고집해서는 안 됩니다. 당당히 법률상의 권리를 요구하고 법 개정을 촉구해야 합니다. 주의하실 것이 있습니다. 저항하는 방식을 '미적 판단'으로 선택하는 것은 잘못입니다. 미적 판단을 정치적 판단에 이용해서는 곤란합니다.

촌스럽다는 이유로 데모나 서명을 꺼리는 사람이 있습니다. 더러는 선거도 기피합니다.

이러한 자만은 중대한 잘못입니다. 선이나 미의 여부와는 엄연히 별개의 사항입니다. 부정不正해도 아름다운 것은 있을 수 있습니다. 추해도 옳은 것은 있을 수 있습니다. 따라서 미적 판단으로 옳고 그름을 따져서는 안 됩니다. 춤이 의제일지언정 이것은 법 개정의 문제입니다. 이 사실을 절대 착각하지 마십시오.

돌려서 얘기하면 허영심 때문입니다. 데모나 서명은 볼썽사납고 촌스럽다고 여기므로 멋진 방법을 선호하는 것입니다. 미적으로 판단하면 촌스러운 사람입니다. 촌스러운 결정적인 이유가 뭘까요.

* 현재 YOU THE ROCK★은 라이브 때 'HOO! EI! HOO! '98'의 가사를 변경했다. '법 개정'을 촉구하는 내용으로서 다방면의 정치적인 문제를 소재로 한다. 필자는 이 자리를 빌려 정치적으로나 미학적으로도 그의 공연에 진심으로 감명받았음을 밝힌다. (원주)

간단합니다. 촌스럽다, 멋지다는 기성의 미, 기성의 멋, 기성의 틀, 기성의 세련미에 의거한 판단에 불과합니다. 그저 기성체제의 미적 잣대로 판단한 것입니다. 가령 리펜슈탈[01]의 영화나 나치 친위대의 군복은 대단히 멋지고 세련되며 근사합니다. 그러나 그런 이유로 그들을 지지해도 됩니까. 지금 이 세계에는 그런 질문이 필요합니다.

클럽이라는 장소는 예술의 장소이며, 그러한 기성의 멋을 촌스러운 것으로 만들어버리는 혁신적인 창조력을 지닌 장소입니다. 그러므로 법 문제가 발생했을 때 한낱 허영심 때문에 진부한 미적 판단으로 지금의 정치적 판단을 억압하는 것은 이상합니다. 진정한 의미의 '새로운 창조'가 이루어지는 집단적 과정에서는 정치적으로도 정당한 새로운 멋을 창조하는 것이 가능합니다. 새로운 미를 옹호하고 정당화하는 정의와 또한 그 정의도 포섭하는 새로운 미를 창조합니다. 실현 가능성에 의구심이 들더라도 포기하지 말고 당장 이런 질문을 제기해야 합니다.

01 Leni Riefenstahl: 1902~2003, 독일의 영화감독 겸 배우. 뉘른베르크 전당대회를 묘사한 〈의지의 승리〉는 선전영화의 백미로 꼽힌다. 베를린 올림픽을 묘사한 〈민족의 제전〉은 인간의 강인한 신체와 게르만 민족의 인종적 우월함을 표현했다. 나치 선전영화를 제작한 탓에 종전 후에는 영화계가 아닌 사진가로 활동했다.

/ 투쟁의 수단을 가려서는 안 된다

법과 권리의 문제에 관한 기본적인 내용을 복습하겠습니다. 법 권리는 유럽이나 미국에서는 하나의 단어여서 독일어로는 레히트Recht, 프랑스어로는 드루아droit라고 합니다. 이것은 인권이 법으로 보장되어야 비로소 성립합니다. 우리는 법의 주체이므로 권리의 주체이기도 합니다. 그러나 이 말을 일본어로 번역할 때 모종의 조작이 이루어졌다는 역사적 사실이 있습니다. 모조리 '법'이라고 옮긴 것입니다. 그래서 권리를 지키려면 법이나 권력과 싸워야 하며, 법이 없는 절대적 자유만이 권리라는 기묘한 믿음이 발호跋扈하게 되었습니다. 중학교 때 배운 상식을 어찌된 영문인지 새로운 헌법 초안을 제출한 자민당 사람들은 모르는 모양입니다.

툭하면 법률 위반이랍시고 단속하며 법률을 지키라고 하는데 법을 쥐뿔도 모르는 사람들의 태도입니다.

모든 법은 상위의 법인 헌법에 입각해서 입안되어야 합니다. 이것이 입헌주의의 기초입니다. 입헌주의는 로마 공화제까지 거슬러 올라가는 오래된 이념으로서, 단적으로 말하면 통치gubernaculum는 사법jurisdictio에 의해 구속되고 제한되어야 한다는 것입니다. 인민에 의해 제정된 헌법은 통치를 하는 어떠한 정부에도 선행하며 법률을 제정하고 속박합니다. 따라서 어떠한 자의적 지배도 이것을 금하고 있습니다. 누가? 우리 인민이 말입니다. 로마법의 가장 뿌리 깊고 오래된 원칙은 '인민 전체가 법적 권위의 종국적 원천이다'라는 것이었습니다. 위대한 로마인의 역사적 유산은 이 한마디로 요약됩니다.

지금의 어리석고 못난 정치가가 생각하듯이 헌법은 국가나 권력자가 '비참한 민중'에게 하사한 것이 아닙니다. 비유하면 헌법이란 우리 인민이 자의적인 통치자의 목에 들이댄 칼입니다. 토머스 페인[02]이 말했듯이 정부와 헌법의 구별이 없는 국가는 사실상 전제입니다. 그리고 전제정치에 빠진 정부는 무법을 자행하고 있으므로 인민은 벌할 수 있습니다. 결단코 이것은 이른바 좌익적 언설이 아닙니다. 고대 로마법부터 중세 정치신학 이론을 거쳐 근대 자연법 이론과 정치적 자유주의로 면면히 이어져온 현행 헌법 역시 철학적으로는 전제라고 여기는 사항입니다. 이는 루돌프 폰 예링[03] 같은 국가주의자도 했던 주장입니다. 예링은 『로마법의 정신』에서 국가와 시민 전체, 즉 키위타스civitas는 동일하며 국가와 인민은 별개의 추상물이 아니라고 했습니다. 이 말은

02 Thomas Paine: 1737~1809, 미국의 사상가·언론인·저술가·정치혁명가. 미국 독립전쟁을 지지하는 팸플릿 중 1776년에 발표된 『상식』은 '독립선언문'의 탄생에 직접적인 역할을 했고, 프랑스 혁명을 목격하고 쓴 '인권' 역시 프랑스 혁명을 지원하는 사상적 기초가 되었다.

03 Rudolf von Jhering: 1818~1892, 독일의 로마법 학자로서 법사회학의 아버지로 불린다. 불후의 업적인 『로마법의 정신』으로 역사법학의 화려한 최후를 장식했다. 또한 법의 사회적 실용성을 중시한 『법에 있어서의 목적』, 『권리를 위한 투쟁』으로 목적법학의 활로를 모색하고 '살아 있는 법'의 기반을 구축했으며, "목적은 모든 법의 창조자이며 그 목적은 각 개인의 이익이다"라는 유명한 말을 남겼다.

누구나 수긍할 것입니다. 설사 보수주의자일지라도 진정한 보수주의자라면. 그래서 핵심 쟁점을 '최저강령'으로 정한 것입니다.

혹자는 다른 수단은 무용지물이니 차라리 압력단체를 통해 로비활동을 하자고도 합니다. 이 역시 미적 판단이 개입되어 투쟁의 수단을 가리는 것입니다. 압력단체와의 로비활동은 케케묵은 수단입니다. 아테네 민주제조차도 일부 압력단체의 뇌물과 커넥션이 정치를 왜곡시키고 기능부전을 야기했습니다.

이러한 수단은 로비활동을 하는 일부 인간집단의 이해가 우리 키위타스 전체의 이해인 양 통치를 왜곡시킵니다. 그러므로 빠른 길 두고 괜한 헛수고 말라는 식으로 로비활동을 부추기는 것은 식상하고 구태의연한 발상입니다. 한 가지 수단인 점은 부정하지 않겠습니다. 어떤 수단을 써도 좋습니다. 다만 한 가지 수단만 고집하는 태도는 시야가 협소하기 때문에 곤란합니다.

또 하나, 압력단체를 활용한 로비활동에는 근본적인 문제가 있습니다. 즉 책임 소재가 불분명하다는 것입니다. 압력단체는 익명성이 높습니다. 불투명성, 불명료성, 애매한 책임 소재라는 꼬리표가 따라다닙니다. 고로 공공연히 권력을 이용해 자신의 사리사욕을 채웁니다. 대체 어디가 새롭다는 것입니까? 커넥션, 유착, 담합, 뇌물, 낙하산 인사, 밀담은 구시대의 폐단입니다. 이런 수법으로는 일이 순조롭게 풀리지도, 멋지게 해결되지도 않습니다. '사모 쓴 도둑놈'이라는 속담이 괜히 있겠습니까. 피에르 르장드르[04]라는 저의 스승도 같은 말을 했습니다. 여전히 그런

진부한 소리를 하는 작자들이 있다고. 새로운 것으로 치면 실제로 책임 소재를 밝히는 공권력의 이념을 성립시킨 입헌주의가 역사적으로 단연 으뜸입니다. 놀랍게도 인민만이 국가이며 법의 원천이라는 합리적인 사고보다도 우정을 빌미로 돈을 건네서 해결하려는 진부한 사고가 현재도 우세합니다. 누누이 말하지만 그렇게 해서 해결할 수 있다면 하십시오. 재차 강조하겠습니다. 투쟁의 수단을 가려서는 안 됩니다. 물론 가급적 폭력은 배제하고.

/ 정부가 국가를 거역하고 있다

말씀드렸듯이 오늘은 최저강령에 관해 이야기하고 있습니다. 누구에게나 솔깃한 이야기일 것입니다. 왜냐하면 정치적 자유

04 Pierre Legendre: 1930~. 노르망디 출생의 법제사가法制史家이자 정신분석가로 파리 대학 법학부에서 박사학위를 받았다. 민간기업 겸 국제연합의 파견 직원으로 아프리카 여러 국가에서 활동한 뒤 릴 대학과 파리 10대학을 거쳐 파리 1대학 교수와 고등연구실습원 종교학 부문 교수를 겸임했다. 서양 법제사의 연구와 정신분석을 바탕으로 현대의 최첨단 산업주의 사회에서 법제도의 의미와 기능을 '종種으로서의 인간'에 대한 모든 '제도적인 것'의 발본적 재검토를 통해서 다시 파악하는 자칭 '도그마 인류학'이라는 장대한 작업을 펼친다. 주요 저서로는 『서양 도그마의 문제에 관하여—이론적 측면 *Sur la question dogmatique en Occident. Aspects théoriques*』, 『상흔: 갈망하는 젊은이들에게—젊은 대학생들과 함께한 지혜와 무지에 관한 강연 *La Balafre: À la jeunesse désireuse... Discours à de jeunes étudiants sur la science et l'ignorance*』, 『강의 2: 진리의 제국—산업적 도그마 공간 개론 *Lecons 2: L'empire de la Vérité; Introduction aux espaces dogmatiques industriels*』, 『피에르 르장드르 강의 8: 로티 하사의 범죄—부친론 *Pierre Legendre Lecons 8: Le Crime Du Caporal Lortie. Traité sur le Père*』, 『부동점—새로운 강연 *Le Point fixe. Nouvelles conférences*』 등이 있다.

주의와 국가주의의 논리일 뿐만 아니라 중세 정치이론이나 로마 공화제의 논리이기 때문입니다. 마르크스는 인용하지 않겠습니다. 저는 좌익이지만 이 문제는 완전히 국가주의의 논리여서 변혁이 가능합니다. 심지어는 혁명마저도.

따라서 인민에게 국가가 세운 법률을 지키라고 하는 것은 어불성설입니다. 그 법률은 우리 인민이 세운 헌법에 준거해야 하기 때문입니다. 그리고 우리는 전후 60여 년간 개헌하지 않았습니다.

거듭 말하지만 우리는 법의 담당자이자 권리의 담당자이며, 정부를 법으로 구속하는 것도 우리 인민입니다. 그 헌법에 위반하는 법을 지켜야 한다니 당치도 않습니다. 우리가 국가고 법의 근거이므로 이렇게 응수합시다. 사돈 남 말하지 말고 당신들이나 최상위 법을 지키라고. 다짐하건대 어찌된 영문인지 우파도 좌파도 '호헌파護憲派'라고 불리기를 두려워합니다. 호헌파든 아니든 뭔 상관입니까! 싸울 명분은 지금도 충분합니다. 현행 헌법을 지키면 끝날 문제를 굳이 복잡하게 만들 필요는 없습니다. 현대 사상을 운운하는 사람은 관념의 유희에 빠져서 일을 복잡하게 만드는데 이 문제는 단순하게, 간단하게 가야 합니다. 지금의 명분으로도 충분히 승산이 있습니다. '강요된 헌법'[05] 운운하는

05 1945년 포츠담 선언을 수락한 후 평화조약을 체결하기 이전의 점령 통치기에 연합국 최고사령관 총사령부의 강요 때문에 비자주적으로 일본국 헌법이 제정되었다는 이론. 헌법 개정을 제기하는 측이 항상 유력한 근거로 내세우곤 한다.

사람은 이미 논한 적이 있으므로 딱 한마디만 하겠습니다. 사카구치 안고의 책이나 다시 읽으라고.

이번 간사이에서 이루어진 풍영법을 빌미로 한 적발은 헌법 제22조의 직업선택의 권리·영업권의 침해입니다. 춤과 DJ는 명백한 표현의 자유이므로 "헌법은 결사, 언론, 출판, 기타 일체의 표현의 자유를 보장한다"라고 명시된 헌법 제21조의 위반입니다. 법률을 위반한 것은 정부입니다. 아시겠습니까. 모든 근대법의 아버지인 로마법의 정신에 따르면 국가인 인민을 거스르고 있는 것은 현 정부라고 할 수 있습니다. 지금의 정부야말로 진정한 로마법적 의미에서 '국가'를 거역하고 있는 것입니다.

풍영법 자체는 아무리 생각해도 헌법 위반이므로 법률을 지키라는 저들에게 "적반하장도 유분수지. 당신들이나 잘해"라고 응수해야 합니다. 헌법만 지키면 만사 해결됩니다. 아주 간단하죠. 말 그대로 최저강령입니다. 정치적 입장이 다른 사람도 인정하는 이념입니다. 번거로운 말로 이야기했다가는 역효과가 나니 "당신들이야말로 법률을 지켜"라고 다그쳐야 제대로 먹힙니다. 혹자는 클럽 인구가 적어서 풍영법 개정은 무리라고 주장하지만 벌써 30여 차례나 개정되었으므로 언제든 고칠 수 있습니다. 경찰도 알 테지만 개정할 때 오죽했으면 도쿄변호사회 회장이 "세상에 나온 것이 창피할 정도의 법률"이라고도 했을까요. "부당한 법이니 얼른 바꿔주세요"라는 한마디면 족합니다.

/ 춤은 생활 그 자체다

이참에 춤에 관한 이야기도 해볼까요.

하버드 대학의 무향실無響室에 얽힌 존 케이지[06]의 유명한 일화가 있지요. 절대 반향이 되지 않는 방에서 소리가 들렸다는 바로 그 얘깁니다. 그런데 의외로 케이지 자신이 그 일을 통해 어떤 결론을 얻었는지까지는 인용하지 않았습니다. 저서 『사일런스 *Silence*』에서 케이지는 이렇게 말했습니다.

나는 몇 년 전 하버드 대학의 무향실에 들어가 하나는 높고 또 하나는 낮은 두 가지 소리를 들었다. 그 일을 담당 엔지니어에게 말하자 높은 소리는 내 신경계가 작용하는 소리고 낮은 소리는 혈액이 순환하는 소리라고 가르쳐주었다. 내가 죽을 때까지도 소리는 남아 있을 것이다. 그리고 내가 죽은 후에도 그 소리들은 계속될 것이다. 음악의 미래에 대해 두려워할 필요는 없다.

멋지죠. 많은 사람이 케이지는 음악을 부정한 사람이라고 생각했습니다. 노골적으로 '음'으로 기성 '음악'을 파괴한 사람이라

06 John Milton Cage Jr: 1912~1992, 미국 전위음악의 주도적 인물이자 철학자·시인·음악이론가·출판인·아마추어 세균학자·버섯 수집가 등 여러 방면에서 다양한 활동을 펼쳤다. 대표작으로 〈소나타와 간주곡〉, 〈4분 33초〉 등이 있으며 법칙성과 제약성을 무시한 채 무작위로 선택하고 표현하는 '우연성의 음악'을 개척했다.

고. 하지만 그것은 오해입니다. 그는 음이 있는 한, 생명이 있는 한 음악은 죽지 않는다고 했습니다. 같은 책에서 "소리 없이는 생명은 한순간도 지속되지 않을 것이다"라고도 썼습니다.

살아 있는 것은 소리를 낸다는 뜻입니다. 즉 임의의 음에 맞춰서 취하는 몸짓을 춤이라고 정의하면 우리는 쉴 새 없이 춤을 추고 있는 것입니다. 우리는 자신에게서 나는 소리에 무의식적으로 반응합니다. 케이지 식으로 표현하면 고로 춤은 죽지 않습니다. 살아 있는 한 춤은 절대로 죽지 않습니다. 우리는 언제나, 어디서나 춤을 춥니다. 과거에도, 지금도, 앞으로도.

실제로 존 케이지나 머스 커닝햄[07]에게 영향을 받은 저드슨 댄스 시어터[08]라는 그룹의 사람들은 앉거나 걷는 것은 모두 춤이며, 춤이 아닌 것은 없다는 급진주의를 저돌적으로 밀고 나갑니다.

가령 아프리카의 반투족Bantu에 관한 19세기의 보고서에 이런 글이 있습니다. 어느 부족에서 쓰는 인사말을 축어역하면, 다시 말해 본래의 뜻에 충실하게 옮기면 어떻게 될까요? '무엇을 추

07 Merce Cunningham: 1919~2009, 현대무용의 전설로 추앙받는 미국 출신의 안무가다. 무용예술과 일상생활의 구분을 타파해 무용계에 포스트모더니즘을 도입하는 데 결정적 역할을 했다. 백남준과 45년 지기로 다수의 공동 작품을 발표했으며 머스 커닝햄 댄스 컴퍼니를 설립했다. 또한 2004년에 내한해서 커닝햄 무용단 창단 50주년 기념작인 〈Split Sides〉와 평생의 동반자 존 케이지에게 바치는 〈Ground Level Overlay〉, 신비롭고 시적인 이미지의 〈Pond Way〉 등을 공연했다.

08 Judson Dance Theater: 1962~1964년 사이에 저드슨 교회에서 춤을 추었던 무용그룹. 창의적인 실험으로 놀이의 요소를 포용함으로써 예술장르 간의 경계를 허물고, 더 나아가 관람객의 자유로운 참여를 유도해 놀이공동체의 경험을 공유할 수 있는 가능성을 제시했다.

니?'입니다. 대단하죠? 아침인사도, 점심인사도, 저녁인사도, 헤어질 때의 인사도 전부 같습니다. 모든 인사말이 '춤추고 있니?', '춤추고 있어'인 것입니다. 당연히 우물 긷기, 사냥, 육아, 농사짓기에 필요한 동작은 축제 때 추는 춤처럼 허리를 구부리고 하는 동작이 주류를 이룹니다. 그들의 일생을 관통하는 리듬이 곧 축제 때 추는 춤이니 굳이 일상을 춤과 구별할 필요가 없어서겠죠.

가나의 아샨티족Ashanti이라는 아프리카 종족 중에도 춤의 달인으로 불리는 사람들이 있습니다. 한 백인이 그들에게 어째서 항상 춤을 추느냐고 물었습니다. 아샨티족의 지식인은 뭐라고 답했을까요? "어째서 항상 춤을 추느냐고요? 살아 있기 때문이죠. 돌이 아니니까 춤을 추는 것입니다. 이제껏 돌이 춤추는 것을 본 적이 있으세요?"

그뿐만이 아닙니다. 아프리카의 '칼림바'[09]라는 엄지손가락 피아노를 아시죠? 다양한 부족의 사람들이 그 칼림바를 튕기면서 걷습니다. 양손이 비질 않아서 걷기 힘들 것 같죠? 천만에요. 연주를 하면서 걸으면 마냥 걸을 수 있습니다. 신발 구실이나 하려나 싶은 조악한 샌들을 신고 30킬로미터, 40킬로미터를 걸어도 끄떡없습니다. 이유가 뭘까요? 그것은 단순한 행군이 아니라 춤이기 때문입니다. 춤이기 때문에 지칠 줄 모릅니다. 클럽에 가

09 kalimba: 반으로 자른 표주박, 거북이 등껍질로 만든 공명상자에 붙어 있는 8~20개 정도의 가느다란 금속이나 대나무판을 통겨서 음을 내는 악기. 엄지손가락으로 통겨서 연주하기 때문에 엄지손가락 피아노, 므비라(움비라), 산사라고도 부른다.

본 적이 없어서 막연한 두려움을 느끼시는 독자 여러분도 이렇게 말하면 금방 이해하실 겁니다. 가령 좋아하는 음악을 들으면서 걷기나 조깅을 하면 장거리도 거뜬하고 힘든 줄도 모릅니다. 누구나 경험해보셨을 테지만 그것도 춤입니다. 경쾌하고 리드미컬하죠? 절대 희한하거나 특수한 사람들만의 능력은 아닙니다. 일상의 행동을 춤과 구별하지 않는 아프리카인의 예지叡智가 그립습니다. 피에르 르장드르의 견해에 따르면 이러한 그들의 춤이야말로 철학적·법적·정치적·신화적 사유에서 비롯된 것입니다. 하지만 더는 깊이 들어가지 않겠습니다.

고로…… 케이지는 아프리카인이었는지도 모릅니다. 철저하게 분석하면 결국 '춤추게 하다, 춤추다란 무엇인가?' 하는 결론에 도달합니다. 그러나 다른 행동과 구별해서 정의하는 것이 가능할까요? 지나치게 철학적인 토론이라고 여길지도 모르지만, 그렇지 않습니다. 인류가 수천 년간 영위해온 구체적인 삶을 이야기하고 있습니다. 춤은 '체육'이 아닙니다. 생활 그 자체입니다.

/ 춤에 열광해온 일본인

재차 말씀드리건대 클럽은 벽으로 에워싸서 춤을 격리합니다. 요컨대 요시하라吉原 같은 유곽이나 감옥, 군대와 학교도 마찬가지입니다. 벽으로 둘러싸인 내부에 격리시키고 감시하지만 밖에서는 보이지 않습니다. 완전히 블랙박스입니다.

미술이 미술관의 벽으로 둘러싸여 있듯이, 춤도 벽으로 둘러싸인 클럽에서 춥니다. 즉 우리는 최대한 타협해서 정부의 지침에 따라 고분고분 폐쇄된 공간에서만 춤을 춥니다. 지정한 장소가 아닌 곳에서는 춤추지 않습니다. 그러나 폐쇄된 공간은 밖에서는 보이지 않습니다. 밖에서 보이지 않으니 범죄의 온상이라고 불리기도 합니다. 이상한 논리 아닌가요?

일본에는 방대한 춤의 역사가 있습니다. 잘못된 세상을 뒤집는다(요나오시世直し)는 저항운동의 의미도 있는 춤의 역사가. 오카게마이리おかげ参り[10]도 있고, 지슈時宗[11]의 춤 염불踊り念仏도 있습니다. '에에자나이카'[12]도 빼놓을 수 없죠.

10 전 국민을 휩쓴 일종의 대중히스테리 현상. 이세 신궁 참배를 빙자해서 봉건적 지배에 대한 농민의 불만이 대중행동으로 이어졌다는 점에서 청의 태평천국의 난, 조선의 동학운동과 공통점이 있다. 다만 적극적인 무력반란이나 체제비판운동과 결부되지 않은 점이 특징이다.

11 정토종의 개조인 잇펜一遍(1239~1289)과 제자들, 귀의자들을 일컫는다. 법장비구가 정각을 얻어 아미타 부처가 된 순간, 중생의 구원은 이미 약속된 것이므로 나무아미타불을 염불하면 모두 왕생할 수 있다는 내용이다. 1279년경 이들이 교토에서 시나노信濃(현재의 나가노켄)의 젠코우지善光寺로 가던 길에 시작한 춤 염불은 사람들에게 볼거리와 함께 염불을 전하는 훌륭한 매개가 되었다.

12 *ええじゃないか*: 1867년 7월~1868년 4월, 도카이도東海道와 기나이畿内를 중심으로 일어나 에도와 시코쿠四国 지방까지 확산된 민중운동이다. 남자가 여자로, 여자가 남자로, 노모가 딸로 변장하고 '에에자나이카'라고 연호하는데, 주인과 고용인, 부모와 자식, 남자와 여자라는 고정관념을 뒤엎으려는 행위로 추측된다. 한국에서 상연된 연극에서는 마지막에 농민들이 "이런들 어떠하며, 저런들 어떠하리. 에에자나이카, 될 대로 되라지. 내가 죽어도 에에자나이카"라고 절규하면서 끝이 난다.

열광적으로 춤추는 단결된 민중의 마음을 양식으로 해서 다양한 봉기가 일어난 것은 사실입니다. 일본인이 클럽 문화에 친숙하지 않다는 것은 새빨간 거짓말이라고 이토 세이코 씨와도 이야기 나눈 적 있는데, 일본인은 의외로 열광적인 춤이라면 사족을 못 씁니다. '에에자나이카' 때문에 유신이 일어났으니까요. '순순히 시키는 대로 지정된 장소에서만 즐기겠다고 타협했건만 보이지 않는다고 범죄의 온상으로 취급해? 그럼 길거리에서 추란 소리야 뭐야. 그러다 혁명이 일어나면 어쩌려고' 하는 마음이 듭니다. 아까도 말했지만 설마 진짜로 혁명이 일어나길 바라는 것은 아닌지 걱정되어서 하는 말입니다. 논리적 파탄입니다.

지금 남녀노소가 데모나 관저 앞 시위 현장에 참여합니다. '1968년'에는 학생운동이었으니 그나마 다행이었습니다. 독일에서도 프랑스에서도 엄청나게 붐이 일었지만 순식간에 사그라지고 말았습니다. 그러나 이번에는 학생반란이 아닙니다. 지팡이를 짚은 노부부부터 어린아이를 데리고 나온 젊은 부부와 고등학생, 중학생까지 동참하고 있습니다. 보통 사람들, 즉 '키위타스'가 나선 것입니다. 따라서 일본 근대사에서 의미 있는 1968년[13]

13 도쿄 대학과 니혼 대학의 전공투(전학공투회의全學共闘會議, 전국학생공동투쟁회의의 약자)가 주도한 사건이 발생한 해로 1960년대 학생운동의 정점이 되었다. 1차 도쿄 대학 운동은 야스다 강당을 점거하고 제국주의 타도와 특권의식을 정면으로 비판했는데 일본을 지탱해온 엘리트 스스로가 일본이라는 체제에 내포된 모순을 자각했다는 의미를 갖는다. 한편 2차 니혼 대학 투쟁은 국세청이 20억 엔대의 비자금을 적발한 것을 계기로 일어났으며, 대낮에 테러공격을 감행하는 등 실로 생존에 위협을 느낄 만큼 폭력적인 양상을 띠었다.

을 상회하는 사태가 발생해서…… 행여나 모두가 한마음으로 춤을 추면 어찌 감당하려는지 묻고 싶습니다. 일본인은 종교적 정열이나 해방감trance에는 맥을 못 추는 민족입니다. 지금은 호되게 억압받고 있지만 억압에서 해방되면 당한 만큼……. 아마도 폐쇄된 공간에 있는 편이 나았다는 말이 절로 나올 것입니다. 그런데 왜 내가 체제 측의 입장을 대변하고 있는 거죠? 아무튼 아무도 다치지 않고 세상을 바로잡을 수 있다면 그것이 가장 이상적이겠지요? 그러니 일단은 져주고 풍영법을 개혁해서 아침까지 춤추게 하는 편이 훨씬 평화적이라고 생각합니다.

/ 춤과 정치

춤과 정치는 심오하고 복잡한 문제를 잉태하고 있습니다. 책 한 권은 족히 쓸 정도입니다. 그러나 이번에는 어려운 얘기는 접어두고 단순하게 가겠습니다.

춤은 외설적이죠. 처음 흑인의 춤을 본 백인 선교사들은 "저 허리 놀리는 꼴하고는 상스러워서 못 봐주겠군" 하며 철저히 탄압했습니다. 통제할 수 없는 타인의 행동은 통치자에게는 다름 아닌 공포입니다. 최후의 인디언 전쟁은 단지 '유령 춤ghost dance'이라는 저항 춤을 췄다는 이유로 인디언들을 일방적으로 학살한 사건이었습니다.

그러나 반대로 흑인의 관점에서 보면 본국인(식민지 개척자들)이 사교계에서 추는 춤도 저속하기는 매일반입니다. 사교춤은 남녀 한 쌍이 육체를 맞대고 추는 춤이기 때문입니다. 물론 사교춤을 부정하는 것은 아닙니다. 단지 흑인에게는 남녀끼리 육체를 맞대고 추는 춤이 없으므로 그들의 눈에는 엄청나게 파렴치한 짓입니다. 세네갈의 시인이자 초대 대통령인 레오폴드 세다르 셍고르[14]는 "우리의 춤은 신체적 결합을 떳떳하게 여기지 않는다"라고 했습니다. 그는 파리 대학을 나와 프랑스어로 시를 썼고, 아프리카인 최초로 아카데미 프랑세즈의 회원이 되었으며, 더욱이 전 레지스탕스 투사이기도 합니다. 그런 그가 이렇게 말합니다. 문화가 다른 만큼 춤도 제각각이라고.

그런데 여기서 이야기가 재차 반전됩니다. 사실 그 사교계의 춤은 기독교의 이념에서도 매우 외설적인 춤입니다. 그토록 밀착해서 추는 춤은 세계에서도 유례를 찾아볼 수가 없습니다.

하기야 이전에도 연애를 소재로 한 시나 노래가 없었던 것은 아닙니다. 공저한 책에서 들뢰즈와 가타리도 기술했다시피 12~13세기에 남프랑스의 다양한 사회적 요소를 응용한 궁정 연애와 기사도, 음유시인으로 이루어진 이른바 근대적인 연애가 하나의 '사회체제'로서 성립했다고 할 수 있습니다. 그와 동시에

14 Leopold Sedar Senghor: 1906~2001, 시인이자 교사·정치가. '흑인 아프리카 세계의 문화적 유대의 총화'라고 정의된 네그리튜드negritude 운동의 선구자였으며 아프리카인 최초의 프랑스 윤리·정치학 협회의 회원이기도 했다.

그러한 형식의 춤도 출현했습니다. 연애담이나 기사도 이야기, 근대적인 연애 개념을 만든 트루바두르[15]라는 말의 기원은 원래 아랍어입니다. 따라서 연애와 기사도와 사교춤이라는 조합은 실은 비유럽적인 것에서 유래했을 가능성이 있습니다. 까놓고 얘기해서 유럽인도 육체를 밀착시키고 춤을 춘 것은 극히 최근으로 그전까지는 철저히 탄압했습니다. 시간을 바짝 당겨서 현재형으로 이야기하면 '사교춤이 허용되었으니 우리도 춤추게 해달라'는 것뿐입니다.

기독교도 이슬람교도 유대교도 춤을 어떻게 취급하느냐 때문에 곤혹스러워합니다. "다윗왕은 전쟁도 하고 사랑도 하고 시도 썼지만 특히 여호와 앞에서 덩실거리며 춤췄다. 춤을 추며 여호와를 찬양하라"고 구약성서에 적혀 있습니다. 그렇다고 춤을 예찬하는 종교인가 하면 출애굽기에서는 우상을 숭배하는 어리석은 무리의 풍속이라며 매우 상반된 태도를 보입니다. "우리가 너희를 향하여 피리를 불어도 너희가 춤추지 않고"라는 구절도 실은 신약성서의 마태복음과 누가복음에 나오는 예수의 말입니다. "우리가 피리를 불어도 너희는 춤추지 않고." 예수 그리스도는 정말로 사람들을 춤추게 하려고 한 것입니다. 아우구스티누스도 춤에 관해서는 미온적인 태도를 취했습니다. 본심은 춤을 억압하고 싶건만 성서에 이렇게 적혀 있으니 무턱대고 부정할 수

15 troubadour: 중세 남부 프랑스의 음유시인을 통틀어 이르는 말. 무훈과 기사도를 소재로 지은 연애시는 서정성이 강한 것이 특징이다.

도 없었습니다. 이슬람교도 음악에 대해서는 대단히 특이한 개념을 갖고 있어서 일부 원리주의자들은 음악을 철저히 부정하고, 음악가들이 죽음에 이를 때까지 폭력을 가했다는 슬픈 소식까지 전해지는 형편입니다.

그들은 낭송은 음악이 아니라고 하지만 그 아름다운 코란의 낭송만이 아니라 아라비아와 페르시아의 풍부하고 다양한 음악 문화를 어떻게 생각해야 하나요. 물론 위대한 음악이 있는 곳에는 위대한 춤이 있고, 이슬람의 이른바 신비주의에서는…… 시작하면 한이 없으니 이쯤에서 관두겠습니다. 유감스럽지만 일일이 얘기하기 벅찰 정도로 아시아의 춤을 비롯해서 흥미진진한 사례가 산더미처럼 쌓여 있거든요.

다른 예도 얼마든지 있지만 다양한 종교, 특히 일신교에서 춤은 이런 것입니다. 부정하고 싶지만 완전히 부정할 수 없는 것. 섹스와 비슷하지요. 어느 종교에서든 섹스는 음란하고 발칙한 짓이라고 말합니다. "잘 알겠습니다. 스님 말씀대로 성관계는 일체 갖지 않겠습니다"라고 하고 철석같이 지킨다면 인류는 멸망하고 맙니다. 마찬가지로 존 케이지와 아프리카의 위대한 댄서들이 말했듯이 들리는 소리에 맞춰 의식적으로든 무의식적으로든 되풀이하는 행위가 춤이라면 생활 그 자체이므로 멈출 수가 없습니다. 아무리 풍속을 문란하게 해도 막을 수는 없습니다. 하지만 지배하는 측은 기어코 통제하려고 합니다.

권력의 근본적인 습성이니 신체부터 노리는 것입니다. 올바른 행동과 그른 행동, 혹은 합리적인 행동과 비합리적인(광기의) 행동으로 나누고 갈라서 후자를 배제하려고 합니다. 가령 루이 14세에게 춤을 가르친 교사는 예절 교사이기도 했습니다. 예컨대 춤을 통해 신체를 통제하려고 했던 권력체제가 있었습니다. 극히 일부의 궁정 내부에 국한된 이야기겠지만. 또한 춤은 소리가 있는 곳이면 어디서나 만들며 더욱이 소리는 만물에 존재합니다. 그러므로 모든 민중의 행동을 완전히 통제하기란 매우 어렵습니다. 그러나 통제하려는 쪽이 멋대로 정한 합리성이라는 편협한 잣대로 자연스러운 현상을 불합리하다고 배제하는 정열은 그것 자체가 불합리입니다. 왜냐하면 도저히 불가능하므로.

저는 춤이 불합리하다고는 생각하지 않습니다. 숙련된 댄서의 행동에 담긴 깊은 이치를 모르는 사람은 없습니다. 오히려 그릇된 잣대를 들이대며 닥치는 대로 배제하려는 발상이 불가능하고 불합리하며 억지입니다. 생활환경의 변화로 사람들의 행동거지는 변합니다. 삶을 영위하는 집단적인 리듬 자체가 달라집니다. 그래서 새로운 신체가, 새로운 동작이, 새로운 춤이 필요합니다. 인간이 생존을 위해 동작을 만들고, 그 동작으로 창조적이고 풍요로운 생활을 하는 방법을 모색하는 것이 문제입니다. 그것이 실은 춤의 문제라고 반복해서 말하지 않아도 되겠죠. 그러한 인간의 삶 자체의 '진정한 창조성'을 사전에 압살한다면 우리의 생에 미래는 없습니다. 그런다고 득볼 사람은 아무도 없습니다.

/ 과거에 대한 책임

한 가지만 더 이야기하겠습니다. 과거에 대한 책임에 관해서입니다. 가령 일본 헌법 제25조의 생존권은 건강하고 문화적인 최저한도의 생활을 누릴 권리를 말하죠. 이것을 확립한 사람이 누구냐 하면 로베스피에르입니다. 3만 5,000명을 단두대로 보낸 장본인이죠. 따라서 생존권은 절대 하찮은 것이 아닙니다. 로베스피에르는 용렬한 테러를 자행했습니다. 테러[16]의 어원은 그의 공포정치입니다. 그러나 아무리 목 놓아 절규한들 후쿠시마가 원상태로 돌아가지는 않듯이 무슨 짓을 해도 3만 5,000명의 목숨을 되살릴 수는 없습니다.

우리가 과거에 대한 책임으로서 할 수 있는 일은 그들의 죽음을 헛되이 만들지 않는 것입니다. 정부가 생존권을 철저히 인정하게 하는 것입니다. 생존권은 각종 사안이 얽힌 문제입니다. 따라서 원자력발전소의 문제이자 피해 지역 주민들의 문제이며 동시에 모든 빈곤과 격차의 문제이기도 합니다. 그러나 생존권을 철저하게 보장하지 않은 탓에 장담하지만 이 열도에서만도 3만 5,000명이 죽었습니다. 괴이하게도 이것은 죽은 3만 5,000명의

16 terror: 프랑스어 terreur에서 유래했고 거대한 공포를 뜻하는 라틴어 terror가 어원이다. 18세기 프랑스 대혁명 당시 자코뱅파(산악파)의 로베스피에르가 투옥, 고문, 처형 등의 방법으로 혁명 반대파나 온건파를 숙청했던 '공포정치reign of terror'에서 처음 사용했다고 추정한다. 로베스피에르는 1794년에 이른바 '테르미도르Thermidor(열월熱月) 반동'이라는 쿠데타 때 처형당했다.

프랑스인의 묘를 파헤쳐서 다시 한번 시신을 짓밟는 짓입니다.

흔히들 미래에 대한 책임이라고 하는데 저는 과거에 대한 책임이라고 생각합니다. 일단 우리가 받은 과거는 너무나도 무겁고 게다가 피투성이입니다. 하지만 보물입니다. 그래서 외면하고 목전의 이익에 집착할지, 3만 5,000명의 죽음을 헛되이 만들지 않도록 행동할지는 우리의 양 어깨에 달려 있습니다.

오늘은 중세 아니 고대부터 줄기차게 투쟁해서 획득한 표현의 자유(제21조)나 영업권(제22조) 때문에 대체 몇 명이나 희생당했나를 주제로 이야기했습니다. 셀 수 없이 많은 사람의 희생을 무시하는 것은 누구에 대한 범죄인가요? 우리에 대한 범죄만은 아닙니다. 이 법 권리를 획득하기 위해 피 흘리고 지혜를 짜낸 인류의 고귀한 역사에 대한 범죄입니다.

생존권을 얻기 위해 3만 5,000명이 죽어야만 했던 사실은 우리 인류에게 치욕입니다. 하지만 이것을 수호하지 않아 사망자가 점점 늘어난다면 치욕은 갈수록 더해만 갈 것입니다. 그런 짓은 절대 용납할 수가 없습니다. 표현의 자유든, 직업선택의 자유든, 법 권리는 그러한 역사를 짊어지고 쟁취해온 것입니다. 그러니 이 과중한 유산을 물려받고 그저 즐겁게 술 마시고, 아침이 밝을 때까지 밤새 덩실덩실 춤추면서 기쁘게 축하할 수 있습니다. 우리의 명예, 인류의 긍지를 수호할 수 있습니다. 이보다 멋진 일이 또 있을까요.

반복하겠습니다. 얘기가 약간 빗나가서 죄송하지만 이것은 '최저강령'을 핵심 쟁점으로 하는 논의입니다. 진정한 보수주의자인 여러분, 진정으로 이 열도를 사랑하는 여러분께 다 함께 춤을 추자고 말하고 싶습니다.

법을 지켜라. 아침까지 춤추게 하라. 그 말 한마디면 충분합니다. 아침까지 춤추는 것에 정치적인 입장은 관계가 없습니다.

/ 이 세계에 빛을

오늘은 일부러 국가주의와 정치적 자유주의의 논리만 이용했습니다. 그것만으로도 여기까지 생각하고 변혁하기에는 충분합니다.

그러나 이제부터는 가장 오래된 논리를 이용하겠습니다.

우리가 햇볕을 쬐며 살 수 있는 이유는 무엇일까요? 『고사기古事記』와 『일본서기日本書記』에 의하면 아메노우즈메[17]가 춤을 췄기 때문입니다. 한밤중에 반라로 아침이 올 때까지 췄습니다. 아니, '한밤중에 아침이 올 때까지'가 아니라 다시 아침을 부르기 위해서 췄습니다. 아마테라스를, 태양을, 빛을 다시 불러들이기 위해 한밤중에 '미친 듯이 춤추며' 신들과 함께 웃었습니다.

17 天宇受賣命, 天鈿女命: 풍요의 여신. '아메노이와도天石屋戶 신화'에서 태양신인 아마테라스天照大神가 석굴에 숨었을 때, 이 신을 부활시키기 위한 제사과정에서 젖가슴과 음부를 드러내며 춤을 추어 여러 신의 웃음을 자아냈다고 전한다.

이렇게 훌륭한 신화를 가진 이 열도의 사람들이 밤에 춤추는 것을 금지하다니 가소롭습니다. 아메노우즈메는 모든 예능의 신입니다. 사랑하는 이 열도에서, 이 대지를 밟고 사는 인간이라면 우리가 밤을 밝혀서 춤을 추기에 이 세계에 아침이 온다고 생각해주십시오.

이 세계에 빛을 가져오는 것은 우리의 춤이라고.

우리는 삶의 여정에서 책을 읽습니다. 짧다면 짧고 길다면 긴 그 세월 속에서 책장을 넘기는 손을 멈추고 잠에 빠져들기도 합니다. 일부러 혹은 무심코 건너뛰고 읽기도 합니다. 꼼꼼하게 사전을 찾으려니 문득 귀찮아서 그만둡니다. 갈피표를 잊어서 읽은 곳을 다시 읽습니다. 희미한 기억에 의지해서 읽다 만 부분을 찾아서 읽으면 역시 건너뛰고 읽은 탓에 줄거리를 이해할 수가 없습니다. 두 번, 세 번 읽기도 하고, 천천히 읽거나 빨리 읽는 부분도 있습니다. 책 한 권을 읽어도 읽는 속도가 다릅니다. 같은 부분도, 여러 번 읽어도, 속도가 다르므로 잘못 읽고 맙니다. 정독해야 할 부분을 대충 읽거나, 속독해야 할 부분을 정독합니다. 그리고 또 잘못 읽습니다. 하지만 여기는 천천히 혹은 빨리 읽어야 한다는 규칙을 누가, 어떻게 정할 수 있을까요? 저자건 누구건. 무슨 수로. 그럼 어떻게 해야, 무슨 수를 내야 이해할까요? 가능하긴 할까요?

번역이 불가능하다는 것은 거짓말입니다. 가능하기에 불가능하다고 할 수 있는 것입니다.

전부 번역이 가능하다는 것도 거짓말입니다. 그것은 낭만주의적인 과오입니다. 횔덜린의 말처럼 모어도 외국어도 집일 수는 없으므로 우리말의 안식처 따위는 존재하지 않는다는 잔혹한 사태를 간과한 것입니다. 따라서 결론은 모든 책을 이해할 수 없다는 말은 거짓이지만 모든 책을 이해한다는 말도 거짓입니다. 난해하다고 해서 읽지 않는 것도, 쉽다고 해서 읽는 것도 아닙니다.

/ 02

어머니의 혀를 거역하고, 다시

번역·낭만주의·횔덜린

/ 구마모토 강연(2012년 11월 15일 나가사키 서점에서)과
후쿠오카 강연(2012년 11월 16일 언인스티튜트·프랑세규슈에서)의 재편집본

기본적인 이야기부터 하겠습니다.

어떤 책을 쉽다, 난해하다고 하는 원인이 뭘까요. 최종적으로는 번역의 문제로 집약됩니다. 번역이란 이해하는 것과 불가해한 것, 다른 언어로 옮길 수 있는 것과 없는 것이 동시에 나타나는 사태 그 자체이기 때문입니다. 그리고 구원과도 관련됩니다. 차근차근 진행하겠습니다.

번역의 문제를 객관적이고 과학적으로 설명하기는 힘듭니다. 아무리 용을 써도 전체를 망라할 수는 없습니다. 그 이유는 바로 고대 이집트 고왕국 이전인 기원전 3000년 전부터 번역이 존재했기 때문입니다. 무슨 말인지 아시겠습니까? '문자'가 발생한 시기와 번역이 존재한 시가가 거의 일치한다는 것입니다. 문자가 있는 곳에 번역이 있다는 말이죠. 그리고 번역에 필수불가결한 것은 사전이지요. 세계 최초의 사전은 지금부터 4,600년 전에 완성되었습니다. 이른바 수메르의 국어사전으로서 무려 약 4,000년 전인 기원전 1900년부터 수메르-아카드어[01] 사전이라는 외국어 사전이 존재했습니다. 여러분도 아시는 『길가메시 서사시*Gilgamesh Epoth*』[02]는 놀랍게도 고대 메소포타미아의 거의 모든 언어로 번역되었습니다. 번역이라는 활동이 그만큼 오래되었다는 증거죠. 더구나 번역의 실제 작업과 아울러 능숙하게 번역하는 요령을 설명한 번역론도 이미 그 무렵부터 존재했습니다. 따라서 번역이나 번역론도 방대하므로 오늘은 논점을 압축해서 이야기하겠습니다.

어쨌든 우선 번역은 평판이 나쁩니다. 오역이 있다거나 뉘앙스를 전달하지 못한다고 말합니다. 여러분 중에도 소설은 좋아하지만 외국 문학 번역본은 싫어하시는 분이 계실 겁니다. 곧잘 인용되는 "번역자는 반역자Traduttore, traditore"라는 격언을 아십니까? 『구원의 별*Der Stern der Erlösung*』이라는 책을 쓴 프란츠 로젠츠바이크[03]라는 유대인 철학자는 번역이란 모어와 외국어라는 "두 명의 주군을 섬기는 것"이라고 했습니다. 역시나 반역자 취급입

01 Sumerian Akkadian: 수메르어는 이집트어와 함께 인류 역사상 문자로 기록된 가장 오래된 언어로서 한국어, 일본어, 몽골어, 터키어 등과 같은 교착어에 속한다. 또한 아카드어는 고대 메소포타미아 왕국의 말로 사용되었던 셈족 계통의 언어다. 그러나 기원전 2000년대 말 셈족인 아카드인들이 수메르를 정복하면서 아카드인들이 수메르의 문자체계를 배우고 기술과 문학을 받아들인 탓에 아카드어와 혼용되면서 이후 아카드어는 수메르어의 영향을 많이 받았다.

02 우루크 제1왕조 5대 왕이자 고대 근동 지방의 전설적인 반신반인의 영웅 길가메시의 모험담으로 약 3,000행에 달하는 세계에서 가장 오래된 바빌로니아의 서사시다. 기원전 2000년경에 쓰인 것으로 추정되며 노아의 홍수와 유사한 대홍수 설화가 등장한다. 친구의 죽음으로 인간의 한계를 자각한 뒤 절망에 빠져 영원한 생명을 찾아 방황하는 인간의 내면에 보편적으로 존재하는 비극을 담고 있다.

니다. 또한 블라디미르 나보코프[04]라는 작가가 있습니다. 망명한 러시아인으로서 영어로 집필하는 길을 택했습니다. 또한 러시아어로 쓴 자신의 작품은 영어로, 영어로 쓴 작품은 러시아어로 번역했습니다. 그런데 그 나보코프가 말합니다. 번역이란 저자의 머리를 접시에 담아 내놓는 짓이며, 죽은 자에 대한 모독이라고. '당신이 할 소리는 아니잖아'라고 하고 싶네요. (웃음)

이렇듯 어학 능력을 겸비한 철학자와 소설가조차도 번역을 반역자 취급하니 번역에 대한 의심이 갈수록 더해가는 것입니다. 아무래도 번역이 아닌 순수한 모어, 민족의 순수한 원어로 표현한 것이 훨씬 읽기도 수월하고, 이해하기 쉬워서 좋긴 하지요. 모국어에는 못 당하는 법이니까요.

그래도 일단 남의 문물을 받아들이려면 번역이 필요하다며 번역의 당위성과 의의를 주장하는 입장이 있다고 칩시다. 또 다른

03 Franz Rosenzweig: 1886~1929, 독일 태생의 20세기를 대표하는 유대계 종교철학자다. 역사가인 프리드리히 마이네케 문하에서 헤겔의 정치철학과 역사이론에 관한 논문 『헤겔과 국가』를 썼다. 1918년 병사로 파견된 발칸 전선의 참호 속에서 돌연 영감을 얻어 대표작 『구원의 별』을 집필했으며, 유대인 성인교육 기관인 '자유유대학사House of Jewish Learning'를 설립하기도 했다. 근위축성 측색 경화증, 일명 루게릭병에 걸리지만 마르틴 부버Martin Buber와 함께 구약성서의 새 독일어 번역에 착수했다.

04 Vladimir Nabokov: 1899~1977, 러시아 문학의 거장이자 미국 문학의 대표적인 작가다. 상트페테르부르크의 오래된 귀족 명문가에서 태어났으나 볼셰비키 혁명으로 조국을 등졌다. 롤리타 신드롬을 일으킨 소설 『롤리타』로 일약 세계적인 작가가 되었고 곤충학, 특히 나비 연구에 몰두해 하버드 대학 동물박물관에서 인시류鱗翅類(나비와 나방류) 연구원으로도 활동했다. 주요 작품으로는 『세바스찬 나이트의 참 인생』, 『좌경선』, 『프닌』, 『창백한 불꽃』, 『아다 혹은 열정: 가족 연대기』 등이 있다.

사례로서 남이 뭐라고 하건 번역 나부랭이는 불필요하다는 입장도 있을 수 있습니다.

다시 말해 타인과의 개방된 교류를 통해 내면을 풍요롭게 한다며 번역을 긍정하는 입장이 있는 반면 순수하고 불순물이 없는, 잡종이 아닌, 특유의 아름다운 모어를 선호하는 입장도 있습니다. 모어는 영어로 mother tongue, 즉 '어머니의 혀'라고 합니다. 매우 근친상간적인 비유죠. 자민족의 자연스러운 유연성을 상징하는 이 말랑말랑하고 미끈미끈한 어머니의 혀 속에서 살려는 자민족중심주의·모어중심주의입니다. 비록 초보적인 내용이지만 우선 이것을 대립축으로 세우겠습니다.

지금부터 이 대립축을 완전히 뒤집겠습니다.

순수한 모어에 대한 사랑은 어디서나 발견됩니다. 자국어의 정화를 부르짖는 사람들 혹은 운동은 일본만이 아니라 전 세계에 있습니다. 그러나 이 순수한 모어에 대한 사랑은 역시 기묘한 뉘앙스를 내포하고 있습니다. 에로틱하다고나 할까요. 라캉을 인용하면 다른 각도에서 논할 수 있지만 지난번에 했으니 생략하겠습니다.

우선 독일 낭만주의 철학자로서 폰 헤르더[05]라는 사람이 있습니다. 개략적으로만 소개하면 칸트를 비판하면서 칸트 같은 순수이성이 아니라 민족성과 역사성 그리고 언어가 중요하다고 말한 사람입니다. 그러나 그의 칸트 비판은 엉뚱하고 논리정연하지 않아서 철학적으로 대단히 엉성합니다. "모든 여행가의 아버지,

모든 호사가의 아버지"라는 말마따나 그저 괴짜인 데다 토착문화를 사랑하는 정신의 시조 같은 사람으로 이른바 민속학과 민예, 민족 신화를 중시하는 사고의 원류입니다.

그 헤르더가 기묘한 표현을 했습니다. 아직 번역된 적이 없는 언어를 놀랍게도 '처녀'에 비유한 것입니다. 번역어가 섞이지 않은 아름다운 말, 순수한 나의 말, 순수한 내 나라의 말, 순수한 내 어머니의 말을 처녀에 비유하다니 솔직히 멍청하다고밖에 할 말이 없습니다. 참으로 꿈도 야무지지 세상에 그런 언어가 어디 있습니까. 게다가 매우 섹스광적인 비유여서 상스러울뿐더러 처녀 숭배 사상에서 나온 여성 멸시 발언입니다. 순수한 처녀 같은 독일어는 있을 리 만무합니다. 모든 말은 닳고 닳았습니다. 그것이 말이 지닌 강력한 힘의 원천입니다.

하긴 이 열도에 살면서도 라누키코토바[06]는 문법상 바른 말이

05 Johann Gottfried Von Herder: 1744~1803, 독일의 신학자·철학자·역사학자·심리학자·교육자이자 문인이다. 독일 근대문학에 새로운 바람을 불러일으킨 문화사적 사건인 질풍노도STURM UND DRANG 문예운동을 주도했다. 괴테, 빌란트, 실러와 더불어 '바이마르의 네 별'로 불리며 독일에 신인문주의가 뿌리내리는 데 공헌했다. 괴테와 실러의 문학, 피히테와 헤겔 등의 독일 관념론 철학, 독일 낭만주의 문예운동, 훔볼트의 언어학에 큰 영향을 미쳤다. 주요 저서로는 『언어의 기원에 대하여』, 『새로운 역사철학』, 『오시안과 옛 민족들의 노래』, 『인간성의 계발을 위한 서한집』, 『최근 독일 문학에 대한 단상』 등이 있다.

06 ら抜き言葉: 동사의 가능형에서 ら를 생략한 말을 가리킨다. 예컨대 '먹다, 먹을 수 있다, 드시다'를 일본어로 옮기면 모두 '다베라레루食べられる'다. 그러나 수동형인지 가능형인지 경어인지 헷갈리기도 하고 발음하기도 불편해서 가능형의 경우 종종 '라ら'를 빼고 '다베레루'라고 한다.

아니다, 창피하다며 순수한 일본어, 깨끗한 일본어를 찾는 사람들이 어딘가에 있습니다. 그런 얼토당토않은 소리를 하는 사람들일수록 유독 발칙하다는 종잡을 수 없는 말을 하며 제 소설을 타박합니다. 고문古文의 소양을 갖춰야 이해할 수 있으니까요. 여담이지만 그래서 이번 소설에서는 오기로 라누키코토바를 몇 가지 쓸까 합니다. (웃음)

하던 얘기로 돌아가겠습니다. 번역된 말이 일체 섞이지 않은 순수한 언어, 청정한 언어라면 우리는 흔히 순수한 모어인 일본어를 생각합니다. 순수한 언어는 곧 순수한 자민족의 아름다운 말이라고. 하지만 유대교나 기독교도들의 생각에는 큰 특색이 있습니다. 그들에게 정말로 순수한 말이란 실은 모어가 아닙니다. 무엇일 것 같으세요?

그럼 성서를 읽겠습니다. 구약성서의 창세기 제11장입니다.

온 땅의 언어가 하나요 말이 하나였더라. 이에 그들이 동방으로 옮기다가 시날Shinar 평지를 만나 거기 거류하며 서로 말하되 자, 벽돌을 만들어 견고히 굽자 하고 이에 벽돌로 돌을 대신하며 역청으로 진흙을 대신하고 또 말하되 자, 성읍과 탑을 건설하여 그 탑 꼭대기를 하늘에 닿게 하여 우리 이름을 내고 온 지면에 흩어짐을 면하자 하였더니 여호와께서 사람들이 건설하는 그 성읍과 탑을 보려고 내려오셨더라. 여호와께서 이르시되 이 무리가 한 족속이요 언어도 하나이므로 이같이 시작하였으니 이후로는 그 하고자

> 하는 일을 막을 수 없으리로다. 자, 우리가 내려가서 거기서 그들의 언어를 혼잡하게 하여 그들이 서로 알아듣지 못하게 하자 하시고 여호와께서 거기서 그들을 온 지면에 흩으셨으므로 그들이 그 도시를 건설하기를 그쳤더라. 그러므로 그 이름을 바벨이라 하니 이는 여호와께서 거기서 온 땅의 언어를 혼잡하게 하셨음이니라. 여호와께서 거기서 그들을 온 지면에 흩으셨더라.

여러 가지 설이 있지만 바벨이란 굳이 풀이하면 혼란이라는 의미입니다. 혼란의 땅에서 흐트러진 혼란의 자식인 것입니다. "주는 거기서 그들을 온 지면에 흩으셨다", 왜 흩어놓아야만 했을까요? 같은 창세기 제1장에 나옵니다. "자식을 많이 낳고 번성하여, 땅을 가득 채우고 지배하여라." 신이 창조하신 인간은 땅을 가득 채우고 이 땅을 지배해야지 결코 한군데에 머물러서는 안 되기 때문입니다. 그런 까닭에 말은 분리되었습니다.

이해하시겠습니까? 그들 유대교도나 기독교도에게 '순수한, 섞이지 않은, 청정한, 처녀 같은' 언어는 자신들의 모어가 아닙니다. 바벨탑 사건 이전의, 말이 분단되기 전의 말입니다. 전 세계 사람들이 소통하고 아담과 이브가 신과 이야기했던 그 말인 것입니다.

이것이 순수언어이자 잃어버린 보편언어universal language, 즉 자연어를 초월한 말입니다. 이 보편적인 순수언어만이 그들의 꿈입니다. 라이프니츠[07]는 17세기 유럽의 '보편언어' 연구를 대표하는 사람인데 우리 관점에서 보면 그 보편언어에 대한 이상한 정열을 다소 이해하기 힘듭니다. 아무리 유럽이 좁고 언어가 달라서 고생했기로서니 통일 유럽의 꿈이 있었기 때문이라는 피상적인 설명을 하다니 선뜻 이해가 가지 않습니다.

하지만 이제 아셨죠. 그들에게 독일인과 프랑스인이, 영국인과 스페인인이, 그뿐만 아니라 아랍인과 일본인이 말이 통하지 않는 것은 벌입니다. 바벨탑에서 저지른 죄에 대해 신께서 내리신 겁벌劫罰, La damnation입니다. 그들이 반드시 속죄해야만 하는.

가령 발터 베냐민의 「번역자의 과제Die Aufgabe des Übersetzers」라는 짧은 에세이가 있습니다. 본래는 프랑스 시인 보들레르의 『파리 풍경들』과 『악의 꽃』을 베냐민이 직접 독일어로 번역해서 출간한 책에 서문으로 실렸습니다.

현대의 철학적인 번역론에서는 이것을 언급하지 않으면 가짜라고 할 정도지만 내용부터가 지극히 난해해서 어리둥절합니다.

"어떤 예술작품이나 예술형식을 인식하는 데 있어서 수용자를 고려하는 것은 결코 생산적이지 못하다. 그 이유는 그 어떤 시도 독자를, 그 어떤 그림도 관람자를, 또 어떤 교향곡도 청중

07 Gottfried Wilhelm Leibniz: 1646~1716, 독일의 철학자·수학자·자연과학자·법학자·신학자·언어학자·역사가이자 외교관이다. 수학에서는 미적분법을 창시해 미분기호와 적분기호를 만들어냈으며, 역학에서는 '활력'의 개념을 도입해 에너지 보전의 법칙을 구상했다. 또한 팔괘에서 힌트를 얻어 '0과 1'로 이루어진 이진법 산술체계를 개발해 컴퓨터를 비롯한 디지털 문명의 기초를 닦았고, 사칙연산이 가능한 최초의 계산기도 발명했다. 주요 작품으로 『중국인의 자연신학론』, 『철학자의 고백』, 『모나드론』, 『라이프니츠와 아르노의 서신』, 『단자론單子論』 등이 있다.

을 겨냥한 것은 아니기 때문이다"라고 단언하는 서두부터 사람을 당혹시키기에 충분하지요. 좀더 볼까요.

순수한 언어는 각각의 언어 속에 담긴 의도, 다시 말해 각각의 개별적 언어로서는 실현될 수 없고, 각 언어 상호 간의 상호작용을 통한 총체성에 의해서만 획득할 수 있는 언어 그 자체에 내재하는 의도에만 존재한다. 다시 말해 그 의미는 순수한 언어가 부각되기까지는 언어 속에 숨어 있다. 그러나 이러한 개별적인 언어들이 이들 언어의 메시아적 종말에 이르기까지 성장한다면 작품의 영원한 삶과 언어의 끝없는 재생에 불을 붙이는 것은 번역이다. 그리고 언제나 새로이 언어의 성스러운 성장을 시험해보는 것도 바로 이 번역이다. 물론 이때 이들 언어의 감추어진 의미가 제아무리 언어의 계시의 순간과 멀리 떨어져 있고 또 이러한 거리의 인식을 통해 그 의미가 제아무리 가깝게 느껴지더라도 말이다.

이로써 우리는 번역이란 모두 여러 언어가 지니고 있는 이질성과 논쟁을 벌이고 있는 하나의 잠정적 방식에 불과하다는 점을 인정한 셈이 된다. 언어들이 지니는 이러한 이질성의 잠정적 해결과는 다른 순간적으로 일어나는 궁극적 해결은 인간의 영역을 훨씬 넘어서는 것이거나 아니면 적어도 직접적 시도를 통해서는 이루어지지 않는 것이다. 그러나 하나의 간접적 시도로서 모든 언어에 숨겨진 보다 높은 언어의 맹아를 싹트게 하는 것은 여러 종교의 성장이다. 그러니까 번역은 예술과는 달리 언어적 형상체의 지속성에 대한 요구를 할 수는 없지만 그러나 그 자체의 지향하는 목표가 모든 언어적 형상이 어울려서 생기게 될 어떤 언어의 결정적이고도 종국적인 단계라는 사실을 부인하지는 않겠다.

미세한 뉘앙스로 가득하고 해석하기 난감한 뒤틀린 문장을 한 줄 한 줄 새겨 넣으면서 그는 "하지만 원문은 놀라울 정도의 인상적인 방식을 통해 이들 여러 언어의 화해와 성취라는 처음부터 도달하기 힘든 영역에 이르는 길을 시사하고 있는 것이다"라며 내용과 언어의 관계를 이렇게 설명합니다.

"낯선 말의 매력에 걸려 꼼짝 못 하고 있는 순수한 언어를 그 자체의 언어를 통해 해방시키고 또 작품 속에 갇혀 있는 말을 그 작품의 재창조를 통해 해방시키는 것이 번역가의 과제다." "순수한 언어 속에서 모든 전달과 의미와 의도는 드디어 이러한 것들이 어쩔 수 없이 사멸하게끔 되어 있는 어떤 층을 만나게 된다."

……역시나 다들 약간 곤혹스러운 표정이시군요. 글쎄 지극히 일신교적이랄까, 종말론적이랄까, 종교적이랄까, 아니면 차라리 광신적이라는 말이 적합하겠다 싶은 분도 계실 겁니다. 맞습니다. 베냐민 본인이 직접 이 에세이에서 종교, 구원, 메시아적이라는 말을 실제로 썼으니까요.

그러나 이제는 베냐민이 이렇게 말한 이유를 압니다. 이 자리에 모인 우리는 이 글을 이해할 수 있습니다. 간단합니다. 기독교에서 말하는 우리의 모든 죄를 용서받는 날은 언제인가요. 최후의 심판의 날입니다. 다시 한번 메시아가 기름 부은 자, 신의 아들, 예수 그리스도가 도래해서 모두가 구원받는 순간, 최후의 순간, 신의 나라가 도래한 순간, 역사가 끝나는 순간 어떻게 될까요. 모든 사람이 순수한 언어를 말합니다. 독일어든, 일본어든, 영어든, 아랍어든 모든 사람이 지금 쓰고 있는 말을 잃어버립니다. 언어를 상실한 모든 사람이 드디어 아담의 말, 신의 말로 일제히 말합니다. 어쩌면 그 순수언어는 이미 언어라고 부를 수 없을지도 모릅니다. 아예 언어 자체가 소멸할지도 모르지요. 그저 우리는 문자 그대로 언어의 벽이라는 벌에서 구원받는 것입니다.

확실히 미쳤다고 할까, 광신적이기는 합니다. 하지만 알 듯도 합니다. 일본어를 쓰는 사람끼리도 말이 통하지 않으면 상당히 피곤하니까요. 부부간이나 형제간처럼 정말로 가까운 사람과 싸울 때 당최 말이 안 통한다 싶으면 답답해서 복장 터지죠. 여행이 아니라 다른 이유로 오랫동안 해외에 나가 있다가 갑자기 혼자 남게 되어도 난감하고요. 그렇게 말이 통하지 않는 것을 그들은 벌이라고 여깁니다. 그래서 그 구원을 세계의 종말에서 구하는 것입니다.

분명 우리가 보기에는 놀라운 일이지만 그들이 직접 부딪히며 고생한 증거이기도 합니다. 유대인도 나라를 잃은 뒤 여러 강대국에서 이를테면 여러 이슬람제국에서 번역과 통역에 종사하며 생존해온 소수자들이었으니까요. 그들과 그들에게서 발단된 신앙을 가진 사람은 모든 사람과 소통할 수 있는 공통어가 존재한다는 사실이 여간 기쁘지 않습니다. 그러나 그런 말이 실재하길 바라는 것은 터무니없는 욕망입니다.

그들에게 순수한 언어는 구원입니다. 까마득히 아득한 미래에 찾아올 구원과 통일에 도달하는 길이며, 또한 바벨 이전의 언어, 아담의 언어로 회귀하는 기쁨으로 충만한 길이기도 합니다. 설사 라틴어를 공부하기가 고역이어도, 문장 하나 때문에 한참을 애먹어도 번역은 계속해야 합니다. 더없이 고되더라도 포기해서는 안 됩니다. 누가 압니까. 미래의 언젠가는 번역이 가능해질지. 그 한 문장을 번역해서 알리는 것이 언어의 통일을 앞당기는 한 걸음일 수도 있습니다. 각각의 자연어natural language가 소통해서 순수한 언어에 근소하게나마 접근할지도 모릅니다. 그것은 메시아를 부르는 것입니다. 우리에게 구원의 가능성을 남기는 것입니다. 단 1밀리미터라도 전진하면 그 1밀리미터만큼 구원은 가까워집니다. 방금 전에 번역을 야유하는 말을 했던 유대인 철학자 로젠츠바이크도 다른 책에서는 번역이 구원을 앞당기는 종교적인 활동이라고 단언했습니다. 구원을 위해 고생을 마다하지 않는 참된 반역자. 이것이 번역가입니다.

그래서 성 히에로니무스[08]부터 루소, 일본에 찾아온 선교사까지 성서를 번역해서 보여준 것입니다. 실제로 일본에 찾아온 선교사들은 훌륭한 번역을 남겼습니다. 타인의 말을 자신의 말로 옮긴 것이 아닙니다. 라틴어로 된 성서를 일본어로 번역한 것입니다. 역사교과서를 통해 프란시스코 자비에르[09]는 아시죠.

그는 대단히 우수한 남자로 예수회의 창설 멤버이고 훗날 성인이 됩니다. 그 시대에, 그런 사람이 이런 곳까지 온 것입니다. 바로 여기, 규슈에. 대체 의도가 무엇이었을지 잘 생각해보세요. 지금부터 500년도 더 된 일이니 위험은 현재에 비할 바가 아닙니다. 그리고 야지로[10]의 협력을 얻어 최초로 성서를 일본어로 번역합니다.

그 이후에도 선교사들은 이 땅을 찾아와서 박해를 당하면서도 꿋꿋이 선교를 계속하고 번역을 했습니다. 목숨 걸고 망망대해를 건너와서. 그렇게까지 위험을 감수하며 무모한 도전을 한 이유가 뭘까요? 구원하기 위해서입니다. 그들은 단 한 명이라도

08 Eusebius Sophronius Hieronymus: 347~420, 뜻은 신성한 사람이며 영어식 이름은 제롬Jerome이다. 암브로시우스·그레고리우스·아우구스티누스와 함께 라틴의 4대 교부로 꼽힌다. 헬라어역본인 70인역을 히브리어 원문과 직접 대조하여 라틴어역본인 「불가타Vulgata 성서」를 번역했다. 여러 고대 라틴어 성서 번역본들을 원전에 맞게 정확히 개정해 표준 성서로 자리매김하도록 성서의 권위를 바로 세웠다는 점에서 높이 평가된다.

09 Francisco Xavier: 1506~1552, 에스파냐 귀족 가문에서 태어났다. 1549년 일본 포교를 목적으로 규슈 남단의 가고시마에 온 예수회의 선교사로서 일행 여덟 명과 함께 자명종, 악기, 안경, 거울 등도 전파했다. 또한 1552년에는 중국 광둥성廣東省에 들어가 선교를 하는 등 동양의 선교 책임자로서 활동했으므로 '동양의 사도'라고 불린다. 로욜라와 함께 예수회를 창립한 그의 한자 이름은 방제각方濟各이다.

10 弥次郎: 1511~1550, 가고시마 태생의 무사로 일본 최초의 기독교도이며 안지로 혹은 안젤로라고도 한다. 살인을 저지른 뒤 포르투갈 선박을 타고 도망쳐 말라카에서 생활하던 중 사비에르의 인도로 영세를 받고 인도의 고아Goa에 있는 성 바울학교에서 1년 반 동안 신학수업을 받으며 포르투갈어를 익혔다. 사비에르의 통역자, 번역자로 서일본 지역에서 포교와 선교활동에 종사했다. 일본에서 고등교육을 받지 못한 탓에 부적절한 번역으로 일본에 심각한 신학적 혼선을 야기했다.

언어의 벽 때문에 말을 몰라서 의사소통이 안 되고 서로 이해하지 못하는 인간이, 원어를 몰라 번역할 수 없어서 구원받지 못하는 인간이 있어서는 안 된다고 진심으로 생각했습니다. 바로 사카구치 안고가 「목숨 걸고」라는 단편과 그 밖의 에세이에서 쓴 대로죠. 비합리적인 정열에 몸을 맡긴 채 죽음을 각오하고 우리를 구원하겠다는 일념으로 오다니 참으로 영문을 모르겠습니다. 세계의 뒤편까지, 말의 깎아지른 절벽을 넘어서. 물론 그것이 세계의 식민지화라는 말은 참겠습니다.

사카구치 안고는 또한 이런 보고를 했습니다. 어떤 선교사들을 구경거리로 만들기 위해 십자가에 매달자 타오르는 불길 속에서 죽는 순간까지 의연한 태도를 보이며 민중을 감복시켰습니다. 십자가라, 순교자의 이상적인 모습이긴 하지요. 그랬더니 도리어 신도가 늘어났습니다. 그래서 이번에는 멍석을 말아서 우물에 매달아두기로 합니다. 그러자 도롱이벌레가 몸부림치고 있는 듯한 꼴이 여간 흉측하지 않았으므로 신도수가 급격히 줄었다고 했습니다. 안고는 이 정열을 말한 것입니다. 본인이 자랑하지 않아서 다들 잊고 있지만 안고는 사실 어학 능력이 대단히 뛰어난 사람이었습니다. 그러니 이 선교라는 게 번역의 문제였다는 것도 알았을 겁니다. 목숨을 건 번역입니다. 왜 그런 일을 하는가. 그 이유는 말씀드렸죠.

안고 얘기가 나온 김에 여담으로 한마디만 더 하겠습니다. 일본은 번역 대국이라고 하지만 실제로는 그렇지 않습니다. 외국어를 일본어로 옮긴 번역작품만 해도 다른 선진국들보다 확연히 적습니다. 타인에게 흥미가 없어서죠. 일본 작품을 외국어로 번역하는 시도도 거의 하지 않습니다. 최근에 그런 시도를 위한 예산을 재차 삭감한다는 보도가 있었습니다. 타인에게 무관심한 겁니다. 여담이니 이쯤에서 그만하겠으나 한마디만 덧붙이면 한심한 노릇 아닙니까!

본론으로 돌아가서 베냐민의 순수언어에 관한 생각에는 원래 독일 문학 중에 선구가 된 업적이 있습니다. 독일 낭만주의의 번역론입니다. 특히 노발리스[11], 그리고 아우인 프리드리히 슐레겔[12]. 형은 아우구스트 슐레겔[13]입니다. 이 슐레겔과 노발리스의 번역론은 매우 흥미롭습니다. 앙리 메쇼닉[14]이라는 프랑스 시학의 일인자로 불리는 사람이 있습니다. 사실 메쇼닉은 제게 프랑스어 서적의 길잡이가 되어주신 분의 파리 대학 시절 지도교수입니다. 그 메쇼닉의 제자 중 한 명으로 앙투안 베르만이라는 장래가 촉

11 Novalis: 1772~1801, 본명은 프리드리히 폰 하르덴베르크Friedrich von Hardenberg이며, 약혼자 조피의 죽음과 아우 에라스무스의 병사로 신비주의적·종교적 감정에 눈을 떴다. 주요 작품으로는 『푸른 꽃』, 『밤의 찬가』, 『자이스의 제자』 등이 있다.

12 Friedrich von Schelegel: 1772~1829, 독일의 철학가 겸 시인이자 평론가다. 『아테네움』을 창간했고 『그리스 로마 문학사』로 고전의 본질을 해명했으며, 형과 공저한 『해석과 비판』으로 비평의 원칙을 확립했다. 잡지 『오이로파』를 발행하고 중세 연구에 전념했다. 기타 저서로는 동양학과 비교언어학의 기점이 된 명저 『인도인의 언어와 지혜에 대하여*die Sprache und Weisheit der Indier*』가 있다.

13 August Wilhelm von Schlegel: 1767~1845, 프리드리히 슐레겔의 형이며 독일의 비평가·번역가·동양어 학자다. 셰익스피어의 명역자로서 불후의 업적을 남겼으며 고대 인도 문학의 기초를 닦았다. 주요 저서로 『극적인 문학과 미술에 대한 강의』가 있다.

망되던 걸출한 인재가 있었습니다. 그는 1991년에 49세라는 너무나도 젊은 나이에 사망했습니다. 저서를 다시 읽으니 너무나도 큰 인물을 잃었다는 생각에 망연해집니다. 명석하고 영민한 분이라 이상한 언어유희를 탐닉하지도, 과시하지도 않습니다. 지금부터 말하는 독일 낭만주의의 번역론은 앙투안 베르만에게 결정적인 영향을 받았음을 숨기지 않겠습니다. 폐관시간까지 대학도서관에 틀어박혀서 문헌을 섭렵했으나 역시 베르만 이상의 인물은 없었습니다. 때늦은 애도의 뜻을 담아서, 그리고 베르만의 업적을 기리며 그라는 존재를 또렷이 알리고자 합니다.

우선 루터입니다. 여러분이 아시는 대로 루터는 성서를 독일어로 번역했습니다. 그런데 그전에도 라틴어를 번역한 독일어 성서는 여러 종류가 있었습니다. 그러나 라틴어 어법에 제약을 받은 탓에 누구나 읽기는 무리였습니다. 오죽하면 사제가 라틴어 성서를 읽기 위한 자습서로 이용했다는 말이 있을 정도입니다. 그러나 루터는 그 정도로는 성에 차지 않았습니다. 진짜 독일어로 된 성경이어야 했습니다. 뭇사람이 읽을 수 있는, 민중의 독일어로 옮긴 성서가 아니면 민초들은 읽을 엄두를 못 냅니다. 당시는

14 Henri Meschonnic: 시인이자 문학평론가·예술평론가·번역가. 기호학과 구조주의의 형식론에 대한 대안으로 언어활동의 주체성 연구를 중심으로 리듬이론을 완성했다. 주요 저서로 『시학을 위하여*Pour la poétique*』, 『리듬비평*Critique du rythme*』, 『시학의 현황들*Les états de la poétique*』, 『모데르니테 모데르니테*Modernité modernité*』, 『각운과 삶*La Rime et la vie*』, 『리듬의 정치, 주체의 정치*Politique du rythme, politique du sujet*』, 『번역의 시학*Poétique du traduire*』 등이 있다.

문맹률이 높았으니까요. 하지만 낭독하면 압니다. 루터는 그런 민중을 위해 독일어로 번역해야 한다고 생각했습니다.

절대 심상한 일이 아닙니다. 전체적으로 잘 다듬어진 고전 그리스어-독일어 사전과 히브리어-독일어 사전이 없다는 얘기가 아닙니다. 원래 독일어라는 것이 존재하지 않습니다. 통일된 독일이라는 나라가 없으니 독일어도 없습니다. 즉 방언밖에 없는 것입니다. 루터보다 훨씬 후대에 등장하는 라이프니츠라는 독일인 철학자조차 "독일어는 철학을 논할 만한 그릇이 못 된다. 독일어 자체가 추상적인 토론을 할 만큼 성장하지 않았다"라며 라틴어와 프랑스어로 논문을 썼습니다. 루터는 1483년생이고 라이프니츠는 1646년생이므로 163세나 아래입니다.

루터는 어떻게 했을까요? 독일어로 옮기려 해도 정작 중요한 독일어가 없으니 번역을 통해 독일어를 만듭니다. 자신의 방언, 고지독일어[15]로 옮겼습니다. 그 방언이 성서의 말이 되고, 독일의 공통어가 된 것입니다.

잠시 멈추고 불안하고 두려운 이 사태를 생각해보겠습니다. 성전을 방언으로 옮김과 동시에 이 방언을 성스러운 말로 옮길 수 있도록 개조하고 정련한 것입니다. 고쳐서 다시 만든 것입니다. 그런 시골말에 신의 말을 옮길 만한 어휘와 문법이 있을까요?

15 高地獨逸語, Hochdeutsch: 5~6세기경 저지低地독일어에서 분리된 독일어. 주로 독일의 남부와 중부 지방에서 사용했다. 관청 용어, 루터의 성서 번역·인쇄 용어 등을 통해 독일어의 주류가 되면서 현대 독일 표준어의 기초가 되었다.

고트프리트 라이프니츠도 훗날 말했듯이 있을 턱이 없었습니다. 없으면 정련해서 만들면 됩니다. 민중에게 성서의 말을 가르치고, 성서에 민중의 말을 담으며, 그리고 동시에 방언을 방언이라는 사실에서 벗어나게 하는 것. 신의 말을 담당할 수 있는 독일어를 창조하는 과업을 성취해야만 했습니다.

그는 "성서의 말에서 멀어질 바에는 차라리 독일어에 흠집을 내는 편이 낫다"라고 장담했습니다. 루터는 어머니의 혀에 흠집 내는 길을 택했습니다. 실제로 그는 설교나 대화를 할 때는 본인이 태어난 고장에서만 통하는 고향 말로 하고, 성서에서는 다른 말을 이용합니다. 상용어에 가까운 방언의 어휘를 다수 이용하면서 동시에 그 방언을 잘 다듬어서 공통어로 만드는 작업을 했습니다. 따라서 조어작업도 감행합니다. 그러한 노력 끝에 예수 그리스도가 민중의 말로, 사투리로 말을 건네는 놀라운 책과 언어를 만든 것입니다. 이리하여 후세에 거대한 정화를 남기는 독일어가 성립합니다.

자신만의 고유하고 독창적인 문화는 반드시 타인이 되는 시련, 번역이라는 시련, 타인에게 상처 입는 시련을 필요로 합니다. 그 시련 없이는 어떠한 문화도 존재할 수 없습니다. 지당하지만 일본인의, 일본인에 의한, 일본인만의 독자적인 문화는 절대 존재하지 않습니다. 그렇다면 완전히 개방하는 것은 과연 가능할까요? 가능합니다. 이 얘기는 나중에 다시 하겠습니다.

후대로 내려가서 18세기 말, 독일 낭만주의에 관한 이야기입니다. 나중에 다루겠지만 여러분이 아는 나쁜 낭만주의는 후기 독일 낭만주의에만 해당됩니다. 초기 독일 낭만주의는 결점이 있긴 해도 그렇게 간단하게 치부해버려서는 안 됩니다. 낭만주의와 낭만주의자를 매도했던 사람일수록 세세한 언동까지 낭만주의에 흠뻑 젖어 있는 경우가 흔합니다.

초기 독일 낭만주의 이후에 중시된 개념으로 빌둥Bildung이 있습니다. 교육, 육성, 교양, 형성, 도야 등으로 번역됩니다. 생소한 말이죠. 단적으로 '정신의 자기전개와 그 결과'를 말합니다. 그래도 아리송하세요? 간단히 말하면 자아 찾기입니다. 독일 낭만주의부터 셸링[16]을 거쳐 헤겔에 이르기까지 '자아의 대상으로서 존재하는 비아非我, Nicht-Ich의 경험을 거쳐 재차 자아로 회귀하는 것'입니다. 하긴 이 개념을 추구하기에는 초기 낭만주의가 좀 천진했을지도 모릅니다. 낭만주의를 비판한 헤겔은 이 이론을 더 철저하게 완성했습니다. 자기 분야에서 일가를 이룬 시절, 책방에서 무심코 어떤 잡지의 책장을 넘기다가 한 사회학자가 "헤겔은 낭만주의자니까"라고 함축된 의미도 없이 득의양양하게 말한 기사를 보았습니다. 너무나도 자폐적인 태도에 현

16 Friedrich Wilhelm Schelling: 1775~1854, 피히테, 헤겔과 함께 독일 관념론을 대표하는 철학자다. 헤겔과 함께 『철학 비판지*Kritisches Journal der Philosophie*』를 제작했다. 횔덜린, 헤겔과 함께 '튀빙겐 삼총사'라고 불리며 "인간은 생각하기 위해 태어난 것이 아니라 행동하기 위해 태어났다"라는 유명한 말을 남겼다. 주요 저서로 『자연철학에 대한 이념』, 『자연철학의 체계에 대한 첫 번째 기획』, 『선험적 관념론의 체계』, 『대학 수업 방법에 관한 강의』, 『인간 자유의 본질에 관한 철학적 탐구』, 『예술철학』, 『신화철학』, 『계시철학』 등이 있다.

기증이 나서 엉겁결에 자아 찾기 여행에 나설 뻔했지만 천만의 말씀입니다. 헤겔은 낭만주의를 완전무결하게 비판하고 빌둥 이론을 세계사의 철학(『역사철학강의*Vorlesungen über die Philosophie der Weltgeschichte*』(1837), 세계사의 종말의 철학(『세계사의 철학*Philosophie der Weltgeschichte*』)[17]으로 정련했습니다. 그리고 다른 곳에서 들으셨을 테니 설명은 생략하겠지만 그 이론은 철두철미하게 그리스도론을 관통하고 있습니다.

한마디로 말하면 이렇습니다. 기독교의 관점에서 보면 순수한 로고스인 신 밖은 정의상 존재할 수 없습니다. 그럼에도 헤겔은 신 밖에는 없고 신 안에는 있으나 신에 반하는 '자연'을 두었습니다. 그리고 "하느님에게서 분리된 자연과 인간은 하느님의 영원한 이념이 세상 밖으로 표출된 것이고, 그 이념이 자연 안에서 드러나는 최고의 형태는 생명이다. 고로 영원한 이념이 자신과 같은 것을 세상에 표출한 것이 자연과 인간, 즉 아들이다"라며 삼위일체를 전개해온 신을 정신이라고 정의합니다. 이것은 일종의 타락이기도 합니다. 더 분명히 말하면 그리스도입니다. 신을 섬기고, 신의 세계에서 타락한 지상에 내려온 신의 아들이지요. 그러나 지상의 '자연'이 어려운 현실을 견뎌내고 드디어 정신은 절대정신, 절대지absolutes wissen에 도달해서 다시금 신에게 회귀

17 헤겔이 '보편적 역사철학philosophiam historiae universalis'이라는 제목으로 강의했던 '세계사의 철학'의 강의 기록 중에서 「1822~1828년 들어가는 말」과 「1830~1831년 들어가는 말」을 완역한 것이다.

하고 지상에 신의 나라를 세웁니다. 이해를 돕기 위해 일부러 종교적인 어휘를 써서 설명했지만, 이것을 추상적인 논리학으로서 완벽하게 정립한 것입니다. 그리고 이 헤겔 철학은 역시 자아의 대상으로서 존재하는 비아의 경험을 거쳐 자아로 회귀한다는 빌둥이라는 사고형식을 분명하게 계승하고 있습니다.

헤겔만큼 치밀하게 연구하지 않아도 됩니다. 우선 무구한 자신이 존재하고 바야흐로 여행을 떠나서 타인을 만나고 시련을 겪으며 경험을 쌓아서 드디어 진짜 자신과 해후하는 것입니다. 흔한 얘기죠. 이야기의 소재로도 그만이어서 교양소설(빌둥스로만Bildungsroman)에도 등장합니다. 독일 낭만주의에서, 아니 정확하게는 초기 독일 낭만주의자들이 중요시했던 괴테의 장편소설 『빌헬름 마이스터』[18]에서 발견됩니다. 실제로 장편소설은 프랑스어로 로망roman이라고 합니다. 즉 낭만주의 자체가 장편소설(로망)이라는 장르 이름에서 생긴 것입니다. 약간 단순화한 표현이지만 낭만주의라는 시대는 장편소설이 문학의 중심을 차지하는 시대고 그 정의대로라면 지금도 우리는 낭만주의자입니다. 하지만 그 얘기는 다음으로 미루겠습니다.

18 Wilhelm Meisters: 괴테가 50년에 걸쳐 완성한 대작으로 『빌헬름 마이스터의 도제시대*Wilhelm Meisters Lehrjahre*』(1796)와 『빌헬름 마이스터의 편력시대*Wilhelm Meisters Wanderjahre*』(1829)의 2편으로 구성되었다. 마이스터란 시민사회의 실력자였던 수공업의 기능공 조합인 길드의 우두머리를 가리킨다. 인생의 거장으로 설정한 주인공 빌헬름의 도제시대와 거장이 되기 위한 수업의 연장인 편력시대를 묘사했으며, 교양소설의 대표적인 걸작으로서 현대소설에도 지대한 영향을 끼쳤다.

그러면 결국 이런 결론이 나옵니다. 독일 낭만주의는 번역을 일종의 여행이자 타인의 시련이며, 진짜 자신과 해후하기 위한 빌등으로 간주했습니다. 이것이 그저 방종한 타인에게 동화되고 흡수되는 여행으로 끝날지, 진정한 자기의 변혁이 될지, 아니면……. 이것에 관해서는 차후에 기술하겠습니다.

옛날의 독일이라고 하면 전쟁 전의 나치 이미지가 강해서 배외주의적인 문화를 가졌다고 지레짐작하는 사람이 있는데, 그렇지 않습니다. 독일 낭만주의는 철저히 번역해서 타인의 문화를 받아들입니다. 대표적인 것으로 아우구스트 슐레겔의 셰익스피어 번역과 프리드리히 슐라이어마허[19]의 플라톤 번역을 들 수 있습니다. 슐레겔의 빼어난 언어감각이 압권인 이 셰익스피어 번역은 지금도 극장에서 상연될뿐더러 셰익스피어를 거의 독일 국민문학의 반열에 올려놨습니다. 낭만주의는 그러한 의미에서 보수도 반동도 아닙니다. 다소의 회고하는 취미는 있습니다. 그러나 그것 이상으로 정말로 혼효적混淆的이고 복수적이며 다문화적입니다. 그들은 그 밖에 단테, 프란체스코 페트라르카[20], 세르반테스,

19 Friedrich Daniel Ernst Schleiermacher: 1768~1834, 철학자·신학자이자 근대 신학의 아버지, 자유주의 신학의 시조로 불리는 인물이다. 계몽주의 비판과 전통적 기독교 사상과의 화해 그리고 성서비평학 발전에 지대한 공헌을 했다. 주요 저서로는 『기독교 신학』, 『종교론』, 『독백론』 등이 있다.

20 Francesco Petrarca: 1304~1374, 이탈리아의 계관시인으로 인문주의의 선구자다. '페트라르카 시풍petrarchismo'이라는 이름으로 서유럽 각국 시인의 규범으로 숭앙받는 『칸초니에레*Canzoniere*』 외에 『아프리카』, 『나의 비밀』 등의 작품을 남겼다.

칼데론[21], 고대의 인도 문헌 등에도 조예가 깊어서 번역과 연구를 했습니다.

지금 열거한 이름을 보고 의외라고 느낄지도 모릅니다. 이른바 라틴계 문학이 많지요. 그러나 너무 단적이어서 잊어버렸겠지만 원래 로망이란 말은 '로마적인 것Roman-ness'이라는 형용사에서 파생되었습니다. 따라서 낭만주의의 '로망'은 당연히 로마적인 것에서 나옵니다. 슐레겔도 노발리스도 "독일은 로마다"라고 표현했습니다. 물론 독일 고전주의가 고대 그리스 문학을 중요시했던 것은 명백한 사실이지만 역시 하이데거의 탓일까요. 오늘날 독일 문화라고 하면 그리스와의 관련을 강조하고, 전체적으로 비라틴, 비로마적이라는 막연한 선입견을 가진 사람이 많습니다. 전혀 아닙니다. 물론 라틴어로 된 『불가타 성서』[22]를 공식 성서로 선포함으로써 루터의 번역 성서를 배격하고, 성서 해석에 대한 로마 교황과 교회의 독점적 권위를 확보하려 했던 측면이

21 Pedro Calderon de la Berca: 1600~1681, 스페인 국민극의 아버지인 로페 데 베가와 어깨를 나란히 하는 스페인의 극작가. 로페가 스페인 극의 창조기와 청춘기를 대표한다면 칼데론은 그것을 체계화하고 깊이를 더해 완성시켰다고 평가받는다. 주요 작품으로 『살라메아의 시장』, 『명예로운 의사』, 『마성을 지닌 여인』, 『바람의 딸』, 『인생은 꿈입니다』, 『정의의 왕자』, 『대문이 둘 있는 집은 걱정이 소용없다』 등이 있다.

22 Vulgata: 5세기 초에 라틴어로 번역된 기독교 성경. 382년 교황 다마소 1세가 로마 가톨릭의 4대 교부 중 한 명인 히에로니무스에게 성경 번역을 지시했고 이후 교황 요한 바오로 2세는 불가타를 개정한 새 대중 라틴말 성경(라틴어: Bibliorum Sacrorum nova vulgata editio)을 발행했다. 현재 로마 가톨릭교회의 공식 성경이며, 불가타versio vulgata는 '번역된 출판'이라는 뜻이다.

강한 것은 부정할 수 없습니다. 그러나 슐레겔, 노발리스 등의 초기 낭만주의자들은 라틴 대 게르만, 낭만 대 게르만 같은 도식에 얽매이지 않고 타인의 문헌을 정말로 정밀하게 연구하고 치밀하게 번역했습니다.

낭만주의가 다시 보이죠. 사실 오늘 이야기의 중심은 번역론이지 독일 낭만주의가 아니므로 그들의 정신이 반영되고 누적된 이론은 그냥 넘어가겠습니다. 하지만 오랫동안 고전 연극에 비해 천박하다고 여겼던 셰익스피어를 국민문학에 버금가도록 만든 일례만 보더라도 그들은 매우 열린 정신의 소유자였으며 번역의 정확도도 대단히 뛰어났습니다.

그런데 여기서 이상한 대목이 나옵니다. 계몽주의에 속하는 디드로[23]와 달랑베르[24]가 『백과전서』라는 책을 쓴 사실은 유명합니다. 실은 디드로에게도 낭만주의적 요소는 존재하지만 상세한 설명은 생략하겠습니다. 아무튼 낭만주의자들도 『백과전서』

23 Denis Diderot: 1713~1784, 프랑스 사상가이자 평론가·문예가. '백과전서파'라는 사상가들의 중심인물로서 프랑스의 유물론을 대표하며, 『살롱 평*Les Salons*』으로 근대적 미술비평을 개척한 인물로도 높이 평가된다. 『백과전서』의 편집장을 맡아서 완성했다. 주요 작품으로는 '대화'라는 독특한 형식을 통해 변증법적 사고를 펼친 『수녀』, 『라모의 조카』, 『숙명론자 자크』 등이 있다.

24 Jean-Baptiste le Rond d'Alembert: 1717~1783, 프랑스의 수학자·물리학자·철학자로 『역학론』을 통해 해석역학의 기초를 다졌다. 『백과전서』 33권 중 수학을 담당했으며 '서론'은 실증주의 선구자로서의 면모를 보여주는 명문으로 평가받는다. 적분법에 관한 논문을 발표해 파리과학아카데미 회원에 선출되었으며, 물체의 운동을 정역학靜力學의 경우와 같은 평형상태로 옮겨 고찰하는 '달랑베르의 원리'를 설명하고, 역학과 천문학의 발전에도 지대한 공헌을 했다.

를 기획합니다. 독일에서도 노발리스가 낭만주의적 『백과전서』를 계획하지요. 이 백과전서Encyclopédie라는 책의 의미는 닫힌 체계를 거부하고, 항목의 처음에 적어둔 짤막한 비망록을 수집하고 흡수해서 무한정 완성해가는 과정이었습니다. 그 책은 일체의 학문과 지知, 일체의 장르를 시(포에지Poesie)로 전화轉化해서 한 권에 흡수하고 포섭합니다. 다시 말해 이것은 한없이 독일어로 번역하는 운동이었습니다. 그리고 독일의 본바탕이 지닌 국제성을 강조하며 번역이란 그 확장이라고 했던 노발리스는 이것을 새로운 성서라고 주장했습니다.

끝없는 번역운동의 과정으로서 '전지全知'를 이해하는 한 권의 책. 모든 말은 번역됩니다. 영어에서 프랑스어로, 프랑스어에서 라틴어로, 라틴어에서 이탈리아어로. 모두 독일어를 매개로 번역과 반전이 가능하며 연결됩니다. 이 의도적인 욕망은 모든 언어가 독일어로 번역되고, 독일어로 읽고 쓰며, 독일어만 알면 이해할 수 있는 상황을 이끌어냅니다. 순수언어로서의 독일어를 지향하는 것입니다. 만능언어, 독일어를.

그것은 낭만주의가 제기한 '천재'라는 형상과 깊은 관련이 있습니다. 만능에 대한 지향과. 낭만주의의 혼효주의, 복수성, 다문화주의는 결국 전체를 지향합니다. 독일 낭만주의의 번역이 지향하는 것은 독일어를 순수언어에 근접시키는 것이었습니다. 그것은 곧 신의 말에 다가가는 것이자 아담의 말에 다가가는 것이며, 신에게 다가간다는 의미입니다. 낭만주의에서 번역이란 각각의 언어 사이에서 구성되는 관계가 아닙니다. 오로지 자연어를 살해하고 절대적인 순수언어를 희구합니다. 모든 언어는 독일어로 번역됩니다. 독일어로 읽을 수 있습니다. 일체의 작품은 독일어로 번역됩니다. 모든 지는 문학이 되고 문학은 그 보편적인 순수언어의 개방성 때문에 스스로 고립됩니다. 그래서 결국은 타인의 시련과 조우하면서 자기로의 부단한 회귀로 귀착합니다.

……중간까지는 좋았는데 하는 아쉬움이 듭니다. 이토록 많은 작품을 정밀하게 번역하는 것만도 대단하니까요. 하지만 그들이 궁극적으로 지향한 것은 번역운동에 힘입어 독일어를 유일한 순수언어로, 신의 말로 만드는 것이었습니다.

주의하세요. 혼효주의, 복수성, 다문화주의, 타인성의 존중, 번역에 대한 정열 자체는 더할 나위 없이 소중하고 좋은 것입니다. 그러나 거기에 안주하면 끝입니다. 그렇게 주장한다고 영유권을 인정해주지는 않습니다. 바르게 보이려고 갑자기 전체나 만능을 지향하다가는, 괴상하게 개방된 전체주의로 반전할 위험이 있습니다. 바로 그것이 독일 낭만주의를 통해 지금 직시해야 할 반면교사의 가르침입니다. 다문화주의조차 전혀 받아들이지 않는 이 열도의 비참한 상황에서 이런 말을 하다니. 그러나 쓴소리도 필요한 법이니 어쩌겠습니까.

또 한 가지. 문학사의 상식에 속하는 것을 지적하고 넘어가겠습니다. 낭만주의자에게는 모종의 버릇이 있습니다. 친구들끼리 작은 그룹을 결성하고 당파를 짭니다. 비평가가 편집장이나 편집

위원을 맡고 잡지를 출간합니다. 그런 사람들이 낭만주의를 비난합니다. 저도 친구를 모아서 잡지를 창간해보라는 권유를 다섯 번 정도 받았습니다만 모두 거절했습니다. 낭만주의자가 아니기 때문입니다.

낭만주의의 이러한 당파성과 만능성, 타인에게 개방된 복수성은 모순되지 않습니다. 이유는 간단합니다. 자신들의 의도나 기호에 맞는 낭만주의적인 것만 잡지에 게재하고 번역하기 때문입니다. 그들은 결정적으로 만능, 복수성, 타인을 긍정하는 마음이 닫혀 있습니다. 그래서 낭만주의는 반복됩니다.

자연어를 살해하고 자기 말을 순수언어의 위치까지 끌어올리므로 일체의 것은 번역이 됩니다.

노발리스는 "모든 시는 번역이다"라고 했습니다. 시도 문학도 모두 독창성이 없는 번역이라는 것입니다. 그러나 타인에게 개방된 번역이라는 그 행위, 순수언어·보편언어에 접근하는 그 시도로 말미암아 저절로 고립됩니다. 부단한 자기로의 회귀로서 모든 것을 포함하는 전능한 존재, 아니 전능한 힘 때문에.

슐레겔은 말합니다. 번역은 원전보다도 뛰어나다고. 자연어에서 분리되어 순수언어에 다가가기 때문에 원전보다 번역이 뛰어나다는 것입니다. 그 순수언어가 독일어여서 그렇지 진심으로 한 말입니다. 번역은 원전을 옮긴 것입니다. 번역에는 일종의 비평적 시각이 필요합니다. 고로 그들에게는 비평도 일종의 번역입니다. 슐레겔은 괴테의 『마이스터』를 비평했습니다. 자신이 쓴 비평을 『마이스터』를 넘어선 초마이스터라고 부릅니다. 비평이 우위라고……. 잠깐 이 말에는 동의할 수가 없습니다. 백보 양보해서 일리는 있지만 잘못된 논리입니다. 당신이 괴테보다 대단해? 이것이 비평의 결정적으로 우려되는 부분입니다.

하지만 이것은 일종의 기독교적 전통이라고도 할 수 있습니다. 구약성서는 히브리어였습니다. 예수 그리스도가 하신 말씀은 방언이었습니다. 서방 아람어[25]의 방언입니다. 그것이 기원전 3세기 중엽부터 그리스어로 번역되어 『70인역 성서』[26]가 됩니다. 그리고 '고대 라틴어역 성서Latin Versions of Holy Scripture'라는 라틴어로 번역하려는 시도가 몇 차례 있은 후 4~5세기에 성 히에로니무스의 번역으로 그리스어역 성서와 히브리어역 성서를 바탕으로 한 『불가타 성서』가 성립합니다. 오늘날에도 가톨릭교회에서 사용하는 성서는 이 성서의 교정판이며, 또한 현재까지 다양한 언

25 Aramaic: 아람어는 서방 아람어와 동방 아람어로 나뉜다. 전자는 예수 그리스도와 그의 제자들, 즉 12사도와 기독교로 개종한 팔레스타인 출신의 유대인들이 쓴 팔레스티나 아람어로 현재도 시리아 지방 일부에서 쓴다. 후자는 아르메니아공화국과 이라크 일부에서 사용한다.

26 Septuaginta: 기원전 300년경 고대 그리스어인 코이네 그리스어(헬라어)로 번역 혹은 집필된 구약성경. 오늘날 기독교 확장과 성경 보급에 지대한 영향을 미쳤다. 72명의 학자가 번역했다는 전설에 따라 70(셉투아진타septuaginta)을 의미하는 셉투아진트Septuagint로도 부르며 간략히 LXX로 표기하기도 하는 신약성서의 문체와 사상 연구에 귀중한 자료다. 히브리어로 '야훼를 찬양하라'는 뜻의 할렐루야란 말은 『70인역 성서』에서 쓴 그리스어 '알렐루야alllouia'를 라틴어(alleluia)로 표기한 데서 유래되었다. 개신교는 외경을 제외한 구약 39권, 신약성경 27권만, 가톨릭교회는 외경Apocrypa을 포함한 73권을 정경으로 인정한다. 현재 최고의 성경 사본은 1947~1956년 사해 연안 쿰란 지역에서 발견된 사해 사본(기원전 150년경)이다.

어로 번역되고 있습니다.

그런데 예수 그리스도가 했던 아람어의 지방언어 중 하나인 서방 아람어 또한 방언입니다. 성전이 그리스도가 했던 말로 적혀 있지 않다는 사실이 의아하실 테지만 이제 아셨죠. 그 무렵부터 번역을 통해 순수언어에, 보편언어에 좀더 가까이 다가간다는 논리가 작용했던 것입니다. 그리스도가 했던 말일지언정 세련되지 못한 토착어보다는 라틴어라는 보편언어가, 제국의 언어가 신에 가깝다고 여기는 사고방식이 별나다 싶을지도 모릅니다. 그러나 여하튼 중국의 불전이나 한문을 번역할 수 있었다면 원전을 포기했겠지요. 일본인은 2세기 중엽부터 시작되어 5세기 구마라지바[27]와 7세기의 현장[28]을 거친 이 한역 불전을 그대로 사용했습니다. 여러분도 친숙한 그 『반야심경』은 정말로 서유기의 등장인물인 삼장법사의 모델, 현장이 다시 번역한 것입니다.

27 鳩摩羅什: 344~413, 산스크리트어는 Kumārajīva, 구라마습이라고도 하며 중국 육조시대의 불전 번역가다. 불경의 한역을 선도한 승려로서 현장, 구라나타拘羅那陀와 함께 중국 3대 역경가의 한 사람으로 꼽힌다. 정확하면서도 평이하게 독창적인 의역법을 추구했고, 반야경般若經에 근거한 대승중관학大乘中觀學을 중국에 전수했다. 주요 역서로는 용수의 『중론송中論頌』, 『대품경大品經』, 『법문경法門經』, 『금강경』, 『유마힐경維摩詰經』, 『좌선삼매경坐禪三昧經』, 『불설아미타경阿彌陀經』, 『마하반야바라밀경摩訶般若波羅蜜經』, 『묘법연화경妙法蓮華經』, 『대지도론大智度論』, 『중론中論』 등이 있다.

28 玄奘: 602?~664. 중국 당나라 초기의 고승이자 번역가로서 삼장법사로 불리는 대표적인 인물이다. 성유식론成唯識論을 정립하고 법상종法相宗의 이론적 기초를 마련했으며 정확성과 역문에 대한 이해를 위해 직역과 의역을 배합해서 뛰어난 업적을 남겼다. 대표작인 천축(인도) 여행 견문기 『대당서역기大唐西域記』는 명나라 때 나온 『서유기』의 모티브가 되었다.

삼장법사는 고유명사가 아니라 경칭으로서 경, 율, 논 세 종류 경전에 두루 통달한 고승을 뜻하는 보통명사입니다.

그러한 '제국의 말로 번역'하는 시도는 역사상 여러 번 이루어졌습니다. 헬레니즘 세계에서는 그리스어, 중세 유럽에서는 라틴어, 중화제국의 한문. 또 하나 8세기부터 12세기경까지 가장 보편적인 세계 공통의 학문의 중심에 있었던 말이 있습니다. 아랍어입니다. 유대인도, 유럽인도 그 당시에는 아랍어를 썼습니다. 그래야 세계에 통용되니까요. 특필할 것은 우마이야 왕조[29]부터 아바스 왕조[30]에 걸쳐 이루어진 '대번역운동'으로 수십 년 동안 그리스, 페르시아, 인도의 과학과 철학을 순식간에 번역해서 흡수했다는 것이죠. 아바스 왕조에서 가장 교양이 높고 학문을 사

29 Umayyad dynasty : 661~750, 옴미아드Ommiad 왕조라고도 한다. 661년에 무아위야가 다마스쿠스를 수도로 세운 이슬람 최초의 왕조로 중앙아시아부터 서아시아, 북서인도, 북아프리카, 에스파냐까지 지배함으로써 서유럽에 이슬람 문화를 전파했다. 이슬람의 법학, 자연신학, 문법학, 전승학이 태동했고, 디나르 금화와 디르함 은화를 발행하기도 했다. 시리아 고대도시 알레포의 랜드마크인 이슬람첨탑(미나레트)은 유네스코가 지정한 대표적인 유물이다. 아랍 부족들 사이의 내분과 징세 때문에 궁핍해진 피정복민인 마왈리(비아랍계 이슬람교도)의 울분과 호라산의 반란을 이용한 아바스 왕조에 멸망했다.

30 Abbasids: 750~1258, 아불 아바스Abu'l Abbās가 건국한 왕조. 이라크를 중심으로 서아시아를 지배했다. 정복민으로서의 아랍민족 우월주의는 퇴색하고 지배층에 페르시아인을 비롯한 비아랍계 무슬림들이 대거 참여하면서 무슬림 평등 원칙이 확립되었다. 바그다드로 천도함으로써 세계 동서무역과 문화의 중심지로 성장했고 상업활동이 번성해 이슬람의 성직자층과 나란히 관리·상인·지주가 지배계급을 차지했다. 농업과 섬유산업이 발달해 그 제품을 세계 각지로 수출했으며, 이슬람과 아랍어를 기조로 헬레니즘 문화를 섭취·융합하여 다채로운 이슬람 문화의 황금기를 이룩했다. 특히 『코란』 연구와 법학·철학·수학 등이 발달했고 아라베스크라는 유명한 장식무늬도 탄생했다. 훌라구가 이끄는 몽골군에게 멸망했다.

랑한 군주로 알려진 제7대 칼리프 알마으문[31]은 특히 그리스어 문헌의 수집과 번역에 주력했고, 그리스 철학을 존경하고 동경한 나머지 아리스토텔레스의 사상을 꿈꿨다고 합니다. 칼리프만이 아니라 제후와 자산가가 번역과 학문에 협력하는 것을 당연시했습니다. 제국이라면 그 정도는 해야 마땅합니다.

얘기가 살짝 샛길로 빠졌네요. 초기 독일 낭만주의는 번역을 통해 타인의 시련을 겪으며 자연어에서 탈피하고 순수언어를 지향함으로써 만능의 지에 도달하고자 했습니다.

그러나 애초에 발상부터 그 지는 거대한 전체로서 스스로 고립될 수밖에 없었습니다.

그나마 다행인 것은 자국의 사상을 서로 번역하는 비참한 수준은 아니었습니다.

그럼 후기 낭만주의는 어떠했을까요. 선행 세대의 반동으로서 후기 낭만주의는 번역이 불가능한 것, 형용할 수 없는 것을 칭찬합니다. 독일어의 혼은 절대 프랑스어나 영어로 옮길 수 없는 이 독특한 표현에 있다고. 번역이 불가능한 것만이 신비이며 진리라는 말입니다. 무참한 퇴행입니다. 전에도 독선적이었지만 그래도 번역이라는 타인의 시련을 거쳤고 이 정도로 심하지는 않았

31 al-Ma'mun: 786~833, '알마문'이라고도 하며 813년부터 833년까지 재위했다. 학문과 예술에 조예가 깊어서 아바스 왕조 학예의 전성기를 이룩했다. 바그다드에 천문대를 세웠으며 그리스 철학 연구를 위한 학교인 '지식의 집Bayt al-Hikma'을 만들어 그리스 문헌의 번역을 장려했다.

습니다. 독일어의 우위성이 번역할 수 없는 부분에 있다니 얼마나 야랑자대[32]하는 작태인가요. 선행 세대가 어떤 피를 흘리고 독일어를 정련했는지를 잊고 있습니다. 이것이 여러분이 아시는 나쁜 낭만주의입니다.

그런데 개방적이었다가 폐쇄적이 된 초기 낭만주의와 처음부터 폐쇄적인 후기 낭만주의는 한통속이 아닐까요. 모든 언어를 번역할 수 있고 모든 것이 번역이라는 전체성 안에 갇혀 있는 것이나 번역이 절대 불가능한 자국어에서 탈피하지 못하는 것이나 오십보백보입니다. 즉 '번역으로서의 문학의 전체성' 대 '번역 불가능성으로서의 문학의 절대성'입니다. 어차피 둘 다 자기가 하는 말, 자기 언어의 완전한 우위를 주장하는 것입니다. 아무리 전자가 국제성(노발리스)을 가지려 해도 폐쇄되어 있다는 점에서는 후자와 마찬가지 아닌가요. 순수언어에 가장 가까운 독일어라는 이념은 양쪽 다 공통되므로.

자연어를 극복할 수 있는 언어로서의 순수언어, 예술을 극복할 수 있는 예술로서의 비평critic, 그리고 그들은 비평을 번역보다도 우위에 둡니다. 비평의 우위가 확립되는 결정적인 계기를 제공한 것입니다. 비평과 비평가의 절대적 우위성, 이것이 낭만주의의 핵심이자 결론입니다. 노발리스와 슐레겔을 비판한 헤겔도

32 夜郎自大: 용렬하거나 우매한 무리 가운데서 세력이 있어 잘난 체하고 뽐냄을 가리킨다. 중국 한나라 때에 서남쪽의 오랑캐 가운데 야랑국이 가장 세력이 강하여 오만한 데서 유래한 표현이다.

철학을 예술의 위에 둔 점에서는 같습니다. 전에도 설명해서 생략하겠으나 그들에 의해 사료비판Quellenkritik과 교정판의 작성이라는 엄밀한 학문의 초석이 구축되었다는 사실을 파악하고도 말입니다.

단적으로 말해 이러한 결론은 틀렸다고밖에 생각되지 않습니다. 비평의 우위라는 것은 번역에 대한 우위입니다. 그리고 자연어에 대한 순수언어의 우위입니다. 게다가 자신의 모어, 자신이 하는 말만을 보편순수언어답게 만들려는, 자신을 전능한 힘을 지닌 숭고한 존재로 발전시키려는 뒤틀린 욕망이 도사리고 있습니다.

왜 이러한 태도가 불쾌하냐면 경건함이라고 할 만한 것이 없기 때문입니다. 독일어에 흠집 내는 것이 낫다는 루터의 언명에는 있는 무언가가 빠졌습니다.

어떻게 하시겠습니까. 어머니의 혀에 파묻혀서 고립할지, 순수언어로 탈피해서 고립할지 양자택일하는 길뿐인가요? 정말 그런가요?

역시 길을 알려면 프리드리히 횔덜린[33]을 불러야 합니다. "나는 말하고 싶다, 당신의 사도 루터가 말한 방법으로"라고 노래했던 인물을. 그는 18세기 말에서 19세기 초까지 살았던 독일의 시인으로, 부동의 독일어권 최고의 시인이라고 평가합니다. 광기에 빠지기 전인 서른여섯 살에 마지막으로 마무리한 일이 소포클레스[34]의 『안티고네』[35]와 『오이디푸스 왕』[36]의 번역입니다. 철저히 연구할 대상이어서 독일어와 프랑스어로 된 치밀하고 방대한 주석서도 있지만 전문가도 아닌 제게는 역부족이었습니다. 왜 이러한 주석이 필요할까요? 실러[37]의 말을 빌리면 이 번역이 어떤 의미에서는 광인의 업이기 때문입니다. 그 번역을 비교하고 대조할 능력은 없지만 살짝 언급하면 어순이 같은 대목이 있습니다. 그리스어와 독일어는 어순이 다른데도 축어역, 즉 원문의 구절 하나하나를 본래의 뜻에 충실하게 번역합니다. 이를테면 'I Love

33 Johann Christian Friedrich Hölderlin: 1770~1843, 광기의 천재시인으로 니체가 『차라투스트라는 이렇게 말했다』의 원형으로 삼고, 시인 릴케가 자신의 세계관을 형성하며 스승으로 삼은 유일한 소설이자 서간체 소설의 정수인 『히페리온』을 남겼다. 잃어버린 황금시대에 대한 한탄, 자연과 인간의 재생에 대한 원망, 현재의 암흑시대에서 신들을 두려워하고 그 재림을 믿으며 신들의 말을 노래에 담아서 전하는 예언적 시인으로서의 사명감이 작품 전반에 흐른다. 과감한 은유와 전통적인 시학의 규범을 뛰어넘는 실험을 통해 현대 서정시의 선구자로 꼽힌다. 주요 작품으로 시 「반평생」, 「빵과 포도주」, 「회상」, 「귀향」, 「라인 강」, 「디오티마에 대한 메논의 비탄」, 미완의 희곡 「엠페도클레스의 죽음」 등이 있다.

34 Sophocles: 기원전 496~406, 그리스 비극을 기교적·형식적으로 완성한 고대 그리스의 3대 비극시인으로 정치가로서도 탁월한 식견을 지녔다. 『오이디푸스 왕』은 아리스토텔레스가 『시학』에서 비극의 모든 요건을 갖춘 가장 짜임새 있는 드라마라고 극찬한 걸작이다. 『아이아스』, 『안티고네』, 『트라키스의 여인들』, 『오이디푸스 왕』, 『엘렉트라』, 『필로크테테스』, 『콜로노스의 오이디푸스』 7편이 현존한다.

35 Antigone: 기원전 441년 고대 그리스 디오니소스 극장에서 초연했다. 〈오이디푸스 왕〉, 〈콜로노스의 오이디푸스〉와 함께 오이디푸스 가문의 연대기를 다루고 있다. 헤겔이 "모든 시대를 통해서 가장 숭고하고, 모든 면에서 빼어난 예술작품의 하나"로 평했을 만큼 많은 작품의 원형적 모티브를 제공했으며 서구 문학과 인문학, 인간을 이해하기 위한 필독서로 평가받는다.

36 Oidipous Tyrannos: 부왕을 살해하고 친모와 결혼하게 된다는 부당한 운명에 당당하고도 의연하게 맞서는 오이디푸스를 통해 인간의 존엄성과 위대함을 부각시킨 작품이다.

You'를 '나는 사랑해 당신을'이라고. 그 밖의 사례로는 베르만이 검토한 것처럼 '고뇌하고 있다'라는 그리스어는 어원을 거슬러 올라가면 '심홍색'이라는 의미가 있습니다. 그런데 '뭔가 생각하시는 바가 있어서 괴로워하시는 거죠'라고 옮겨야 할 구절을 어원의 의미 그대로 '심홍이 녹아든 상념을 간직하고 계신 듯하군요'라고 오역하고 맙니다. 이러니 무슨 소린지 알 수가 없지요. 이렇게 철저히 축어역한 사례는 피에르 클로소프스키[38]나 루쉰[39],

37 Johann Christoph Friedrich von Schiller: 1759~1805, 벗이었던 괴테와 더불어 독일 고전주의 문학의 2대 거성으로 추앙받는 독일의 국민시인이자 극작가다. 『군도群盜』는 감정의 해방, 개성의 존중과 천재주의를 표방한 문학운동인 '슈투름 운트 드랑'의 대표작으로 손꼽힌다. 18세기의 자유를 위해 투쟁하는 혁명기 독일인들에게 많은 영향을 끼쳤다. 주요 저서로는 베토벤의 〈제9교향곡〉에서 노래한 시 「환희의 송가An die Freude」, 『돈 카를로스』, 『발렌슈타인』, 『빌헬름 텔』, 『피에스코*Die Verschwörung des Fiesco zu Genua*』, 『간계와 사랑*Kabale und Liebe*』, 『크세니엔*Xenien*』, 『괴테·실러 왕복서한*Briefe zwischen Goethe und Schiller*』, 『오를레앙의 처녀*Die Jungfrau von Orleans*』, 『미학편지*Briefe uber die asthetische Erziehung des Menschen*』 등이 있다.

38 Pierre Klossowski: 1905~2001, 프랑스의 소설가·화가·문학평론가로 프랑스 '비평가상'과 '문학국가대상'을 수상했다. 니체 연구를 집대성한 『니체의 악순환』은 마르틴 하이데거의 『니체』, 질 들뢰즈의 『니체와 철학』과 더불어 니체에 관한 가장 영향력 있고 독창적인 작품으로 손꼽힌다. 주요 저서로는 『나의 이웃사람 사드*Sade mon prochain*』, 『불길한 욕망*Un si funeste désir*』, 『낭트칙령의 파기*Révocation de l'édit de Nantes*』, 『프롬프터*Le Souffleur*』, 『바포메*Le Baphomet*』 등이 있다.

39 魯迅: 1881~1936, 본명은 주수인周樹人이고 루쉰은 필명이다. 데뷔작 『광인일기』에서 중국의 봉건적 유교사상과 정치사회체제를 사람 잡아먹는 체제에 비유하며 반제·반봉건의 문학운동을 전개했다. 또한 중국 민중의 정신적 불구상태를 적나라하게 표현하는 한편, 강한 휴머니즘과 민족애를 바탕으로 애절한 작품도 다수 남겼다. 소련의 프롤레타리아 문학을 번역하여 신문화운동을 전개했으며 구세력의 복고 움직임을 "물에 빠진 개는 두들겨 패야 한다"는 유명한 평론으로 공격했다. 대표작으로 『아큐정전阿Q正傳』, 『고향』, 『야초野草』 등이 있다.

샤토브리앙[40] 외에도 많으나 횔덜린이 단연 으뜸이지 않았나 싶습니다.

여기서 왜 횔덜린이 위대한 시인이며, 어째서 이 번역이 후대까지 영향을 미쳤는지를 살펴봐야 합니다.

시인인 그를 충동질한 것은 일종의 자연어로의 회귀입니다. 횔덜린의 모어인 슈바벤 방언으로. 그러나 그것만 갖고 가타부타할 수는 없습니다. 그는 루터와 루터 이전의 풍부한 어휘를 자랑하는 방대한 옛 독일어마저도 포용하려고 합니다. 루터처럼 말하려고 했으니 응당 그의 슈바벤어는 정련된 슈바벤어여야만 합니다. 정련된 자연어로의 회귀. 그 안에서 그는 독일어의 옛 의미를 발굴하려고 합니다. 가령 Ort(장소)라는 말을 루터처럼 Ende(끝)라는 옛날 의미로 쓴 것은 유명합니다. 이처럼 어원학적으로 사용한 말들이 다수 발견되지만 '시원의 독일어로의 회귀'는 단연코 아닙니다. 잘못입니다. 환상입니다. 그게 아니라 성전의 번역이라는 타인의 시련과 자연어의 도입을 동시에 완수하려고 했던 언어 혁명가 루터로의 회귀입니다.

지극히 유명한 1801년 12월 뵐렌도르프에게 쓴 편지에서 그

40 François-René de Chateaubriand: 1768~1848, 프랑스 귀족이자 작가. 왕정파의 일원으로서 장관직과 대사직을 수행하기도 했다. 80세를 일기로 사망하기까지 루이 16세 치하, 프랑스 대혁명, 나폴레옹 치하, 왕정복고 등의 극심한 정치적·사회적 변화 속에서 정치가이자 작가로 파란만장한 인생을 살았다. 빅토르 위고가 "샤토브리앙처럼 될 것, 그렇지 않으면 아무것도 아니다"라고 말했을 정도로 당대의 젊은이들과 후대에 많은 영향을 끼쳤다. 대표작으로 「아탈라」와 「르네」가 수록된 『기독교의 정수』, 「순례자들」과 「나체즈족」이 포함된 『전집』, 『랑세의 삶』, 『무덤 너머의 회상』 등이 있다.

는 연거푸 이런 말을 합니다.

민족 고유의 말은 자유자재로 구사할 정도로 숙달하기가 어렵습니다. 교양(빌둥)의 발전과 더불어 민족 고유어는 기존의 우월한 지위를 거의 상실할 것입니다. 그리스인이 성스러운 감정(파토스pathos)을 잘 제어하지 못하는 것은 그 때문입니다. 그것이 그들의 천성이므로 예술의 모든 규칙을 오로지 그리스적인 탁월성(아레테arete)에서만 찾는 것은 마찬가지로 대단히 위험합니다. 오랫동안 이 일로 고민한 끝에 드디어 깨달았습니다. 그리스인과 우리 쌍방에게 최고의 가치를 갖는 것, 즉 생명이 충만한 관계와 운명은 별개로 하고 우리가 그리스인과 동일한 것을 갖는 일은 절대 용납될 수 없다고.

요컨대 고유의 것 못지않게 다른 것도 습득해야 합니다. 그리스인이 우리에게 불가결한 이유는 그 때문입니다. 단지 우리 자신에게 고유한 것, 민족 고유의 것으로 그들을 따라잡기는 불가능합니다. 거듭 말하지만 고유의 것을 자유자재로 구사하기만큼 어려운 것은 없기 때문입니다.

"고유의 것 못지않게 다른 것도 습득해야 합니다. 고유의 것을 자유자재로 구사하기만큼 어려운 것은 없기 때문입니다." ……횔덜린은 다릅니다. 무엇이 다르냐면 그는 낭만주의자와 헤겔이 썼던 의미로 빌둥이라는 말을 쓰지 않았습니다. 스스로 여행을 떠나 타인의 시련을 겪고, 자신에게 돌아오는 이 빌둥(전인적인 교양

시민의 이념)운동에는 속하지 않습니다. 횔덜린의 번역에서는 앞서 제시했다시피 이상하리만치 어원에 대한 축어적인 집착이 보입니다. 그러나 그리스어의 어원을 거슬러 올라가서 번역했을 뿐만 아니라 번역어도 슈바벤어보다는 오히려 점점 중세 독일어, 루터의 독일어에 준거해서 선정했습니다. 단순히 의고문擬古文(옛 문장을 본떠 지은 글)과 아문雅文(우아한 문장)을 농락하려던 의도는 아닙니다! 루터처럼 독일어가 가진 말의 힘을 오롯이 발휘하려고 했던 것입니다. 축어적인 그리스어 칼로 쑤시고 베고 뚫어서 정련한 독일어가 어떻게 될지는 몰랐을 것입니다. 그것은 도박이었습니다. 하지만 그도 독일어에 흠집 내기를 즐겼습니다. 그리고 그 횔덜린이 타인의 시련을 겪게 하려 했던 독일어는 결국 빌둥의 원리에 따라서 안일한 자기로 회귀하지는 않습니다. 고유의 것을 습득하기가 워낙 지난해서 구사할 수가 없으므로. "결단코 죽을 운명인 우리는 조국을 손에 넣을 수 없다. 금지된 과일처럼. 영광의 월계관처럼." 결국 그는 막판에 독일어의 만능성과 절대성으로 회귀하지 않았습니다. 안주할 수 있는 모어라는 집으로 회귀할 수는 없습니다. "하지만 우리에게는 주어지지 않는 운명이다. 어디에도 편히 지낼 곳은 없다. 정신이 거처할 곳은 없기 때문이다. 시작도, 원천도 고향이 집어삼켰다." 타인의 시련과 고유의 것의 시련은 동시에 닥쳐야 하며, 그 시련이 노래가 되어야 합니다. 돌아갈 곳은 없습니다. 안식처는 없습니다.

최종적으로는 우리가 귀환할 유택인 모어. 그것이 바로 우리의 고난이고 위기이며 싸워야 할 상대입니다. 더욱이 타인의 시련을 온몸으로 겪어내야만 비로소 가능한. 이방의 시련, 고향의 시련, 외국어의 시련, 모어의 시련, 그러나 그 모어는 선배 루터가 그 시련과 싸워서 쟁취한 것입니다. ……나의 말은 어디 있을까요. 어디에도 없습니다. 오로지 이 시련과 싸워서 쟁취하는 길뿐입니다. 대체 독일어로 읽고 쓴다는 것은 무엇을 의미할까요. 더는 모르겠습니다. 잠시, 그저 아주 잠시 루터와 횔덜린에게 다가갈 수 있었던 듯합니다. 이리하여 그의 정신은 유배지를 방황합니다.

1921년의 일입니다. 아주 최근이죠. 친구 막스 브로트[41] 앞으로 보낸 서신에서 카프카는 다음과 같이 말합니다.

> 글을 쓰지 않는 불가능, 독일어로 쓰는 불가능, 그리고 다르게 쓰는 불가능이지. 어쩌면 네 번째 불가능을 추가할 수 있을지도 모르지. 쓰는 불가능이라고.

물론 카프카의 모어는 엄밀히 말하면 체코어입니다. 하지만 횔

41 Max Brod: 1884~1968, 독일의 서정시인이자 비평가·작곡가·문화철학자다. 이스라엘에서 하비마 극장을 주재하며 유럽 각지에 유대 민족운동가로서 이상주의적 문화활동을 펼쳤다. 카프카의 유고를 발표해 전 세계에 알렸는데 『카프카전』과 『카프카론』은 카프카 연구의 중요한 자료로 평가된다. 주요 저서로는 역사소설 『신에 이르는 티코 브라헤의 길*Tycho Brahes Weg zu Gott*』, 『유대인의 왕 레우베니*Fürst den Juden*』, 『포로의 갈릴레이*Reubeni Galilei Gefangenschaft*』 외에 소설 『동경의 여성*Die Frau, nach der man sich sehnt*』, 종교논문 「이교, 그리스도교, 유대교」, 「차안과 피안」 등이 있다.

덜린과 거의 같은 말을 하고 있다고 해도 무방합니다. 그래서 프란츠 카프카가 글을 쓰지 않았나요.

이해하셨습니까? 강연 처음에 말한 대로 외국어는 여간해서는 읽을 수가 없고, 번역본은 이해하기가 힘들다고 입을 모읍니다. 그런데 여러분은 일본어를 완전히 이해하십니까? 자유자재로 읽고 쓸 수 있습니까? 카프카와 횔덜린의 말마따나 그게 정말 가능하긴 할까요?

오규 소라이[42]라는 사람이 있습니다. 그는 이른바 '한문서적'이 못마땅해서 중국어를 배웁니다. 중국어를 배워 원전을 거슬러 올라가서 정독합니다. 그것을 고문사학古文辞学이라고 합니다. 이 소라이를 비판하면서 외래적인 유교의 학리學理를 '가라고코로漢意'로서 부정하고 일본 전래의 '이니시에고코로古意' 혹은 '야마토고코로大和心(일본혼)'를 강조한 사람이 모토오리 노리나가[43]인 것은 유명합니다. 그런데 그러한 생각을 도출하기 위해 그가 읽은 책은 무엇이었을까요. 『고사기』입니다. 『일본서기』는 정사正史입니다. 따라서 궁정 안에서 정식으로 독해를 권장했습니다. 그러나 엄밀히 말해서 『고사기』는 오노 야스마로[44]가 헌상한, 즉 개

42 荻生徂徠: 1666~1728, 에도 중기의 유학자·사상가·문헌학자로 소라이는 호이며 본명은 오규 나베마쓰荻生雙松다. 주자학을 억측에 근거한 허망한 설이라고 비판하며 고문사학을 확립해 고대 중국의 고전을 독해했다. 정치적 조언자로서 요시무네에게 제출한 정치개혁론인 『정담政談』은 종교적 도덕에서 정치를 분리하려는 획기적 저작이며 이후 본격적인 경세사상이 탄생했다. 또한 수신론을 초월한 경제제민經世齊民의 통치 학문으로 유교를 받아들여 '정치의 발견자'라는 평을 받는다. 주요 저서로 『변명』, 『논어론』, 『논어징論語徵』 등이 있다.

인이 편찬한 것이지 임금의 명에 따라 편찬한 정사가 아니므로 방치되었고 정확한 주석도 없어서 거의 해독이 불가능하다고 여겼습니다. 그런데 18세기에 바로 그 『고사기』를 원전으로 정독한 사람이 모토오리 노리나가였습니다. 소라이와 같은 방법입니다. 원전을 철저히 연구해서 이니시에고코로를 발견하는 수순 자체가 가라고코로입니다. 따라서 도저히 고향 말만큼, 모어만큼 회귀할 수는 없습니다. 흥미로운 표정으로 들어주셔서 대단히 감사합니다. 그럼 과연 우리는 300년이 되었을까 말까 한 소라이와 노리나가의 문장을 유창하게 읽을 수 있을까요? 그들이 얼마나 어림 반 푼어치도 없는 주장을 했는지 이제 아시겠죠?

또한 다양한 사상사가가 지적한 대로 『일본서기』도 문제를 안고 있습니다. 원래 그 첫머리는 『회남자』[45]와 『삼오력기』[46]라는 중국의 역사서를 인용한 것입니다. 거짓말이다 싶으면 도서관에

43 本居宣長: 1730~1801, 가다 노 아즈마마로, 가모 노 마부치, 히라타 아쓰타네와 함께 4대 국학자로 손꼽히는 에도시대의 문헌학자이자 의사다. 『고사기』를 해독하고 실증적으로 연구했으며 『겐지모노가타리源氏物語』의 주석서인 『다마노오구시玉の小櫛』를 통해 유학의 권선징악과 불교의 깨달음이 아니라 연민을 표현하는 것이 문학의 본질이라는 주정주의主情主義를 주장했다. 또한 이 『다마노오구시』를 통해 '모노노아와레もののあはれ'를 제창한 것으로도 유명한데 모노노아와레는 일반적으로 헤이안平安 왕조 문학 속에 나타난 당대 사람들의 독자적인 미의식을 규정하는 말로서 감정의 원천을 가리킨다. 주요 저서로는 『대일본천하사대화도大日本天下四海画図』, 『도고발서都考抜書』, 『자문요령紫文要領』, 『석상사숙언石上私淑言』 외에 복고사상의 총론인 『직비령直毘靈』, 『고사기전古事記伝』 등이 있다.

44 太安万侶: 660~723, 백제에서 건너간 나라시대의 역사학자이자 대문장가로 『일본서기』와 일본에서 가장 오래된 사서인 『고사기』를 완성했다. 일본 최대의 사찰 도다이지東大寺를 지어 불교를 독립시킨 공로자이기도 하다.

있으니 직접 읽고 비교해보세요. 천황이라는 칭호 자체가 신선사상神仙思想에서 유래한 중국어입니다. 그러한 근본적인 것이 번역이어서 일본 문화가 붕괴했나요? 그럴 리가요. 그만한 일로 붕괴할 문화면 후딱 무너지는 편이 낫습니다.

예를 들어 의견이 분분하지만 프랑스어 혹은 프랑스어의 기원인 로망스어[47]로 쓴 최초의 문장은 '스트라스부르 서약'[48]입니다. 카롤링 왕조Carolingian dynasty(카롤링거 왕조)의 프랑크 왕국의 분열을 증명하는 문서지요. 그런데 이 문서 역시 라틴어 문장을 번역

45 淮南子: 한나라 한고조의 손자 유안劉安이 자택에 기거한 소비蘇飛와 이상李尙 등 당대 문사들의 도움을 얻어 당시 지식을 집대성한 저술로 내편 21권, 외편 33권으로 총 54권인데 현재는 내편만 전한다. 내편은 주로 노자와 장자의 학설을 바탕으로 우주·만물의 생성이나 소멸, 변화의 근원인 도와 자연질서, 인사의 대응을 논한다. 외편은 천문·지리·의학·풍속·농업기술·인사·주술·신화·전설 등 21편에 이르며, 부문별로 유가·도가·법가·명가·음양가 등 당시 제자백가의 사상을 집대성했다.

46 三五歷記: 3세기 삼국시대 오나라의 서정徐整이 지은 책. 거인신 반고盤古가 등장하는 중국의 천지창조 신화가 실려 있다. 세계가 아직 하늘과 땅의 구분이 없고 혼돈상태일 때 반고가 알에서 태어났고 하늘과 땅이 생겨났으며 반고의 키가 자라면서 머리는 하늘을 떠받치고 다리는 땅을 지탱했다. 그리고 반고의 키가 자랄수록 하늘과 땅이 점점 멀어져서 1만 8,000년 후에 오늘날과 같이 되었다고 한다.

47 Romance language: 모어인 라틴어에서 분기하여 발전한 언어들의 총칭으로 로망어le roman라고도 한다. 프랑스어·아틸리아어·에스파냐어·포르투갈어·루마니아어 등이 이에 속한다. 그 밖에 남프랑스 지방의 프로방스어, 에스파냐 북동부의 카탈루냐어, 레토로망스어(스위스·오스트리아·북이탈리아 알프스 지방의 방언), 사르디니아어, 달마티아어 등이 있다.

48 Oaths of Strasbourg: 842년 서프랑크 왕국의 카를 2세와 동프랑크 왕국의 루트비히 2세가 맺은 군사동맹을 가리킨다. 초기 프랑스어와 옛 고지독일어Althochdeutsch로 작성된 이 문서는 사실상 프랑스어와 로망스어로 기록된 최초의 문헌이다. 라틴어에서 변화해나간 프랑스어의 기원의 출발점에 있는 까닭에 어문학적으로 매우 중요한 가치를 지닌다.

한 것입니다.

고유의 것일랑 존재하지 않는다, 전부 번역이며 인용이고, 표본이며 조합이므로 독창성 따위는 존재하지 않는다고 쉽게 말합니다.

하지만 속단은 금물입니다. 그러한 급진적인 입장이 팽배했던 시기도 있었으나 안일함을 용납하는 결과를 초래했습니다. 또한 모든 것은 번역이라는 주장은 앞서 언급한 초기 낭만주의적인 닫힌 세계주의 혹은 열린 전체주의에 빠질 뿐입니다. 아직도 어딘가에서 희희낙락거리며 그런 말을 떠들어대는 사람은 그 사실을 얕잡아보고 돌아갈 곳이 있다고 확신할 뿐입니다. 방종한 본심이 통하는 고향이 있다고 생각하는 것입니다. 다시 한번 낭독하겠습니다. "하지만 우리에게는 주어지지 않는 운명이다. 어디에도 편히 지낼 곳은 없다."

모든 것은 번역이고 인용이며 창조성이 없다고 합니다. 아닙니다. 창조성은 존재합니다. 어디엔가. 당연히 우리를 저버린 고유한 것과 타인의 것과 동시에 싸워야 하는 고난의 중심에만 있습니다. 즉 번역이라는 행위 자체를 그러한 고난으로서 받아들이느냐 마느냐가 분기점입니다.

거듭 말하겠습니다. 진정 여러분은 일본어를 안다고 확신하십니까? 고작 100여 년 전의 문장을 지금부터 읽겠습니다. 모리 오가이[49], 고다 로한[50], 나쓰메 소세키[51]가 절찬한 여러분의 지갑 속에 들어 있는 그녀, 히구치 이치요[52]입니다. 다들 아시는 「키재

기たけくらべ」입니다. 일본 문학의 정수죠. 충분히 이해하실 겁니다. 자, 그럼 낭독하겠습니다.

[53]버드나무• 실가지가 드리워진 정문大門을 돌아가면 멀지만 오하구로 도랑•에 등불이 비치는 삼층의 소란스러운 소리도 손바닥 보듯이 알고, 밤낮없이 뻔질나게 오고가는 인력거로 얼마나 장사가 잘되는지 점친다. 다이온지마에大音寺前•라는 이름은 불교적이지만 주민들 말로는 활기 넘치는 동네란다. 미시마사마三嶋神社의 모퉁이를 돌자 이렇다 할 집도 보이지 않고, 처마가 실그러진 짓켄나가야十軒長屋, 니짓켄나가야二十軒長屋•뿐이다. 장사나 제대로 될까 싶은 곳이지만 그래도 반쯤 열린 덧문 밖에서 괴상한 모양으로 오리

49 森鷗外: 1862~1922, 소설가·평론가·번역가·육군 군의관으로 신체시에 큰 영향을 준 인물로서 일본 낭만주의의 선구자다. 쓰보우치 쇼요坪内逍遙와 이상의 뜻과 표상으로서의 이데아적 세계관을 가지고 벌인 논쟁으로 유명하며 이 논쟁은 일본 문예비평사 발전에 기여했다.

50 幸田露伴: 1867~1947, 소설가·수필가·고증가로 문화훈장을 받았다. 구어체적 문체와 주로 권선징악적 주제를 다루었다. 대표 저서로는 『풍류불風流佛』과 『오층탑五重塔』 등이 있다.

51 夏目漱石: 1867~1916, 본명은 긴노스케金之助이며 문부성 국비유학생으로 선발되어 영국에서 유학했다. 20세기 초 근대적 주체와 삶의 불안한 내면 풍경을 깊은 통찰력으로 꿰뚫어 보여주는 작풍이 특징이다. 주요 저서로는 『나는 고양이로소이다』, 『우미인초虞美人草』, 『도련님』, 『풀베개草枕』, 『산시로三四郎』, 『그 후』, 『문』, 『피안 지나기까지』, 『마음』 등이 있다.

52 樋口一葉: 1872~1896, 일본 여류 소설가로서 주로 도쿄 서민층의 정서와 유곽의 풍경 등을 소재로 산업화 속에 사라져가는 전통사회의 모습을 그렸다. 주요 저서로는 『흐린 강』, 『섣달그믐날』, 『십삼야』, 『갈림길』, 『나 때문에』 등이 있다.

고 아무렇게나 호분胡粉•을 칠한 종이 뒤에 꼬챙이를 붙여서 색색의 덴가쿠田楽(산적) 같은 것을 만들고 있다. 한두 집이 아니다. 아침에 널고 해질녘에 걷는데 품삯이 어마어마해서 온 가족이 이 일에 매달린다. 그게 뭐냐고 묻자 모르냐며 동짓달 닭날에는 예의 그 신사에서 장酉の市•이 서는데 욕심껏 짊어지고 가서 팔 복갈퀴를 장만한다고 한다. 정월에 쓴 소나무 장식•을 치우는 날부터 시작해서 일 년 내내 작업하는 것은 진짜 기생인데 틈틈이 여름부터 손발을 단장하고…….

53 「키재기」 용어해설

· 미카에리야나기: 창부와의 이별을 아쉬워하며 뒤돌아봤다는 버드나무. 메이지시대에 심었다고 전해진다. 다이토쿠 센조쿠台東区千束에 현존한다.
· 오하구로 도부お歯ぐろ溝: 북쪽 유곽에 창녀가 도망치는 것을 방지하려고 설치한 9미터 폭의 수로. 치아를 검게 염색하는 오하구로의 재료인 오배자 가루가 매우 떫은 데다 화장할 때마다 진한 차나 식초에 쇳조각을 담가 산화시킨 액체를 함께 바르고 입안을 헹궈야 했기에 수로에는 언제나 검은 물이 흘렀다고 한다.
· 이치요는 신요시와라新吉原와도 가까운 시타야류센지초下谷龍泉寺町에 살았으므로 작품 속 다이온지마에는 류센지초가 모델인 듯하다. 현재의 니혼바시 닌교초日本橋人形町.
· 짓켄나가야十軒長屋, 니짓켄나가야二十軒長屋: 벽이 얇고 빈약하게 만들어서 이웃의 목소리와 소음이 고스란히 들리는 비좁은 집. 10채가 붙어 있으면 짓켄, 20채면 니짓켄으로 몇 집을 붙이느냐에 따라 종류는 다양하다.
· 호분: 조가비를 태워서 만든 백색 안료.
· 酉の市: 11월 유일酉日(닭날)에 오오토리 신사에서 거행하는 축제 때 서는 장. 사업번창과 재운과 복을 그러모은다는 각양각색의 갈퀴인 구마데熊手를 판매하며, 매년 전해 것보다 큰 것을 구입해야 사업이 번창한다고 전해진다.
· 門松: 정월 7일에서 15일까지 신이 내려올 수 있도록 문 옆에 세워두는 소나무 장식을 가리킨다. 일본에서 정월은 인간 세상에 내려와 인간들이 행복하게 생활할 수 있도록 해준다는 '도시가미年神' 또는 '도시도쿠진歳徳神'이라는 신을 맞이하는 날이다. 그래서 대문을 소나무로 장식하고, 거울처럼 동그랗게 생긴 가가미모찌鏡もち라는 흰 떡을 지어 바친다.

대단히 훌륭하죠. 하지만 의미는 머리에 쏙쏙 들어오지 않을 것입니다. 5,000엔권 지폐에 나오는 인물이니 마땅히 이해해야 합니다. 그러나 난해하지요. 그렇다고 일본어가 아니라고 우기시겠습니까. 이런 최근 작품이 일본어가 아니라니 졸지에 일본 문화가 의심스럽습니다. 명색이 국어인데 읽지도 글로 쓰지도 못한다니 말이 됩니까.

제 소설은 문체가 워낙 난해해서 이해하기가 힘들다고 합니다. 다마키 로이環ROY라는 뛰어난 래퍼가 클럽에서 술에 취해서 "소설의 문체가 왜 그 모양이야. 당신이 히구치 이치요야"라고 하더군요. 래퍼는 귀가 밝으니까. 리듬을 과하게 살리면 의미가 통하지 않지만 의미에 치중하면 입에 붙질 않습니다. 그런 일에 도가 튼 사람이니 이치요처럼 글을 쓴다고 이해했겠지요. 또 한 가지. 온 국민이 사랑하고, 최근에 히트곡을 망라한 올 타임 베스트 앨범을 낸 야마시타 다쓰로山下達郎라는 멋진 뮤지션이 있습니다. 온 국민이 사랑하는 그는 흑인 음악을 비롯해서 라쿠고와 분라쿠[54], 가부키, 조루리[55] 또한 좋아합니다. 모 시장市長의 적이죠. 어쨌든 지적으로 매우 세련된 사람입니다. 바로 몇 년 전 그가 인터뷰한 글에서 이런 말을 보았습니다. 어떤 책을 읽느냐는 질문에 야마시타 다쓰로 씨는 "저는 히구치 이치요의 팬이어서

54 文楽: 에도시대에 도시 서민들 사이에서 생겨난 전통적인 예술형식의 일종인 직업적 인형극을 말한다. 인형, 머리와 손으로 인형을 조종하는 사람, 대사를 말하는 다유太夫, 세 줄짜리 샤미센의 리드미컬한 반주 등 네 가지 요소로 구성된다.

일기를 포함한 전 작품을 독파했습니다. 그중에서 한 권을 고른다면 『탁류濁り江』랄까. 수백 번도 더 읽었습니다. 다만 남들이 말하듯이 독서광은 아니고 오히려 독서 콤플렉스가 심합니다. 젊었을 적부터 책 살 돈이 있으면 음반을 샀거든요"라고 했습니다. 20년 넘게 지켜온 야마시타 다쓰로 씨의 팬 입장에서 말하건대 겸손도 지나치면 교만이 된다지요. 진정한 독서가의 입에서나 나올 법한 말입니다. 그렇게 '귀'로 읽는 방법이 있습니다. 엉뚱한 곳에서 우리가 말한 이중의 시련에 감응하는, 공명하는 회로가 열리기도 합니다.

일본어로 된, 우리말로 쓴 이치요의 작품을 이해하지 못한다면 좀더 최근 작품으로 할까요. 일본어권 최대의 시인으로 존경해 마지않는 요시마스 고조[56] 씨의 시를 읽겠습니다. 작년에 출

55 浄瑠璃: 노能, 가부키歌舞伎와 더불어 일본 3대 전통극의 하나. 겐로쿠元禄시대에 조루리를 부르는 다케모토 기다유竹本義太夫와 극작가 지카마쓰 몬자에몬近松門左衛門의 제휴로 본격적으로 발전했다. 다케모토는 조루리 유파인 기다유부시義太夫節를 확립하고, 지카마쓰는 봉건사회의 제약과 인간성과의 대립을 주제로 한 근세 서민을 위한 작품을 썼다. 18세기 중엽 조루리 3대 명작으로 불리는 『가나데혼 주신구라仮名手本忠臣蔵』, 『스가와라 전수 학문의 귀감菅原伝授手習鑑』, 『요시쓰네 천 그루 벚꽃義経千本桜』으로 황금시대를 맞이한다. 대본, 연출법, 음악성은 가부키에 큰 영향을 끼쳤으며, 메이지시대에 분라쿠좌가 융성하면서 닌교조루리의 별칭을 분라쿠라고 부르게 되었다.

56 吉増剛造: 1939~. 가장 굴절된 시대였던 1960년대에 등장한 까닭에 '60년대 시인'이라고 불린다. 시집 『황금시편』으로 '다카미 준' 상을 받았다. 이탈리아 베로나에서 열린 '세계 시 아카데미' 창립회의에서 창립위원으로 활약하기도 했으며 일본 문화계간지 『캉』에 '고은, 요시마스 고오조의 왕복서한'을 연재했다. 주요 저서로는 에세이 『삶과 문학』, 처녀시집 『출발』, 『오시리스, 돌의 신』, 『눈 내리는 섬 혹은 에밀리의 유령』 등이 있다.

판된 『육필 메모裸のメモ』라는 시집의 일부로서 제목은 '하치노헤八戸에서 온 호박색의 편지가……'입니다.

하치노헤에서 온 호박색의 편지가……

찢어진 장지문 틈으로 보였다.

2010년 9월 18일. 하치노헤, 하치노, ……헤에서 무슨 일이지?

은혜와 인연을 가슴에 품고 하치노헤로 돌아온 지 15~16년. 물론 유명계幽冥界지만 익숙한 목소리로 이 목숨이 처치한, 타죽은 나무의 꺼져가는 불씨처럼 얼마 남지 않았다고 (들릴락 말락 하게) 속삭이는 환영을 보고 소스라치게 놀랐다. 꺅 하고 소리칠 뻔…….

9월 17일 토크쇼에서 도시마 시게유키豊島重之 씨가 이유를 채근해서 개밋둑을 나무(거목)로 착각했던 모양이라고 했을 때 눈앞에서 있던 정말 굶주린 나무(굶주린 어린 나무)가 내 모습인 것을 알았다. 내 나이 어느덧 일흔둘. 여생이 얼마 남지 않았건만 돌고 도는 이 풍경이 참으로 아름답다……. 그 풍경과 함께 이 정원의 개미도, 매미도, 나비들도, 수국도 되살아나서 다시금 세계가 시작되기 때문이다.

이번에는 낮과 밤의 세계가 아닌 '개와 늑대의 시간'[57]이지만 이

57 heure entre chien et loup: 해질녘 모든 사물이 붉게 물들어 저 언덕 너머로 다가오는 실루엣이 내가 기르던 개인지, 나를 해치러 오는 늑대인지 분간할 수 없는 시간을 말한다. 프랑스 남부지역의 양치기들이 해질녘의 어둑어둑한 시간을 이르는 말에서 유래한 격언으로 듀보이스 허버트가 지은 소설의 제목이기도 하다. 『기아의 나무飢餓の木』(2010)에 실린 우카이 사토시鵜飼哲 씨와의 좌담에서 인용했다.

황혼의 오솔길을 심란하지만 생생하게 묘사해야 한다. 마음이 심란하지만, 번잡하지만, 그래도, 생생하게 묘사해야 한다. 번뇌는 도겐道元의 마음. 거기에 황천길이 있다는 도겐의 마음이어라.

난해한가요? 의미를 모르시겠습니까? ……눈물이 그렁그렁하신 분도 계신 것 같은데. 소리 내서 읽으니 깊은 감동이 느껴지지 않으십니까. "다시금 세계가 시작하기 때문이다", "심란하지만 생생하게 묘사해야 한다", 마음이 심란하지만, 번잡하지만, 그래도, 생생하게 묘사해야 한다, "도겐의 마음"[58]……이라는 시구의 언어감각은 대단하죠. 요시마스 씨가 허세 부리려고 이른바 전위적으로 쓴 시가 아님은 낭독해보면 압니다. 시구 하나까지도 치밀하게 계산해서 넣었음을 끝까지 읽으면 알 수 있습니다. 끝까지 읽기가 어렵긴 하지만.

이것은 일본어입니다. 일본어를 구사하기는 어렵습니다. 일본어를 체득하는 것은 진정 곤란한 일입니다. 횔덜린이 한 말은 그

58 道元: 1200~1253, 일본 조동종의 개조. "좌선이야말로 불법의 정문正門이요, 대안락의 법문法門"이라고 강조하고, 좌선의 방법이나 마음가짐 등을 밝힌 『보권좌선의普勸坐禪儀』를 저술했다. 일본 최초의 조동종 사찰인 고우쇼지興聖寺와 다이부츠지大佛寺를 개창(2년 후 에이헤이지永平寺로 개명)했으며 수행자의 생활규칙을 규정한 『전좌교훈典座教訓』을 저술했다. 특히 『정법안장正法眼藏』은 중국 송대 불교와 선불교의 특성을 상세히 기록하고 일본 불교를 비판했으며, 중국 선사들의 법문을 전 세계에 정확히 전달해서 당시 송대의 사원 청규와 의례, 거량, 선문답 등에서 원전으로 통한다. 핵심 사상은 첫째, 깨달음과 수행이 하나이며 그 끊임없는 수행과정이 곧 성불이라는 뜻의 '수증일여修證一如', 둘째, 좌선만 하라는 뜻의 '지관타좌只管打坐'다. 쉽게 말해 세상이 혼탁해지고 어려울수록 석존의 가르침에 의지하고 좌선을 실천하는 것만이 정법이라고 했다.

런 뜻입니다.

일본어는 변했습니다. 19세기 후반 메이지 유신 전후의 40년간 방대한 유럽의 문헌을 번역하면서 방대한 조어를 생성해 거듭났습니다. 서구의 어휘에 해당하는 말이 없으니 어휘를 제조하고 혹은 그 사유를 번역하기 위해 문법마저 바꿔야만 했습니다.

가령 society라는 말을 동문, 동료, 군중, 세상, 회사 등 여러모로 고심한 끝에 드디어 사회라고 올바로 번역했습니다. 어떤 의미에서는 루터적인 방대한 노고였습니다. 가히 기적적인 위업입니다. 그 노고로 탄생한 '역어, 조어'들을 일부만 열거하겠습니다.

신경, 모맥毛脈, 선腺, 수소, 탄소, 질소, 황산, 염산, 중력, 원심력, 권리, 의무, 사회, 신문, 이성, 의식, 자유, 지식, 관찰, 분류, 연역, 추상, 정의, 귀납, 현상, 명제, 철학, 사고…… 무궁무진합니다.

모두 번역어이고 조어입니다. "넌 좀 유별나게 남의 눈을 의식해", "말하는 본새가 영 신경에 거슬려", 평소 대화할 때 자주 쓰는 말이죠. 하지만 번역어입니다. 우리의 일본어는 이제 번역어입니다. 고유한 말은 이제 번역된 말입니다. 우리 어머니의 혀는 번역되고 제조된 것이었습니다. 그러나 오염된 것은 아닙니다. 일본어는 상처 나고 정련되었습니다. 그 싸움은 앞으로도 계속되고, 그래야만 합니다. 그 안에서만 언어로서 살 수 있으니까.

이토록 혼란스럽고, 이중삼중으로 번역에 번역을 거듭한 탓에 우리 어머니의 혀는 기묘한 생김새를 띠고 지금 여기에 있습니다. 그것을 자유자재로 구사하는 것은 다름이 아니라 누추하고

좁은 장소에 틀어박혀 있다는 의미입니다. 착종하고 교란된, 그리고 안식처가 없는 이 유배 상황에서 모어를 읽고 쓰기는 불가능합니다. 지금 시사한 대로.

하지만 그래도 모어를 읽고 쓰는 놀라운 체험은 가능합니다. 횔덜린과 카프카 같은 사람들이 광기를 건 경탄할 만한 장소가 존재합니다. 어디에? 책에.

우리는 삶의 여정에서 책을 읽습니다. 짧다면 짧고 길다면 긴 그 세월 속에서 책장을 넘기는 손을 멈추고 잠에 빠져들기도 합니다. 일부러 혹은 무심코 건너뛰고 읽기도 합니다. 꼼꼼하게 사전을 찾으려니 문득 귀찮아서 그만둡니다. 갈피표를 잊어서 읽은 곳을 다시 읽습니다. 희미한 기억에 의지해서 읽다 만 부분을 찾아서 읽으면 역시 건너뛰고 읽은 탓에 줄거리를 이해할 수가 없습니다. 두 번, 세 번 읽기도 하고, 천천히 읽거나 빨리 읽는 부분도 있습니다. 책 한 권을 읽어도 읽는 속도가 다릅니다. 같은 부분도, 여러 번 읽어도, 속도가 다르므로 잘못 읽고 맙니다. 정독해야 할 부분을 대충 읽거나, 속독해야 할 부분을 정독합니다. 그리고 또 잘못 읽습니다. 하지만 여기는 천천히 혹은 빨리 읽어야 한다는 규칙을 누가, 어떻게 정할 수 있을까요? 저자건 누구건. 무슨 수로. 그럼 어떻게 해야, 무슨 수를 내야 이해할까요? 가능하긴 할까요?

번역이 불가능하다는 것은 거짓말입니다. 가능하기에 불가능하다고 할 수 있는 것입니다.

전부 번역이 가능하다는 것도 거짓말입니다. 그것은 낭만주의적인 과오입니다. 횔덜린의 말처럼 모어도 외국어도 집일 수는 없으므로, 우리말의 안식처 따위는 존재하지 않는다는 잔혹한 사태를 간과한 것입니다. 따라서 결론은 모든 책을 이해할 수 없다는 말은 거짓이지만 모든 책을 이해한다는 말도 거짓입니다. 난해하다고 해서 읽지 않는 것도, 쉽다고 해서 읽는 것도 아닙니다.

뜻밖의 책을 만날 기회를 잡거나 놓치는 것은 전적으로 본인의 독서 태도에 달렸습니다. 못 읽겠다고 굴복한 순간 그 습성은 여러분의 신체에 각인됩니다. 그러나 읽을 수 있다고 생각한 순간 폭풍처럼 순식간에 망각하고 사라질 것입니다.

글을 읽고 쓰는 일에는 끝이 없습니다. 안정과 안일은 고사하고 안주하거나 안심할 곳도 없습니다. 그러한 일체의 안도安堵도 용납되지 않습니다. 돌아올 자기가 없으므로. 영원히 눈사태에 휩쓸려서 까마득한 소멸을 향해 무한정 떠내려가므로. 그것은 유배입니다. 고난입니다. 그럼 기쁨은 없나요?

없다면 아무도 글을 읽지 않습니다. 아무도 글을 쓰지 않습니다.

실은 다른 곳에서 논하려고 했으나 말이 나온 김에 하겠습니다. 약간 사족입니다. 우리 헌법은 번역입니다. 영역 일본국 헌법이 원문입니다. 여러 곳에서 누누이 말했으므로 간략하게 말씀드리겠습니다. 사카구치 안고는 누군가가 준 번역 헌법이라는 말에 집착해야 한다고 합니다. ……잠시만 기다리세요. 기억났습니다. '이제 군비는 필요 없다'에서 이렇게 말합니다.

스스로가 국방력이 없는 나라에 침공한 끝에 패해서 비무장이 되었으면서 국방과 군대의 필요성을 설명하며 당장이라도 흉악범이 침공해 오는 양 설레발을 치다니 무뢰한의 졸개들과 비슷하구나. 유치장에서 나오자마자 그 길로 가슴에 비수를 품는 놈의 핑계다.

남의 강요로 채택한 헌법이라고는 하나 졸자는 전쟁을 일으키지 않겠다는 이 제1조만은 정말로 세계 제일의 헌법입니다. 전쟁은 으레 미치광이나 바보가 벌입니다. 4등국이 슈퍼 A급의 군비를 확충하고 눈 부라리며 빼기는 것도 모자라 적대적으로 행동하다니 적반하장도 유분수입니다. 그러나 어쭙잖게 확충한 군비로 훌륭한 체제를 갖춘 양 분수도 모르고 설치는 꼴도 우스꽝스럽기는 매일반입니다. 일본만이 아닙니다.

군비를 확충하고 적과 일전을 불사할 생각에 구미가 당기는 국가라는 국가는 모두 우스꽝스럽습니다. 다들 여우에 홀린 것입니다. 본성은 아직 군식구의 경지를 졸업하지 못한 것입니다. 요컨대 지구상에는 아직 진정한 일등국도, 이등국도 존재하지 않습니다. 삼등국 정도가 겨우 한두 개 있을 뿐. 대규모 군비, 원자폭탄 종류는 미요시 세이카이뉴도[59]의 창과 비슷해서 들고 걸을수록 배만 고픕니다.

전쟁과 군비는 반비례하기 마련이지만 그 덕에 이익을 보는 소수의 사업가나 일자리가 생기는 실업자, 이번에는 기필코 갸바족[60]의 최신 유행, 남경충coris(빈대의 일종), 축음기, 피아노는 물론이고 긴자를 몽땅 손아귀에 넣겠다는 야심을 품고 고구마 밭을 경작하는 백성들이 군비와 전쟁열을 지지합니다. 그 결과 국론도 점차 동조하고 편향되는 것은 슬퍼할 일이지만 전 세계가 여우에 홀려 있으니 무슨 수로 일본만 여우를 물리치겠습니까. 좌우간 헌법에 의해 군비도 전쟁도 포기한 나라는 일본뿐이며, 그리고 그 헌법이 체면 사납게 남의 강요로 제정되었다는 사실에 집착하지만 않으면 세계에서 가장 먼저 여우를 물리칠 기회를 얻는 것도 일본뿐인 것은 확실합니다.

완벽하죠. 지금의 자칭 현실주의자, 개헌론자들에게 암송시키고 싶습니다. 무장을 해제해서 불안하고, 무장하면 안심이라니 무슨 헛소리입니까. 제정신이 아닙니다. 분수에 맞지 않는 무장을 해서 진 겁니다, 대일본제국은. 그래서 히로시마와 나가사

59 三好清海入道: 1528~1615, 미요시 세이카이뉴도는 법명이며 미요시 마사야스가 본명이다. 히데요리에게 충절을 다하고 전사한 소설 『사나다 10용사』의 실존인물로 18관(약 67.5킬로그램)이나 되는 창을 갖고 다닌 괴력의 소유자로 알려져 있다. 대식가에다가 술과 여자를 좋아했으며 오사카 성 여름 전투에서 전사했다.

60 ギャバ族: 중절모에 개버딘 바지를 입은 사람들을 가리키며 '갸바'는 1950년대에 유행한 스타일이다.

키에 무엇이 떨어졌습니까. 여기는 규슈입니다. 기상문제 때문에 시야가 확보되었다면 나가사키와 히로시마 대신 원폭을 투하했을 것이라는 고쿠라小倉(규슈 북부)가 있습니다.

이런, 시간이 다 됐군요……. 맞습니다. 안고는 '문학의 고향'에 관해 이미 말했습니다. 설명을 드릴 시간이 없어서 안타깝지만 꼭 안고의 책을 만나보세요. 그리고 안고는 전쟁 중인 1942년 「일본문화사관日本文化私觀」이라는 에세이와 종전 후에 쓴 글에서도 한결같이 군비는 필요 없다는 일관된 논리를 펼칩니다. "맞지 않는 양복에 헐떡거리는 구두를 신고 있다고 유럽인은 비웃을지도 모르지만 비웃는 쪽이 이상하다. 남이 가진 것이 우리의 실생활에 잘 맞는다면 빌린 것이든 가짜든 뭐 그리 대수겠는가. 그런 시시한 체면은 버려도 된다"고. 안고는 타인의 문화에 노출되어 고향을 잃어버리는 고난 속에서만 일본 문화를 봅니다.

가짜인지 아닌지, 번역인지 아닌지는 문제가 아닙니다. 올바른지 그른지만이 문제입니다. 그러한 괴로움은 정당한 고난입니다. 그 괴로움을 만끽하는 것이 우리 '번역자의 사명'이 아닌가요. 우리의, 고유의, 번역의, 타인이 꿰뚫은, 가짜의, 처녀가 아닌, 사용했던, 손때 묻은, 그러나 의연히 살아 있는 우리말 일본어가 번역 헌법을 갖고 있습니다. 그것이 무슨 잘못인가요. 문제는 따로 있습니다. 고유의 것과 타인의 것이 공존하는 시련 속에서, 그 말이 지닌 운명의 고난 속에서 견뎌야만 하는 우리 번역자의 새로운 사명이 문제입니다. 다시 말해 정의가.

어떻습니까. 용납되지 않는, 일어나서는 안 될 일이니 일어나지 않는다고 믿고 살겠습니까? 이 판국에도 그럴 생각이라면 참으로 순진도 하십니다. 그런 유아적인 발상을 갖고 살아도 용납되지 않는, 일어나서는 안 될 일은 일어납니다. 과거에도 그랬고, 현재도, 또 앞으로도 일어날 것입니다. 그래서 현실과 타협할 작정입니까? 어차피 힘 있는 자들의 세상인데 미련하게 사서 고생하느니 속 편하게 안주하는 얼뜨기가 되겠습니까?

저는 싫습니다. 그러기엔 아직 너무 이릅니다. 기다리고 끝까지 견뎌서 결코 얼뜨기가 되지 말아야 합니다. 가시는 길에 오늘 들으신 이 얼뜨기라는 공격적이고 비판적인 말을 새로이 가슴에 새기시기 바랍니다. 여기나 저기나 온통 얼뜨기 천지입니다. 저는 유치한 사람도, 얼뜨기도 되고 싶지는 않습니다. 재군비가 부득이하다는 작자가 얼뜨기입니다. 아직도 원자력발전소가 부득이하다는 작자가 얼뜨기이고 겁쟁이인 것입니다.

자, 우리는 겁쟁이도 얼뜨기도 아니니 기다립시다. 투쟁만은 계속할 수 있으니까요. 승리할 가능성이 요원하다 못해 희박할지라도 기다리는 방법은 얼마든지 있습니다. 플루토늄 반감기가 2만 4,000년이라고? 웃기시네. 인류가 음악을 고안한 지 7만 년이 넘었어. 까짓 7만 년 기다리지 뭐. 노래하면서, 연주하면서, 춤추면서. 인간을 얕보지 마.

/ 03

상처 속에서 상처로서 보라, 상처를

/ 2012년 10월 20일, 오사카 나무라名村 조선소 터에서
'임계臨界의 창조론'을 주제로 한 나무라 아트 미팅의 강연 03-04 Vol. 04

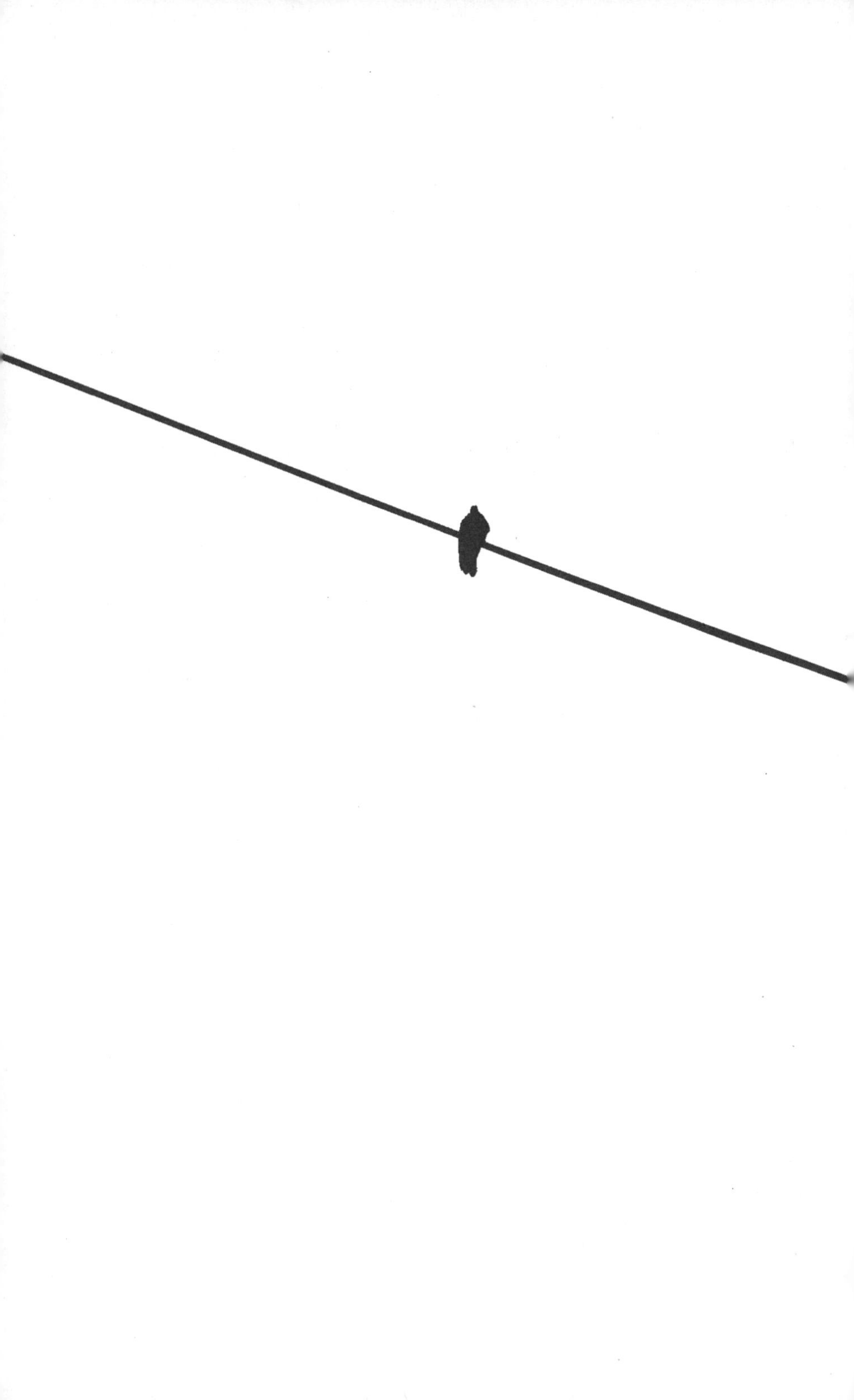

……이 미증유의 사태(동일본대지진[01])를 접했을 때 저 역시 상당히 당혹스러웠습니다. 그리고 이 자리에 계신 예술계 종사자분들도 강 건너 불구경하듯이 방관만 할 수는 없다고 생각하실 겁니다.

그것이 인지상정입니다. 주최자는 제게 사사키 특유의 '광기'를 기대하며 이 '중차대한' 사태에 관한 강연을 의뢰했습니다.

그러나 이 자리는 26시간에 걸쳐 주야장천 속행된 '나무라 아트 미팅NAMURA ART MEETING'의 마지막 강연입니다. 더러는 지치셨을 테고, 어쩌면 이 미증유의 사태에 대해 '목소리를 내야 한다, 표현해야 한다'는 압박감이나 강박감 때문에 심한 피로를 느끼실지도 모릅니다. 그래서 가벼운 얘기로 출발해서 말이 이끄는 방향으로 천천히 진행하고자 합니다.

아주 소소하고 자질구레한 이야기입니다. 다들 카메라를 갖고 계시죠. 자, 그럼 카메라에 관한 얘기로 시작하겠습니다.

01 2011년 3월 11일 14시 46분 일본 도호쿠 지방에서 발생한 일본 관측 사상 최대인 리히터 규모 9.0의 지진.

요즘에는 휴대전화에도 카메라가 내장되어 있습니다. 각자 주머니나 가방 안에 들어 있는 카메라를 꺼내보세요. 막간을 이용해서 아이폰이나 휴대전화로 저를 찍다니 아주 배짱이 두둑한 분이시군요. 아, 괜찮아요, 그냥 웃자고 한 소립니다.

지금 다들 카메라 한 대씩 갖고 계신 거 맞죠? 오늘 강연장에 오기 전에 잠시 도톤보리道頓堀와 신사이바시心斎橋 방면을 거닐었습니다. 행인들도 여느 때처럼 카메라로 거리 곳곳의 풍경을 찍고 있더군요. 저는 말이 시부야지 시부야에서도 아주 외진 곳에 살고 있습니다. 반면에 하치공[02]을 기리는 동상이 자리한 시부야역 바로 앞의 큰 교차로는 영상에도 자주 등장하는 관광명소입니다. 안내책자에도 실려 있는지 엄청난 군중이 교차로를 물밀듯이 밀려가는 광경을 찍는 외국인들을 종종 봅니다. 풀사이즈(35밀리미터)의 일안 반사식 카메라[03]를 들고 있는 사람도 많습니다. 여러분도 평상시에 먹은 음식이나 우연히 본 경치 또는 기록으로 남길 목적으로 아무 때나 다양한 사진을 찍으실 겁니다. 이렇게 방대한 사진이, 영상이 날마다 무시무시한 기세로 생산됩니다. 이 무미건조하고 흔해빠진, 평범하고 단순한 사실에서 시작하겠습니다. 고명한 사진론을 쓴 발터 베냐민이 복제예술에

02 주인인 우에노 에이타로上野英太郎가 세상을 떠난 뒤에도 계속 주인을 기다렸다는 충견의 이름.

03 single-lens reflex camera, SLR: 카메라 내부에 거울과 펜타프리즘을 설치해 뷰파인더로 보이는 이미지와 촬영된 이미지가 동일하도록 설계된 카메라. 일안 리플렉스 카메라라고도 한다.

관해 논했을 때(『기술복제시대의 예술작품*Das Kunstwerk im Zeitalter seiner Reproduzierbarkeit*』, 1934) 역설적이지만 복제예술을 긍정하면서도 아우라의 상실을 발견했습니다. 그러나 지금은 한가하게 '역설적인 긍정'에 관해 떠들 때가 아니니 다시 본론으로 돌아가서 단순하고 상식적인 사실에서 출발하겠습니다.

흔히 사진을 무엇과 대비시키느냐 하면 '동화상dynamic image'입니다. 동화상動畵像이란 말이 어떤 말에서 유래된 번역어이며 언제부터 일반화되었는지는 조사된 바가 없습니다. 하지만 그리 옛날은 아닐 것입니다. 움직이는 화면과 움직이지 않는 정지화면still image, static image이 있습니다. 그 두 가지는 별개입니다. 사진과 영화가 별개이듯이. 더 단적인. 근래의 용어로 표현하면 '정지영상'과 '동영상'으로 구별됩니다. 당연한 소리를 왜 하느냐고요? 천만의 말씀입니다. 나중에 다시 이야기할 테니 기억해두십시오.

여러분은 정지된 피사체를 포착해서 정지화면을 만드는 것이 사진이라고 생각하시죠. 그러나 사진과 정지화면은 시간과는 무관합니다. 운동과도 관계가 없고요. 사진은 음악이나 영화와 달리 시간예술이 아닙니다. 그래서 앙리 베르그송[04]이라는 철학자는 이른바 '순수 지속durée pure'을 강조했습니다. 그는 측정할 수 있는 시간은 진정한 시간이 아니라 단지 순수 지속을 공간에 투

04 Henri-Louis Bergson: 1859~1941, 1927년 노벨문학상 수상자. 주요 저서로 『창조적 진화』, 『도덕과 종교의 두 원천』, 『웃음』, 『의식에 직접 주어진 것에 관한 시론』 등이 있다.

영한 것이라고 말합니다. 아시겠지만 시계의 눈금, 스케줄 표나 달력의 시간은 분명 시간을 공간에 투영한, 시간을 공간화한 것입니다. 그러나 순수 지속의 그림자에 불과할 뿐 진짜 시간은 아닙니다. 그래서 당대 최고의 석학이었던 베르그송은 진정한 지속을 사유하는 방법에 관해 연구했습니다. 20세기의 가장 위대한 철학자를 꼽는다면 비트겐슈타인과 질 들뢰즈, 하이데거, 이 세 사람은 반드시 후보에 오를 것입니다. 물론 사람마다 의견이 다를 수는 있겠지만요. 그리고 이 중에서 들뢰즈와 하이데거는 분명 베르그송의 영향을 받았습니다. 표면상의 감정이 경애심이든 반발심이든 시간에 관해 고찰하려면 필히 베르그송이 달성한 업적을 논해야 하니까요. 일단 들뢰즈는 초기의 베르그송론과 후기의 『시네마』, 하이데거는 『존재와 시간*Sein und Zeit*』에서 베르그송에게 응답합니다. 그런데 자세히 살펴보면 베르그송을 암시하는 것으로 짐작되는 부분이 도처에서 발견됩니다. 그들이 그렇게 처신할 수밖에 없었을 정도로 베르그송은 시간이라는 개념을 완전히 바꿔놓았습니다.

여기서 유명한 문제 하나가 등장합니다. 베르그송은 영화를 비판했습니다. 그 이유는 초당 24컷이든 몇 컷이든 영화는 사진이나 정지화면을 플립북[05]처럼 잇따라 투사한 것일 뿐이니 허위이며 진정한 지속도 진정한 운동도 아니라고 했습니다. 반면에

05 flip book: 같은 규격의 종이에 연속되는 장면을 그려서 빠르게 넘기면 그림이 움직이는 듯이 보이는 애니메이션 기구.

베르그송주의자였지만 영화를 사랑했던 들뢰즈는 오죽이나 난처했으면 베르그송을 철저히 재해석한 뒤 그 주장만은 틀렸다며 영화는 진정한 시간, 지속, 운동과 이미지의 결합물이라고 완곡하게 말했습니다.

다시 말해 베르그송, 들뢰즈, 펠릭스 가타리 모두 사진에는 매우 냉담했습니다.

들뢰즈는 가타리와 함께 펴낸 여러 저서에서도 영화와 음악, 회화와 비교해도 사진 나부랭이는 예술이 아니라고 주장했습니다. 『천 개의 고원*Mille Plateaux*』의 고명한 서문, '리좀'[06]에서 "사진이나 그림이 아니라 지도를 만들어라!"라고 했으니까요. 더욱이 도처에서 발견되는 사진을 폄하한 대목에는 직접적인 논증이 없습니다. 물론 그들의 독특한 개념인 '안면성'[07]과 관련된 말인 것은 능히 짐작이 갑니다. 그러나 이러한 태도는 도무지 이해할 수가 없습니다. 또한 이 주장을 진지하게 인정한 논고도 본 적이 없습니다.

다양한 장면을 찍었음에도 베르그송과 들뢰즈 그리고 가타리

06 rhizome: 원래는 불규칙하게 얽힌 뿌리가 망상으로 뻗어나가며 자라는 다년생 줄기를 가리킨다. 이분법적인 대립에 의해 발전하는 서열적이고 초월적인 구조와 대비되는 내재적이면서도 배척적이지 않은 관계들의 모델로 『천 개의 고원』에서 사용한 비유적 용어다.

07 faciality: 얼굴, 말, 몸짓, 태도 등등 여러 가지 요소가 엮여서 나타나는 하나의 인물상이나 사건 또는 현상의 특징을 일컫는다. 들뢰즈와 가타리가 『천 개의 고원』에서 하얀 벽과 검은 구멍의 체계white wall and black hole system로 소개한 개념이다. 하얀 벽은 의미가 배치되는 장소고, 검은 구멍은 주체화subjectificaton의 중심이다.

는 사진을 과소평가합니다. 그러나 이 세상에는 숱한 사진가들이 존재하며 훌륭한 사진을 무수히 남겼습니다. 또한 많은 이가 일상적으로 사진을 찍습니다. 광고 선전만이 아니라 음악, 영화, 회화의 창작과정에는 물론이고 단순한 기록이나 소재로도 이용됩니다. 그런데도 그들은 생동감이 없고, 진정한 시간과 지속과 운동과 무관하다는 이유로 사진을 예술로 거의 인정하지 않습니다. 인정하기는커녕 권력에 의한 '개체의 포착'을 가능하게 하는 일개 기술일 뿐 그 이상의 존재 가치는 없는 것처럼 말합니다. 충분히 설득력 있는 논의이긴 하나 뭔가 석연치가 않습니다.

분명 베냐민도 종국에는 역설적으로나마 사진을 긍정했습니다. 하기야 수전 손택이라는 혼란스럽고 시답잖은 사진론을 쓴 사람도 있지만요……. 아무래도 롤랑 바르트Roland Barthes(1915~1980, 프랑스의 철학자이자 비평가)를 인용해야 할 듯싶습니다.

그는 『밝은 방*La Chambre claire*』(영문판 제목은 "Camera Lucida")이라는 훌륭한 사진론을 남겼습니다. 사진을 공부하는 사람이나 사진작가, 사진평론가는 대개 바르트를 좋아하지요. 롤랑 바르트는 사진 편이고 질 들뢰즈는 영화 편이라는 식으로 막연히 생각합니다. 그런 고지식한 꼬리표 달기를 하니까 중요한 사실을 간과하는 것입니다.

다짐하건대 앞서 말한 대로 카메라는 정지한 영상과 이미지를 만듭니다. 다시 말해 '정지화면'을 산출하는 것입니다. 그러나 정말로 카메라가 정지화면을 찍을까요? 사진은 정지화면이라는 주장이 과연 사실일까요?

단순한 사실을 말하면 사진은 '정지靜止, rest'된 순간을 찍을 수가 없습니다. 우리 눈에 비치는 겉모습과는 다릅니다. 세 가지 방향에서 논증하겠습니다. 우선 상식적인 방향에서 설명하겠습니다.

첫째, 사진을 찍을 때 간혹 흔들려서 흐릿하거나 두 개로 겹쳐서 찍히는 경우가 있습니다. 흔히들 손 떨림이라고 하죠. 특히 햇빛의 양이 적은 밤이나 어두운 곳에서는 삼각대라도 없으면 뭐가 뭔지 분간이 안 되는 사진이 나옵니다. 여러분도 경험해보셨을 겁니다. 저런, 지금도 여기저기서 사진을 찍고 계시네요. 제가 돌아다니면서 이야기하니까 흔들려서 찍기 힘드시죠? (웃음)

간단합니다. 제아무리 빨라도 셔터스피드shutter speed(셔터 속도, 숫자가 낮을수록 빠름)는 0이 되지 않습니다. 노출시간exposure time 역시 최대한 단축해도 0이 되지 않습니다. 카메라란 원래 라틴어로 방이라는 의미입니다. 아시다시피 사진이 발명되는 과정에서 큰 역할을 했던 소묘용 광학장치가 '카메라 옵스큐라'[08]입니다. 라틴어로 '어두운 방'이라는 뜻입니다. '암실'이죠. 카메라는 그것 자체가 하나의 작은 암실입니다. 카메라라는 어두운 방에 한 줄기 빛이 들어와 순간적으로 '밝은 방'이 되었다가 다시 암실이라는 어두운 방으로 꺼내서 현상하면 한 장의 사진이 탄생합니다.

08 camera obscura: 불투명유리로 된 상이 찍히는 면에 종이를 대고 상을 따라서 연필로 덧그려 베끼던 도구. 18~19세기부터 화가들이 회화의 보조수단으로 늘 가지고 다녔다.

그러니까 오히려 압도적으로 어둠의 편에 있는, 어둠의 예술입니다. 거듭 말하지만 별의별 궁리를 해도 셔터 속도는 0이 될 수 없습니다. 셔터를 누른 뒤 필름과 고체촬상소자[09]가 빛에 감응하기까지 시간이 흐르므로 불가능합니다. 아무리 찰나여도 명백한 사실입니다. 정지된 형상일지언정 정지한 피사체를 찍었다고 오해해서는 곤란합니다. 노출시간에는 정지된 시간이 존재하지 않습니다. 시간의 경과와 지속과 운동이 존재합니다. 그래서 흔들리는 것입니다.

몇 가지 예를 들어볼까요. 1826년 사진이 탄생합니다. 이름만 대도 알 만한 독보적인 사진가들도 등장합니다. 조세프 니세포르 니에프스[10], 루이 자크 망데 다게르[11] 등등. 아시다시피 그 당시에는 노출시간이 훨씬 길었으나 이후로 개량을 거듭해서 5, 6분이나 걸리던 것을 1분 정도로 단축했습니다.

그런데 피사체인 인물이 움직이면 아무래도 제대로 된 사진을

09 solid state image sensor device: 빛을 전기적 신호로 변환하는 반도체 칩 센서로 전하결합소자Charge Coupled Device, 줄여서 CCD라고도 한다.

10 Joseph Nicéphore Niepce: 1765~1833, 프랑스의 사진제판 발명가. 비투먼bituman이라는 천연 아스팔트가 빛의 노출에 따라 굳는 성질을 이용한 태양광선으로 그리는 그림이라는 뜻의 헬리오그래피heliography 기법으로 인류 최초의 사진 〈르 그라의 집 창에서 본 조망〉을 남겼다.

11 Louis Jacques Mandé Daguerre: 1789~1851, 프랑스의 사진 연구자. 은판에 요오드화은의 피막을 만들고 암실에 넣어서 사진을 찍은 뒤 수은증기로 현상하는 다게레오타이프 기법을 개발했는데, 이는 현대 사진기술의 근간을 이루는 최초의 기법이다. 또한 천체 사진의 시초로 알려진 달 사진을 촬영했으며 파노라마를 개량해서 디오라마를 발명하기도 했다.

찍기가 힘들지요. 그래서 당시에는 카메라에 보이지 않게끔 목지지대라는 기묘한 도구로 목을 받쳐야만 했습니다. 심지어는 무릎을 펴게 하는 무릎지지대까지 있었습니다. 피사체가 자꾸만 움직이니 유사한 것으로나마 고정시켜야 했으니까요.

그리고 나다르[12]라는 저명한 초상사진가도 있습니다. 그의 피사체였던 쟁쟁한 저명인사들 중에 바그너와 보들레르가 꼼짝달싹 않고 있습니다. 그 긴 노출시간 동안 꿋꿋이 한 자세를 유지하다니……, 본인의 모습이 무척이나 마음에 들었나봅니다. 잠시도 가만히 있지 못한 것은 『레미제라블』의 빅토르 위고였다더군요. 그리고 오노레 드 발자크와 영국의 비평가이자 역사가인 토머스 칼라일 역시 차분하게 있는 법이 없었다고 합니다. 온전한 사진 건지려고 무던히도 애를 썼을 나다르의 숨은 노고가 참으로 가상하지요.

또 하나의 예를 들겠습니다. 데이비드 옥타비우스 힐[13]이라는 사진가의 〈뉴 헤이븐의 생선 파는 여인〉이라는 1846년도 작품이 있습니다. 발터 베냐민은 사진사에 길이 남을 이 사진을 보고

12 Nadar: 1820~1910, 본명은 가스파르 펠릭스 투르나숑Gaspard-Felix Tournachon이다. 들라크루아, 보들레르, 도미에, 밀레, 코테, 바그너 등을 모델로 초상사진집을 출판했다. '재앙'이라는 이름의 열기구를 타고 세계 최초로 공중촬영을 시도했으며, 휴대용 발광장치를 이용해 파리 야경과 지하묘지 납골당과 하수도를 촬영하기도 했다.

13 David Octavius Hill: 1802~1870, 자유교회의 결성을 기념하는 스코틀랜드 교회 목사들의 인물사진으로 사진계에 입문했으며, 톨벗 타입 또는 캘러 타입이라는 종이 인화법으로 성격묘사를 시도했다.

"무심하면서도 수줍은 듯이 바닥을 응시하는 여인의 모습이 유혹적이다"라고 비평했습니다. 그러나 사실 따지고 보면 별것 아닙니다. 눈이란 움직여야 정상입니다. 눈동자를 움직이고 깜빡이며, 행여 모기라도 날아다니면 눈으로 쫓기 마련이죠. 그래서 사진가가 어쩔 수 없이 눈을 내리깔고 있으라고 시킨 것입니다. 이 고명한 사진을 예로 들어도 피사체가 정지해 있기란 불가능하므로 사진은 정지한 형상을 찍는 것이 아님을 아시겠지요.

둘째, 원래 찍는 사람도 찍히는 사람도 정지해 있을 수는 없습니다. 존 케이지에 관한 유명한 일화가 있지요. 존 케이지가 소리가 전혀 반향反響되지 않는 하버드 대학의 무향실에 들어갔을 때의 일입니다. 그에게 두 가지 소리가 들렸습니다. 높은 소리는 케이지의 신경계가 작용하는 소리고, 낮은 소리는 혈액이 순환하는 소리입니다. 존 케이지는 그래서 음악은 죽지 않는다고 말한 것입니다. 이후 그는 〈4분 33초〉를 작곡하고 "음악의 미래에 대해 두려워할 필요는 없다"라는 감동적인 말을 남겼습니다.

여기서 실로 단순한 사실이 나옵니다. 소리는 진동입니다. 흔들립니다. 움직입니다. 인간이 살아 있다는 것은 소리를 낸다는 것이며, 소리를 낸다는 것은 흔들린다는 뜻입니다. 움직이고 있다는 것이죠. 삼각대를 써도 부동의 대지조차 정지해 있다는 것은 말이 안 됩니다.

자, 지금부터 10초간 입을 다물겠습니다.

……네, 10초 지났습니다. 10초 동안 무슨 일이 벌어졌을까요.

저는 죽음에 가까이 갔습니다. 죽으러 가는 시간을 살았습니다. 더 심하게 말하면 10초 정도 부패했습니다. 제 말이 무슨 뜻인지 아시겠습니까? 10초 정도 늙고, 10초 정도 죽음에 다가갔으며, 10초 정도 부패했습니다. 제 몸의 살도 뼈도. 그런 의미에서도 인간은 정지할 수 없습니다. 10초마다, 아니 매 초마다 미세하게 늙고 있으니까요. 점점 썩다가 어떤 선을 넘으면 시체가 됩니다.

그러나 송장이 되어도 계속 부란腐爛합니다. 썩어 문드러져 흙으로 돌아갑니다. 백골이 진토가 될 때까지 헐고 이지러지고 검붉게 퇴색하고 깎여나갑니다. 이렇듯 우리 인간은 정지 자체가 불가능합니다. 생물체가 아닌 물체도 마찬가지입니다. 이 의자가 보이시죠. 딱히 부수지 않아도 10년 후면 낡고 모양도 변할 것입니다. 세상 만물은 세월과 함께 썩기 마련입니다. 10초든 1초든 한창 썩어가는 과정인 것은 변함없습니다. 대체 정지해 있는 것이 있기는 할까요? 촬영하는 사람이든, 피사체인 사람이나 물체든.

스콧 피츠제럴드는 "물론 어떤 삶이든 붕괴의 한 과정에 불과하다Of course all life is a process of breaking down"라고 말했습니다. 우리는 붕괴의 과정을 살고 있습니다. 아니 이 붕괴의 과정이야말로 삶입니다. 더 정확히 말하면 붕괴의 과정만이 결과적으로 생과 사의 구별을 낳습니다. 겁주려고 하는 말이 아닙니다. 우리는 날마다 그 중심에 있는 무언가의 이야기를 하고 있으니까요. 하이데거의 말처럼 '죽음을 향해 나아가는 존재das Sein Zum Tode'에 지나지 않습니다. 이 붕괴의 과정은 그 이전입니다. 인간은 언젠가 죽습니다. 그것은 공포이며, 이 공포를 이용해서 착취하려는 무리도 있습니다. 그러나 저는 그런 의도에서 한 말이 아닙니다. 죽음이 삶의 일부라는 통속적인 주장을 하는 것도 아닙니다. 요컨대 삶과 죽음 이전에 대단히 불확실한 과정이 있다는 것입니다. 지금 이 순간에도 여러분은 '생과 사의 문턱을 넘나들면서 종착역을 향한 여정을 걷고 있습니다. 그러한 여정의 중심에 있는 피사체를 담은 이상 사진은 역시 정지화면이 아닙니다. 노출시간을 포함해 카메라를 둘러싼 모든 것은 붕괴의 과정 속에 있기 때문입니다. 따라서 사진은 정지한 피사체를 보충하는 예술이 아닙니다. 촬영하는 사람도 피사체도 붕괴의 과정에 있으므로 정지해 있을 수 없습니다. 카메라도, 사진도, 필름도 붕괴의 과정에 있으며 언젠가는 소실됩니다.

다짐하건대 사진은 정지화면을 만드는 척하면서 실은 정지가 불가능하다는 것을 역설적으로 보여주는 예술입니다. 많은 사람이 정지가 불가능하다는 것을 깨닫기 위해 인류에게 카메라가 필요했는지도 모릅니다. 따라서 이렇게 말할 수 있습니다. 사진은 시간예술이며 운동을 찍는다고.

잠시 여담으로 한숨 돌리고 갈까요. 마이클 잭슨은 참으로 대단합니다. 그의 춤에는 상당히 특이한 면이 있거든요. 흔히들 춤을 동작, 운동, 율동이라고 생각합니다. 일반 사람은 못하는 화려한 동작만이 공연을 위한 춤이라고 여기지만, 아닙니다. 바로 이 점에서 역설을 보여주었으니 과연 마이클 잭슨입니다.

댄서로서의 마이클 잭슨은 일종의 조합의 천재입니다. 제임스 브라운[14]은 자칭 모든 댄스음악의 조상이라고 하는데 이 말은 결코 과언이 아닙니다. 마이클 잭슨은 이 위대한 제임스 브라운이 유행시켜서 그의 대표적인 업적의 상징이 된 아프리칸 아메리칸African American(미국에 거주하는 흑인)들의 방대한 춤으로 탄탄한 기반을 마련했습니다. 프레드 아스테어[15] 이전과 이후에 미국의 모든 공연에서 풍미했던 춤을 완벽하게 습득해서 홀로 종합한 기적적인 댄서입니다. 더욱이 남아 있는 영상을 추적해서 잘 살펴보면 그가 춤을 습득한 것은 한참 후이며……, 너무 깊이 들어가면 몇 시간은 족히 걸리니 이쯤에서 그만하겠습니다.

마이클 잭슨이 대단한 점은 무엇일까요? 딱 멈추는 제동력입니다. 유튜브에서 찾아보세요. 10여 명의 전문 백댄서들은 제동력이 떨어져서 다리가 후들후들 떨리고 춤이 흐트러지건만 유독 마이클 잭슨만은 미동도 없이 정지합니다. 자유자재로 순식간에 동작을 멈췄다가 다시 다음 동작을 이어가는 능력은 명불허전입니다. 아메리칸 풋볼 리그American Football League, AFL의 결승전, 슈퍼볼이라고 하죠. 마이클이 1993년의 슈퍼볼에서 했던 공연

14 James Brown: 1933~2006, 미국의 R&B와 소울 분야 싱어송라이터이자 댄서로 소울 뮤직의 대부로 불린다. 대표곡으로 〈Papa's Got A Brand New Bag〉, 〈I Got You I Feel Good〉, 〈It's A Man's Man's Man's World〉 등이 있다.

15 Fred Astaire/Frederic Austerlitz Jr.: 1899~1987,. 댄서이며 안무가이자 배우로 대표작으로는 〈유쾌한 이혼녀〉, 〈로베르타〉, 〈상류사회〉, 〈함대를 따르라〉, 〈스윙타임〉, 〈탑햇〉, 〈쉘 위 댄스〉 등이 있다.

이 일종의 대표적인 예입니다. 대규모 관객 앞에 나타난 마이클이 기막히게 한참 동안 정지동작을 선보입니다. 인형처럼 꼼짝도 하지 않습니다.

즉 마이클 잭슨은 원래는 불가능한 정지동작을 펼침으로써 춤이라는 폭발적인 운동의 존재를 역설적으로 증명해 보입니다. 그런 의미에서 그는 사진에 가깝습니다. 멈추는 것, 정지해 있는 것은 불가능에 가까워서 시늉조차 힘들다는 사실을 그는 잘 알고 있습니다.

마이클 잭슨에서 롤랑 바르트로 넘어가겠습니다. 셋째, 롤랑 바르트의 『밝은 방』이라는 훌륭한 사진론이 있습니다. 롤랑 바르트는 많은 오해를 사고 있습니다. 시기에 따라 관점이 확연히 달라지는 사람이긴 해도 근저에 일관된 주장이 없는 것은 아닙니다. 그러나 이것만은 분명히 말할 수 있습니다. 이른바 바르트의 명찰明察이라는 것의 상당 부분은 사실 라캉에게서 빌린 것입니다. 표절했다는 뜻이 아닙니다. 바르트는 괴팍하리만치 공명정대한 사람이어서 라캉의 영향을 숨기지는 않습니다. 텍스트의 즐거움이란 무엇인가, '즐거움의 텍스트'와 '향유의 텍스트'의 구별에 관한 고찰(『텍스트의 즐거움*Le Plaisir du texte*』)은 라캉적 향락의 개념에 완전히 지배당하고 있습니다. 『밝은 방』에서 이야기하는 '푼크툼'[16]과 '스투디움'[17]의 구별도 대개 라캉의 이론으로 설명했습니다. 무턱대고 바르트의 이론을 찬양하는 사람의 대부분은 라캉을 제대로 이해하지도 못하면서 세속화된 라캉을 맹목적으로 추종했던 것입니다. 바르트에게 실례입니다. 가령 "사진은 한 사람의 죽음을 보여준다"라는 표현도 극히 라캉적입니다.

이러한 점이 롤랑 바르트의 위대함입니다. 그런데 '또 라캉이야, 어째 잠잠하다 했어. 여기도 라캉 저기도 라캉, 툭하면 써먹는다니까'라는 생각이 들 때쯤 막판에 느닷없이 라캉의 이론과 전혀 동떨어진 말을 합니다. 라캉적 이론을 주장하는 저서에서 바르트의 진가와 위대함이 발현되는 순간입니다. 그 부분을 잠깐 살펴봐야겠지요.

이치를 따져봤을 때 사진론인 『밝은 방』의 거의 마지막 부분에 등장하는 푼크툼으로서의 시간이 문제인 것은 분명합니다. 거기서 바르트는 다음과 같이 기술하고 있습니다. "1865년에 청년 루이스 페인은 미국의 국무장관 윌리엄 헨리 슈어드[18]의 암살을 기도했다. 알렉산더 가드너는 페인을 교도소의 독방에서 촬영했다. 그는 교수형을 기다리고 있다. 사진도, 청년도 모두 아름답다. 이것은 스투디움이다. 그러나 푼크툼은 그가 곧 죽는다는

16 punctum: 사진작품을 감상할 때 관객이 작가의 의도와는 관계없이 개인적인 경험에 비추어 작품을 받아들이는 것을 뜻한다. 롤랑 바르트가 『밝은 방』에서 내세운 개념으로 찌름을 뜻하는 라틴어 'punctionem'에서 유래했다.

17 studium: 사진을 볼 때 사회적으로 공유되는 공통된 느낌을 갖는 것, 작가가 의도한 바를 관객이 작가와 동일하게 느끼는 현상을 가리킨다.

18 William Henry Seward: 1801~1872, 앤드루 존슨 대통령 재임 시절 알래스카를 720만 달러에 매입한 인물이다. 이 사건으로 당대에는 알아주는 사람이 없으나 훗날 높게 재평가된다는 의미의 '슈어드의 바보짓Seward's Folly'이라는 관용어가 생겼다.

것이다. 그 사진에서 내가 동시에 읽는 내용은 앞으로 존재할 미래와 예전에 존재했던 과거다. 나는 죽음이 걸려 있는 과거가 된 미래를 공포 어린 눈으로 지켜본다."

예전에 존재했던 인물이라는 놀라움. 바르트는 우선 이 사진이 주는 압도적인 충격을 고스란히 전하는 것으로 사진론을 전개합니다. 개뿔도 모르는 학자들은 포토샵이 나왔으니 사진은 끝났다느니, 바르트의 사진론은 끝장이라느니 건방진 소리를 해댑니다. 논외지만 필름시대부터 보정은 가능했습니다. 아우슈비츠에서 촬영한 사진도 보정된 것이거든요. 학자랍시고 그런 같잖은 소리를 늘어놓다니 설명할 가치도 없는 망언입니다.

롤랑 바르트는 예전에 존재했던 청년의 사진을 보고 그가 곧 죽을 것이라는 사실에 충격을 받았습니다. 이 한 장의 사진 속 얼굴에서 완전한 과거가 잉태하고 있는 잃어버린 미래를 보았으니까요. 게다가 이치상 루이스 페인은 1초도 채 안 되는 노출시간에도 생사를 오가고 있습니다. 그럼 이 사형수의 사진에 담겨 있는 것은 무엇일까요? 간단합니다. 바르트가, 그리고 우리가 보는 시점에서는 그는 이미 사형을 당했습니다. 오래전에 죽어서 이미 이 세상 사람이 아니건만 사진 속 현재의 그는 여전히 '죽음을 목전에 둔' 사람인 것입니다. 그와 함께 이것을 보고 있는/보았던 바르트도, 이것을 보고 있는/보았던 우리도, 이것을 찍고 있는/찍었던 가드너도, 사진에 찍히는/찍혔던 페인도 완전히 '붕괴의 과정'과 지속의 중심에 있습니다. 그 사실이 그의 사진을 보는 시선에서 묻어납니다. (물론 이 글을 쓰고 있는 바르트는 이미 죽었습니다. 하지만 이 책을 쓰고 있는 시점부터 바르트는 죽어야만 합니다…….) 이해하셨나요? 한 장의 사진에는 이토록 다양하고도 복잡한 시간의 양상이 켜켜이 들어 있습니다. 과거와 현재와 미래가 지극히 착종錯綜한 시간예술인 것입니다.

바르트는 자기 어머니의 사진을 두고도 같은 주장을 펼칩니다. 이것을 마더 콤플렉스라는 일본의 통속어로 싸잡아서 얘기하는 사람은 논외입니다. 그는 어머니가 돌아가신 뒤 괴로워하면서 사진론을 집필합니다. 어머니가 열다섯 살 소녀시절에 찍은 사진을 본 그는 이런 생각을 합니다. '어머니는 앞으로 죽을 것이다', 맞는 말이긴 하죠. 소녀시절의 어머니는 언젠가 죽습니다. 그는 "이미 일어난 파국에 전율한다"라고 했지만 사진 속에서 어머니는 멀쩡히 살아 있습니다. 사진에 찍힌 소녀는 아들 롤랑이 보고 있는 이 순간 자신이 죽은 것을 모릅니다. 알 수 없는 미래, 자신이 사라진 세계에서 생과 사를 넘나드는 자신을 아들이 보고 있다는 사실을 모릅니다. 그러한 미래를, 미지의 모습을 지금 이 자리에서 볼 수 있습니다. 사진, 이 잔혹한 놀라움, 이 잔혹한 기쁨.

또 다른 예를 들어볼까요. 롤랑 바르트가 이 책에서 거론한 사진입니다. 1931년 만주사변이 일어난 해지요. 앙드레 케르테츠[19]라는

19 Andre Kertesz: 1894~1985, 헝가리 태생의 미국 사진가로 일상생활 속의 르포르타주 사진을 시도했으며 거울을 이용해 왜곡된 인체 누드사진을 선보였다. 대표작으로 〈몬드리안의 집에서〉가 있다.

사진가가 에르네스트라는 아주 귀여운 초등학생의 사진을 찍었습니다. 그 사진에 관해 바르트는 이렇게 말합니다. "에르네스트는 아직 살아 있을지도 모른다. 그렇지만 어디에? 어떻게? 이토록 소설처럼 기묘할 수가!" 1931년에 초등학생이었으니 당연히 롤랑 바르트가 마지막 저서인 『밝은 방』을 저술했던 1970년대의 마지막 해에도 살아 있었는지 모릅니다. 어쩌면 지금도 살아 있을지 모르죠. 그래서 바르트는 이 천진난만한 소년이 여전히 어딘가에 멀쩡히 살아 있을지 모른다는 사실이 마냥 신기했던 것입니다. 분명 들뢰즈와 가타리가 공저한 『천 개의 고원』에서도 "단편소설(누벨nouvelle)은 '무슨 일이 일어났는가? 도대체 무슨 일이 일어날 수 있었는가?'라고 묻는 것"이라고 했습니다. 여기서 롤랑 바르트와 질 들뢰즈 그리고 가타리가 접전을 벌입니다. 긴장관계이던 희유한 세 저자가 논쟁을 벌이는 대목이죠. 대놓고 라캉을 깎아내렸던 들뢰즈와 가타리, 반면에 줄곧 신중한 태도로 라캉을 흉내 내는 척하며 슬며시 피한 바르트. 위대한 세 사상가가 갑자기 서로 헐뜯거나 의견이 엇갈리는 이 순간에 관해서는 심도 있는 연구가 필요합니다. 이것이 바로 시간예술로서의 소설이 가진 문제입니다. 소설은 사진처럼 혹은 사진과는 별개의 방법으로 이상한 시간의 착종을 내포하고 있습니다. 그래야 소설입니다. 그렇지 않으면 그저…… 아이쿠 이런 잠깐, 오늘의 주제는 소설론이 아니니 다시 사진 이야기로 돌아가겠습니다.

이상 세 가지가 사진이 시간예술인 이유입니다. 사진은 정지된 피사체를 찍지 않습니다. 정지화면을 산출하지 않습니다. 카메라 구조상 불가능할뿐더러 촬영자도, 피사체인 사람도 정지할 수는 없습니다. 또한 바르트의 말처럼 사진에는 시간의 착종도 존재합니다. 생과 사를 넘나드는 여정의 끝에 있을지도 모르는 현재의 무언가가, 불확실한 미지의 미래가, 예전에 존재했던 사실로서의 과거가 한 장의 사진에 고스란히 담겨 있는 이 놀라움. 사진은 한없이 시제를 교란합니다. 미래를 자유자재로 조종하고, 현재를 비집고 파고들며, 과거를 왜곡합니다. 그러한 의미에서 시간을 왜곡시키는 예술인 것입니다. 소설도 저자가 집필하는 시간, 독자가 읽는 시간에 이어서 미래가 달린 글과 그리고…… 이런 또 옆길로 샐 뻔했네요. (웃음) 아무튼 거듭 말하건대 사진은 시간예술입니다.

절대로 같은 사진은 없습니다. 그러나 상이한 점을 발견할 수 있는 사진은 있습니다. 무엇일까요. PTSD, 다시 말해 외상 후 스트레스 증후군의 플래시백 현상flashback phenomenon입니다. 관련 서적은 많지만 역시 나카이 히사오[20] 씨의 책이 가장 간결하고 인상적입니다. 트라우마, 즉 심각한 정신적 외상을 입은 사람이 당

20 中井久夫: 정신과 의사로 한신대지진 뒤 설립된 효고 현 마음치료센터의 초대 소장을 지냈다. 대표 저서로는 『분열병과 인류』 외에 『나카이 히사오 저작집』, 『천재의 정신병리』, 『정신과 치료의 각서』, 『징후·기억·외상』, 『기억의 초상』, 『가족의 심연』, 『아리아드네에서 나온 실』 등이 있다.

시의 일을 또렷이 되풀이해서 기억하는 것을 플래시백이라고 합니다. 물론 시각에만 국한된 현상은 아니지만 이 시간에는 시각의 플래시백 현상만 다루겠습니다.

사르트르가 말했듯이 일반적으로 우리의 뇌리에 떠오르는 이미지는 극히 빈곤합니다. 유채꽃을 상상한 뒤 실물을 보면 자신의 빈약한 상상력을 실감할 것입니다. 우선 세세한 부분이 알쏭달쏭하지요.

그런데 회상하는 영상은 거의 정지한 듯이 보입니다. 정지하거나 거의 미동도 하지 않으며 게다가 이상하리만치 선명합니다. 정치범으로 체포된 도스토옙스키가 총구 앞에 선 채 총살당하기 일보 직전에 러시아 황제의 특사가 와서 사면되는 장면을 그린 유명한 삽화가 있습니다. 도스토옙스키는 희한하게도 총구 앞에 섰던 당시를 선명하게 기억했다고 합니다.

그리고 플래시백 영상 자체는 맥락이 통하지를 않습니다. 환자는 전후관계를 잘 모른다고 합니다. 사건이 벌어진 날짜도, 장소도 모릅니다. 사진도 마찬가지입니다. 단독으로는 언제 어디서 찍었는지 모릅니다.

또한 플래시백 영상은 언어로 표현하기가 곤란하며, 보통의 기억에 비해 항구적입니다. 변함없이 선명합니다. 그리고 반복해서 출현합니다. 바르트가 말하길 사진을 두고두고 반복해서 보는 이유는 그에게 사진은 일종의 부활이기 때문이라고 합니다. 그래서 외상성 기억, 트라우마적인 기억은 마치 시간이 정지해 있는 듯이 보입니다. 사진보다 더 고착화된 이미지인지도 모릅니다. 그럼 여기서 반대로 사진은 트라우마적인 예술이라고 말할 수 있을까요?

하지만 PTSD 때문에 반복되는 이미지도 그리 간단하지는 않습니다. 일종의 다른 시간성이 존재합니다. 한신대지진으로 심상치 않은 트라우마를 갖게 된 어느 환자의 사례를 소개하겠습니다. 그가 플래시백 증상을 호소한 것은 한신대지진이 일어난 지 5년이 지난 후였습니다. 글쎄요. 플래시백 증상이 엄습하기까지가 아니라 나타나는 증상을 조금이나마 다른 사람에게 털어놓기까지 5년이 걸렸는지도 모르죠. 모든 사진은 모월 모일 모처에서 찍은 사진이라는 짤막한 부연설명을 필요로 합니다. 그것과 마찬가지로 잠깐 머릿속을 스쳤을지라도 그 영상에 설명을 다는 데 5년이 걸렸을 수도 있습니다. 플래시백 이미지에는 이러한 시간성, 정확히 말하면 '지발성遅発性, late-onset', 즉 잠복기가 긴 특성이 있습니다.

용케 기회가 닿아서 후루이 요시기치[21] 씨를 인터뷰하던 중에 지진에 관한 이야기가 나왔습니다. 하루에 10만 명의 사상자를 낸 도쿄대공습의 피해자이기도 한 요시기치 씨는 지진부터 원자력발전소 사고에 이르기까지 그 엄청난 고초를 말로 옮기려면

21 古井由吉: 1937~, 소설가이자 독일 문학자로 1970년대 '내향의 세대'의 대표 작가다. 「요오코杳子」로 아쿠다가와상을 수상했으며 주요 작품으로는 『둥글게 둘러선 여자들』, 「아내와의 칩거」(단편) 등이 있다.

시간이 걸리는 법이라고 했습니다. 그럼에도 다들 애타고 공허한 마음을 메우려는 양 숱한 말을 했고, 지금도 하고 있습니다. 여물고 무르익은 생각이 담긴 말이냐 하면 사실 굉장히 어설픕니다. 그리고 두렵고 초조해서 쏟아내는 말과 영상의 홍수에 휩쓸려 지진에 완전히 무감각해졌습니다. 질려버렸습니다. ……질려서도 얕봐서도 안 됩니다. 죄송합니다. 여러 가지 일이 생각나서 저도 모르게 그만 짜증을 냈습니다.

그렇게 포화 속에서 난무하는 공소空疎한 영상과 말에 질려서 결국은 타성에 빠지고……, 이러한 일상 속에서 체험을 말로 옮기기 위해 고난의 5년을 보낸 사람이 있으리라고는 상상조차 하지 못하셨을 겁니다. 원래 이 심적 외상에 의한 정신장애가 발견된 계기가 바로 '재해'나 사고, 전쟁이기 때문입니다. 그러한 의미에서 사회적인 병이지요. 19세기 중엽 철도뇌鉄道脳라는 현상이 부상했습니다. 19세기에는 역시 철도사고가 빈번했습니다. 지금도 철도사고, 탈선사고가 발생하면 상당히 대규모의 사망자가 나오지요. 그러한 인재를 당하면 전혀 물리적인 외상이 없건만 너무도 고통스러워서 움직이지 못하는 사람이 생깁니다. 이어서 큰 획을 그은 것이 제1차 세계대전의 '쉘 쇼크Shell Shock'입니다. 프로이트가 말한 '전쟁신경증'이지요. 제1차 세계대전이 발발했을 때 병사들은 크리스마스까지는 전쟁이 끝나리라 예상하고 의기양양하게 전쟁터로 갔습니다. 염두에 둔 것은 눈부시게 화려한 군복을 입은 군인들이 하루, 길게는 며칠 간 결전이나 회전會戰을 치르고 마지막에는 군대의 꽃, 기병대의 돌격으로 끝나는 나폴레옹 전쟁이었습니다. 그러나 세계전쟁은 기병대가 돌격하는 소동과는 차원이 달랐습니다. 무시무시한 총격과 포격이 빗발치므로 불가피하게 쌍방은 참호를 파고 그 안에서 서로 감시하며 대치합니다. 더욱이 시간관계상 상세한 경위는 말할 수 없지만 총력전이 벌어진 상황이니 병사들이 꿈꿨던 전우애 따위는 티끌만큼도 없습니다. 너나없이 무명의 일개 병사로서 곁에서 전우가 총탄에 쓰러져도 참호 속에 내버려둘 수밖에 없습니다. 참호니까 점점 질퍽거립니다. 불결해서 전염병이 유행하고 동상이나 중증 무좀으로 발가락이 짓물러서 썩어들어 가는 참호족[22] 환자가 속출합니다. 이런 악몽 같은 전쟁이 발발해서 전쟁신경증이라는 트라우마 장애를 입은 사람들이 대거 발생합니다. 전쟁신경증을 접한 프로이트는 자신의 이론의 오류와 결함을 극복하고자 『쾌감원칙의 피안*Jenseits des Lustprinzips*』을 집필합니다. 정신분석을 철저히 비판했던 질 들뢰즈마저도 철학적으로 완벽한 논문이라고 평했습니다. 이 논문에서 프로이트는 '죽음 충동Todestriebe=death drive'이라는 놀라운 개념을 제창하고 새로운 단계에 도달합니다. ……역시나 더 깊이 들어갔다가는 질척거리는 참호처럼 이야기가 늘어질 테니 다시 본론으로 돌아가겠습니다. 이상과 같이 트라우마는 인재, 즉 사고나 전쟁으로 형성됩니다.

22 塹壕足, Trench foot: 영하 15도 이하의 찬물에 지속적으로 노출된 경우에 발생하는 병. 침족병Immersion foot이라고도 한다.

아울러 일본인들은 전쟁신경증에 어떻게 대처했는지 아십니까? 정확한 명칭이 남아 있습니다. '구타요법'입니다. 한마디로 때리는 거죠. 제국의 군인이라는 체면에 걸맞게 피범벅이 될 만큼 때리는 것입니다. 요컨대 임의의 트라우마를 다른 트라우마로 바꿔놓는 것입니다. 참으로 기발한 방법이죠. ……하고 싶은 이야기는 많지만 그만하겠습니다.

다음은 베트남전쟁입니다. PTSD라는 말이 생긴 계기는 베트남전쟁의 심적 후유증으로 괴로워하는 귀환병사 때문입니다. 텔레비전을 통해 실시간으로 방영된, 즉 잔학행위가 최초로 방영된 전쟁이었거든요. 또한 미군이 역사에 길이 남을 패배를 맛본 전쟁이기도 합니다. 베트남전쟁으로 미국인은 귀환병사 문제를 안게 됩니다. 이후로도 미국은 여전히 전 세계에서 전쟁을 계속하고 있으므로 이 문제를 호도하려는 움직임도 있습니다. 하지만 최근에도 아프간이나 이라크에서 귀환한 후 PTSD에 시달리는 병사들의 자살이 급증하고 있다는 보도가 나왔습니다. 2010년에만 6,000명이 넘는다고 하니 그 수치를 상회하는 베트남전쟁의 귀환병사는 어땠는지 짐작이 가실 겁니다. 미국의 치안이 급속히 악화된 것은 베트남전쟁 이후입니다. 베트남전쟁 이후 미국은 지금도 트라우마를 안고 있습니다. 그 당시 미국 사회 전체에 트라우마를 준 것은 진주만과 베트남전쟁뿐입니다. 그리고 현재 미 국방성의 동아시아 군사전략의 주요 골자가 '아시아에서 아시아인끼리 싸우게 하라'라는 것은 유명한 얘기죠.

우리는 아시아인과 싸우고 싶지 않으며 더는 상처받기도 싫습니다. 누구나 같은 생각일 겁니다. 그래도 여전히 전쟁을 계속하고 있습니다. 무서운 전쟁을 기피하는 나약함을, 직시하지 못하는 유약함을 기억해두세요. 나중에 다시 한번 이야기하겠습니다.

아프간, 이란, 문화대혁명, 폴 포트[23], 유고슬라비아 내전, 알바니아 내전, 르완다, 수단, 기타 등등……, 중국공산당은 지금도 위구르와 티베트에서 민족정화활동을 펼치고 있습니다. 그리고 히로시마도, 나가사키도, 후쿠시마도 참변을 겪었지요. 이와 같이 우리는 심적 외상(트라우마)을 입히는 이미지를 지속적으로 대량 생산하고 있습니다. 지난한 일이지만 어렴풋한 희망이 있다면—임상적으로 증명된 희망이 있다면—트라우마를 몸소 겪고 인지한 사람은 타인의 트라우마에 대단히 관대하다는 것입니다. 그러나 이렇게 되기까지가 참으로 어려운 모양입니다. 가령 한신대지진이 발생하자마자 재난구호활동에 참여한 자원봉사자들 중에는 전쟁 체험자가 많았다고 합니다. 제 친구 중에도 한신대지진 피해자가 몇 명 있습니다만 그분들은 이번 한신대지진의 감회가 각별했다고 합니다. 이것이 트라우마의 연결고리를 끊는 진정으로 어렴풋한 희망입니다.

23 Pol Pot: 1925~1998, 본명은 살롯 사이며 캄보디아의 공산주의 무장단체 크메르 루주 정권을 이끌었다. 노동자와 농민의 유토피아를 건설한다는 명분 아래 200만 명에 이르는 지식인과 부유층을 학살한 20세기 최악의 사건 '킬링필드Killing Fields'로 악명이 높다. 폴 포트는 영어 'Political Potential'이나 프랑스어 'Politique Potentielle'의 줄임말이다.

성가시게도 전쟁이나 재해로 입은 트라우마는 과장해서 말하면 유전합니다. 나카이 히사오 씨가 갑자기 지적하셔서 놀랐지만 아돌프 히틀러는 제1차 세계대전에 참전했다가 독가스 때문에 목을 다치는 바람에 그런 목소리가 되었다는군요. 나카이 히사오 씨 생각에는 히틀러가 전쟁신경증 환자가 아닐까 싶기도 하답니다. 수많은 유대인을 같은 독가스로 죽였기 때문에. 트라우마를 입은 사람은 자각하면 타인의 트라우마에 관대해질지도 모르지만 악화되면 받은 만큼 돌려주겠다고 억하심정을 품기도 합니다. 따라서 그러한 비참한 전쟁터에서 귀환한 병사의 상당수는 어린아이를 학대합니다. 그리고 학대당한 세대는 범죄율이 매우 높습니다. 트라우마가 유전되는 것이죠.

물론 라캉에 의하면 심적 외상이 없는 인간은 없습니다. 아르튀르 랭보가 "상처 없는 영혼이 어디 있으랴?"라고 노래했듯이. 좀더 깊이 들어가면 라캉의 거울단계Mirror stage, stade du miroir(경상단계鏡像段階라고도 함)에서 거울은 정지화면입니다. 원칙적으로 정신적 외상 같은 것입니다. 주체는 본인이 입은 상처에 따라 특유의 고정된 주체성을 형성한다고 할 수 있습니다. 그러나 주체가 되기 위해 상처를 입는 것과 진짜 전쟁이나 학살, 강간, 학대를 혼동해서는 절대 안 됩니다. 심적 외상을 줄 권리 따윈 누구에게도 없기 때문입니다. 이것은 니체의 『도덕의 계보학*Zur Genealogie der Moral*』에까지 거슬러 올라갑니다. 분명 선악의 피안Jenseits Von Gut Und Böse(선악을 초월해 대립과 차별이 없는 경지)에 있고, 선악을 발생시키는 큰 문제지만 훈육과 학대는 별개라는 뜻입니다. 라캉의 거울단계론도 어디까지나 이론적인 모델일 뿐 실재했든 말든 상관없는, 아니 실재하지 않는 신화적인 광경인 것에 주의하십시오. 라캉의 거울단계론을 한마디로 정의하면 무엇일까요? 유아는 난생처음 거울 속에 비친 자신의 모습을 보고 기뻐하며 자아를 인식하고 획득한다는 것입니다. 정말로 이러한 신화적인 장면을 경험했는지 기억을 더듬어보세요. 혹시 맨 처음 거울을 본 순간이 기억나십니까? 그럴 리가 없죠. 이미 자아가 완성된 후에는 거울에 비친 상과 자신을 동일시하고, 이상적 자아Ideal-ego를 설정하는 순간을 기억하지 못합니다. 미시마 유키오[24]처럼 대중의 갈채를 받아야 직성이 풀린다면 모를까 십중팔구는 기억하지 못합니다. 갓난아기 적에 목욕했던 일을 기억한다는 시시한 거짓말은 천부당만부당한 소리입니다.

……난처하게도 여성분은 겁먹은 표정이시고, 그만했으면 하는 기색이 역력한 분들도 간간이 눈에 띄네요. 그러나 지금부터 할 이야기는 더 끔찍한데 관둘까요, 계속할까요?

괜찮으시다니 계속하겠습니다. 조르주 디디 위베르만[25]이 아우슈비츠 수용소에서 간신히 건진 네 장의 사진을 분석해서

24 三島由紀夫: 1925~1970, 태평양전쟁 패전 뒤 일본 문학계를 대표한 우익 민족주의자로 『가면의 고백』, 『사랑의 갈증』, 『금색』, 『파도소리』, 『금각사』, 『비틀거리는 여인』, 『연회가 끝난 뒤』 등의 작품을 남겼다. 20세기 일본을 조망하는 유작 『풍요의 바다』의 마지막 편 「천인오쇠天人五衰」를 탈고하고 할복자살했다.

이미지의 정치학을 모색하는 『이미지 그럼에도 불구하고*Images malgré tout*』(Paris, Minut)라는 책에 상세하게 기록된 내용입니다. 우선 배경설명부터 하겠습니다. 나치 독일이 유대인 문제의 최종 해결책으로—역사수정주의에는 결코 관여할 마음이 없으니 임시로 600만 명이라고 하겠습니다. 전부 강제수용소에서 자행된 만행의 피해자는 아니지만 아무튼—600만 명의 유대인을 학살했습니다. 아우슈비츠 비르케나우 강제수용소Auschwitz Birkenau(여섯 개 수용소 중 가장 악명 높은 제2수용소로 세계유산목록에 등재되었다)에서도 150만 명이 학살되었습니다. 그냥 숫자로 들으면 이 엄청난 비극의 희생자 수가 어느 정도였는지 감이 오지 않으실 테니 간단한 계산을 하겠습니다. 말이 600만 명이지 유대인 말살계획을 위한 수용소가 처음 건설된 것은 1941년입니다. 학살을 본격화한 것이 1942년부터니까 2년여에 걸쳐 600만 명을 죽인다고 하면 대체로 하루에 만 명꼴입니다. 하루에 만 명을 죽인다는 말은 곧 하루에 만 구의 시체가 생산된다는 뜻입니다. 하루에 만 구의 시체를 어떻게 소각했을까요? ……대충 이런 내용입니다. 사진론이라기에 즐거운 현대예술에 관한 얘기를 기대하고 왔건만 대체 왜 이런 이야기를 들어야 하는지 의아하십니까? 그렇다

25 Georges Didi-Huberman: 1953~, 프랑스를 대표하는 미술사학자이자 철학자. 대표작으로 『프라 안젤리코: 비유사성과 형상화*Fra Angelico: Dissemblance et figuration*』, 『이미지 앞에서*Devant l'image*』, 『시간 앞에서*Devant le temps*』, 『잔존하는 이미지*L'Image survivante*』 등이 있다.

면 예술나부랭이는 집어치우세요. 테오도르 루드비히 비젠그룬트 아도르노[26]라는 철학자는 "아우슈비츠 이후 서정시를 쓰는 것은 야만이다Nach Auschwitz ein Gedicht zu schreiben, ist barbarisch"라고 했습니다. 나아가 "아우슈비츠의 비극 이후 모든 문화는 한낱 쓰레기더미에 지나지 않는다"라고도 했지요. 일본도 지진과 원자력 발전소 사고를 겪은 후 무기력한 상태에 빠졌습니다. 그간의 노력들이 무의미한 헛수고로 돌아간 듯싶어서 자괴감에 괴로워하고, 막막한 미래를 염려하는 것이 예술과 무관합니까? 애초에 예술의 본질에 관해서는 다른 책에서 누누이 설명했으므로* 따로 말하지는 않겠습니다. 단언컨대 절대 무관하지 않습니다.

하던 얘기로 돌아가겠습니다. 그 만 구의 시체를 과연 독일인이 처리했을까요? 천만의 말씀입니다. 사이클론Cyclon B(독일어로 치클론Zyklon B)라는 독가스로 만 명을 죽이는 짓도, 시체의 머리가죽을 벗기거나 금이빨을 뽑고 시체를 소각하는 짓도 말살수용소의 포로였던 유대인이 전담했습니다. 강제로 시킨 것입니다. 그러한 유대인들을 존더코만도Sonderkommando라고 합니다. 아시겠지요.

26 Theodor Ludwig Wiesengrund Adorno : 1903~1969, 독일의 철학자·미학자이자 사회학자로 1세대 프랑크푸르트학파로 꼽힌다. 주요 저서로 『계몽의 변증법』, 『미니마 모랄리아』, 『사회학 강의』, 『부정변증법』, 『권위주의적 성격』 등이 있다.

* 특히 『바스러진 대지에, 하나의 장소를』, 『이 치열한 무력을』(모두 가와데쇼보신샤, 2011, 2012)에 수록된 두 가지 교토 강연을 참조. (원주)

디디 위베르만은 클로드 란즈만Claude Lanzmann을 철저히 비판했는데 저는 그 비판이 타당하다고 생각합니다. 그러나 란즈만의 〈쇼아〉[27]라는 다큐멘터리 영화에서 가장 인상적인 장면을 소개하겠습니다. DVD로도 제작된 모양인데 장대한 스케일의 영화(총 상영시간은 9시간 30분이며 당시의 기록 영상 대신 생존자, 증인, 과거 나치였던 이들의 인터뷰만으로 구성되었다)이고, 저도 대학원생 시절에 상영된 영화를 딱 한 번 본 게 전부여서 자세한 부분은 틀릴 수도 있으니 미리 사과드립니다.

자, 여러분이 존더코만도로 임명됩니다. 앞으로 자기 가족을 죽인 나치에 복종해서 동포를 죽여야만 합니다. "다들 옷 벗어, 나도 유대인이니 내 말 믿고 어서 샤워부터 하도록" 하고 지시합니다. 거짓말입니다. 샤워실이 아니라 가스실입니다. "한 줄로 서. 여기서 옷 벗고 샤워해. 나도 너희랑 똑같은 유대인이니까 괜한 걱정 말고"라고 속인 다음 동포를 죽입니다. 시체를 끌어내서 태우고 묻습니다. 물론 이러한 치욕을 견디다 못해 말없이 직무를 포기하고 제 발로 가스실로 들어가거나, 시체를 소각하는 화염 속에 몸을 던지는 존더코만도도 있었습니다. 그러나 살아남으려면 그런 천인공노할 짓도 해야만 했습니다. 더욱이 어차피 죽일 사람들인데 굶어 죽든 말든 알 바가 아닐 테니 배급하는 식량은 턱없이 부족했고 무리한 강제노동까지 시켰습니다.

27 Shoah: '절멸' 혹은 '학살'이라는 뜻의 히브리어로 나치가 저지른 유대인 대학살 사건인 홀로코스트를 가리킨다.

속수무책으로 굶주림과 피로, 추위를 견뎌야 하는 극한 상황 속에서 도덕관moral sence은 이상해지고 무뎌지다가 이내 무감각해집니다. 그 유대인 존더코만도 중에 이발사가 있었습니다. 강제수용소로 연행되어 유대인들의 머리카락을 재이용하는 계획에 동원됩니다. 거절했다가는 죽일 테니 명령에 따릅니다. 자, 어떻게 되었을까요. 아내와 아이를 피신시킨 그 이발사는 아우슈비츠로 끌려가서 대량의 머리카락을 조달하기 위해 가위질을 해댔습니다. 명령으로 1인당 1분도 걸리지 않고 싹둑싹둑 머리카락을 잘랐습니다. 그런데 어느 날 그곳으로 아내와 아이가 끌려왔습니다. 도망치라고 하기에는 이미 때가 늦었습니다. 유대인 학살만이 최종 목적인 공장에서 저항해봤자 자신을 포함한 네 식구가 고스란히 개죽음 당할 게 뻔합니다. 세 명이 죽느냐 네 명이 죽느냐의 차이일 뿐이죠.

그 이발사의 친구인 이발사가 〈쇼아〉에 출연해서 손님의 머리카락을 자르며 인터뷰를 하다가 울음을 터뜨립니다. “저놈은 최선을 다했어. 가능한 일은 모두 했지. 자기 아내와 아이들의 머리카락을 3분에 걸쳐서 자르더군. 그게 저놈이 할 수 있는 전부였어”라고.

그런 곳입니다. 극한의 기아와 폭력 속에서 동포를 속이고, 죽이고, 묻고, 태우며, 때로는 가족을 제 손으로 죽이는 일까지 시키는 일은 뭐든 했습니다. 그러나 존더코만도는 어떻게든 이 치욕을 알리고 싶었습니다. 자신들이 당한 이 기막힌 일들을 누군가에게 알리고 싶었습니다. 갖고 있는 필기구로 수기를 쓰고, 존더코만도들의 서명을 모읍니다. 하지만 아무에게도 건넬 수가 없습니다. 발각되면 총살당할지도 모릅니다. 어떻게 하겠습니까. 묻는 것입니다. 시체를 태운 잿더미 속에 묻거나 아니면 살점과 뼈가 가득 차 있는 피가 낭자한 시궁창에 숨깁니다. 이것이 바로 아우슈비츠의 두루마리라고 하는 것입니다. 유대인의 씨를 말리기 위한 섬멸 공장이니 어차피 여기 있는 사람은 모두 죽습니다. 존더코만도도 예외는 아닙니다. 그들이 여기에 있는 이유는 오직 학살당하기 위해서니까. 하지만 미래의 누군가에게 여기서 있었던 일을 전하려고 봉해서 묻습니다. 그중에 사진도 있었습니다. 사진 찍은 사실이 발각되는 날에는 말해 무엇 하겠습니까. 아까 사진이란 죽을 사람이 죽을 사람을 찍는, 죽은 사람을 찍는 것이라고 말씀드렸죠. 미래로, 상실한 미래로 보내기 위해. 카메라를 통째로 묻기도 했다는데 발견되지는 않았습니다. 언젠가 누군가가 이 모습을 보아야 한다, 이 사진을 보아야 한다, 이 편재하는 죽음을, 이 증언을 누군가에게 전해야만 한다는 일념에서였겠죠. 대부분 사라졌지만 몇 가지는 남았습니다. 필시 유리병 편지처럼 타인에게 전하려고 자신의 증언과 사진을 땅에 맡겼을 것입니다. 그들 중에서 살아 돌아온 사람은 극소수였습니다.

원칙적으로 또 철학적으로 이미지는 진리를 보이지 않게 하는 것, 차단하는 것입니다. 보이는 것, 이미지를 뛰어넘는 진리를 베일처럼, 연막처럼 보이지 않게 하는 것이라고 여겼습니다. 그리고 아시다시피 혹자는 아우슈비츠에 관해 이미지로도, 말로도 표현할 수 없는 표상 불가능한 절대적인 사건이라고 말합니다. 하지만 역시나 이상합니다. 이 존더코만도의 노력이 부질없다는 말이나 마찬가지니까요. 부질없다니 당치도 않습니다. 피안의 이미지가 존재한다고 가정하면 이미지는 피안에 있는 진리를 은폐하겠지요. 그러나 분명 진리 자체를 드러내기도 합니다. 이미지는 진리를 가리는 베일이기도 하지만 결코 그것이 전부는 아닙니다. 조르주 디디 위베르만은 『반딧불의 잔존*Survivance des lucioles*』에서 "이미지는 거의 아무것도 아니다. 그것은 잔여 또는 균열이다"라고 했습니다. 그러나 저는 오히려 다음과 같이 말하고 싶습니다.

간결하게 설명하면 그리스어로 진리는 '알레테이아alētheia'입니다. 이것은 '감춰져 있지 않은'이라는 의미입니다. 하지만 진리가 감춰져 있지 않다면 발견하고 자시고도 없겠죠. 발견하려면 먼저 감춰져 있어야 합니다. 베일로 가려진 상태에서 베일을 찢고, 뚫고, 벗겨서 감춰져 있지 않은 상태로 바꾸는 것이 진리에 도달하는 과정입니다. 이 말은 곧 진리는 항상 베일을 필요로 한다는 것입니다. 진리는 스스로를 가리는 것이 없이는 존재할 수 없습니다. 왜냐하면 진리는 드러나 있기 때문입니다. 하이데거가 말하길 진리란 은폐된 것을 드러내는 것이라고 합니다. 따라서 진리는 이미지를 찢고, 뚫고, 떼어낸 곳에 존재합니다. 이미지를 초월하는 표상 불가능한 편에 있습니다. 그러나 본질적으로 식상한 속임수, 서양 형이상학의 속임수에 불과합니다. 균열로서의 이미지라는 표현은 이 트릭에만 존재합니다. 저는 다른 이미지가 있다고 말하고 싶습니다. 베일과 균열로 성립된 진리의 체제, 진리의 속임수를 조용히 뒤흔드는 절대적인 이미지가 있습니다. 외상 같으면서도 증언이기도 한 이미지, 즉 피상적으로 과거와 현재와 미래가 어지러이 혼재하는 시간예술로서의 이미지가 존재합니다. 그저 학대당하고 고통당하는 것만이 아닌 그 이미지는 상처로서 남겨져 미래로 전달됩니다. 이미지는 상처이므로 그래야만 합니다. 정지화면은 절대로 존재하지 않습니다. 그러나 그 당시에는 실재하지 않았던 일로 주체를 만들고 연결합니다. 그러한 상처로서 다가올 때 맡겨야만 합니다. 이미지는 상처입니다. 상처는 남습니다.

그나저나 너무 멀리 왔군요.

일본 국민들도 이번 지진 때문에 상대적으로 심리적 외상을 입었다고 하는 편이 옳을 듯합니다. 물론 직접적인 피해자나 진짜 트라우마로 가책하는 분들에 비하면 새 발의 피겠지만. 그래도 어느 정도의 트라우마는 있으실 것입니다. 공감하시죠.

그렇다고 봐달라는 말은 아닙니다. 심적 외상을 입었다고 자각하기는 매우 어렵지만 자각해야만 합니다. 그런 노력이야말로 꼭 필요합니다. 산산조각 나서 가루가 된 유리를 분무한 듯이 이미지에 은색 가루가 흩뿌려져 있습니다. 눈으로, 코로, 입으로 들어가서 무심결에 찔끔찔끔 피가 배어나오듯이 우리도 재앙과 그 화상의 단편에 상처를 입습니다. 조용히 피로 얼룩지고, 아프고,

지치며 늙어갑니다. 그렇게 생각하는 편이 낫습니다. 그 무수한 지진과 사고의 이미지, 누가 찍었는지도 모르는 화상으로 끝없이 상처받고 멍하니 벙어리 냉가슴을 앓습니다. 워낙 자잘해서 몸 안에 들어와도 좀처럼 보이지도 않고 자각하기도 힘듭니다.

나카이 히사오 씨에 의하면 PTSD란……, 왜 번번이 나카이 히사오 씨가 등장하느냐고요?

비할 데 없는 위대한 정신과 의사여서만은 아닙니다. 나카이 히사오 씨는 한신아와지 대지진[28]의 피해자이기 때문입니다. 태평양전쟁 때도 대규모는 아니지만 필시 폭격을 당한 듯하고 본인도 피해자이면서 한신아와지 대지진 때는 피해자의 치료와 간호를 지휘했기 때문입니다. 그리고 지진이 일어난 직후에 고베가 외국인들이 많이 거주하는 지역이라 행여 관동대지진 때처럼 한국인, 중국인 학살 같은 참사가 일어날까 우려하며 재발방지를 위해 헌신적으로 앞장섰던 분입니다. ……괴테의 표현을 빌리면 '아마도 다시는 오지 않을 시대'의 마지막 한 사람일 것입니다. 아무튼 그의 말에 따르면 트라우마를 입은 사실을 자각한 사람은 타인의 트라우마에 관대해진다고 합니다. 반면에 본인이 PTSD를 앓고 있음을 자각하지 못하는 사람은 타인이 PTSD

28 1995년 1월 17일 일본 효고 현의 고베 시와 한신 지역에서 발생한 진도 7.2의 지진으로 '고베대지진'으로도 불리며, 1923년에 발생했던 관동대지진 이후 가장 큰 피해를 입은 지진으로 기록되었다. 사망자 6,400여 명에 피해액은 1,400억 달러에 달한다. 효고 현 아시야 시 부근과 아와지 섬 사이의 야지마 활성단층이 움직인 것이 원인으로 추정된다.

에 시달리고 있음을 잘 모르는 모양입니다. 타인의 상처가 보이지 않습니다. 그것이 바로 이 심적 외상의 무서움입니다. 피해자이고 상처 입은 사람이건만 타인의 상처에 무신경해지게 만드니 얼마나 잔혹한 병인가요. 또한 나카이 씨도 피에르 르장드르와 같은 말을 합니다. 미결, 미제, 즉 해결되지 않는, 끝나지 않는 문제를 잔뜩 끌어안고 사는 것만큼 사람을 지치게 하는 건 없다고. 우리가 입은 그 상처는 영원히 치유할 수 없습니다. 그리고 의견이 분분하지만 방사선 피해 대책은 결국 미제로 남았습니다. 그것만으로도 우리는 충분히 상처 입고 지쳤습니다. 그 사실을 자각합시다. 깊은 상처를 입었는데도 멀쩡하다고 생각하는 사람일수록 남에게 상처를 입히기가 쉽기 때문입니다. 바꿔 말하면 겁에 질려서 상처를 외면하기에만 급급하므로 근본적인 원인을 개선하는 대신 다른 사람에게 분풀이하는 것입니다.

다들 다치고, 서서히 피로에 찌들어갑니다. 이번 지진으로 상황은 악화일로를 걷고, 온 국민이 만성피로에 시달린다는 사실이 여실히 드러났습니다. 구멍이 뚫려서 힘이 빠져나가고 있다고나 할까요. 빈곤도, 격차도, 자살도, 폐쇄된 사회도 전혀 해결되지 않은 채 또다시 이러한 상황을 맞닥뜨렸습니다. 예술을 수용하거나 창작하는 사람에게는 이러한 피로와 욕구불만을 견뎌내는 능력, 본인이 상처 입은 사실을 감당하는 능력이 관건입니다. 아무래도 도쿄와 오사카의 높으신 양반도 끔찍한 트라우마를 입었나봅니다. 그런 사람이 으레 그런 일을 저지릅니다.

나약한 사람일수록 쉽게 상처를 받습니다. 그 나약함을 나약함으로 견디는 것이 중요합니다. 이야기가 비약할까 싶어서 삼가겠지만 진주만 공격 당시 지금으로 말하면 일본의 GDP가 세계에서 20위나 됐을라나. 아무튼 오늘날 미국과 스페인만큼 국력차가 났습니다. 지금의 스페인이 느닷없이 미국을 공습하고 선전포고를 한 꼴이니 참으로 가소로운 노릇이지요. 하룻강아지 범무서운 줄 모른다더니만 딱 그 짝입니다. 그 알량한 이유가 공식기록에 고스란히 남아 있습니다. 요컨대 와신상담하느니 이판사판으로 끝장을 보겠다는 얘깁니다. "미국의 압박으로 중국 전선도 지지부진해서 갈수록 패색만 짙어지는 판국이다. 기왕 망할바에는 구차하게 절치부심하며 훗날을 기약하느니 차라리 화끈하게 한 방 먹이고 죽자"라는 꼬임에 말려든 것입니다. 시쳇말로 도 아니면 모라는 얘기지요. 역으로 얘기하면 유약하다는 것입니다. 유약해서 나약한 자신을 못 견디는 겁니다. 자신의 상처를, 상처 입은 사실을, 고단한 현실을 직시하고 끈덕지게 버텨내는 나약한 사람보다 훨씬 못난 사람입니다. 시대가 변하면 상황이 달라질지도 모르지만 견딜 수가 없습니다. 이런 겁쟁이가 으레 전쟁을 일으킵니다. 제1차 세계대전도, 제2차 세계대전도, 중일전쟁도 전쟁이란 전쟁은 대부분 갈수록 교섭이 불리한 위태로운 상황에서 긴장과 피로를 견디다 못한 이들이 이판사판의 심정으로 일으킵니다. 지금의 일본인이 그렇다고 생각합니다. 지진이 일어나기 훨씬 전부터. 그런데 지진과 사고 때문에 상처와 피로는 갈수록 악화되고 긴장이 한계에 이르자 급기야 이판사판으로 끝장을 보는 편이 낫겠다는 생각이 고개를 든 것입니다. 이럴 때 시험하는 것이 역시나 상반된 표현이지만 우리의 강인함입니다. 상처를, 피로를, 유약함을 인정하는 강인함을 시험합니다. 차라리 전쟁을 하자, 아예 죽여버리자고 지껄이는 작자는 결단코 겁쟁이입니다. 식상할지도 모르지만 이러한 현상을 세계사적 규모로 명쾌하게 설명한 유일한 사람이 사카구치 안고이니 별 수 있나요. 아무튼 그가 뭐라고 했습니까? "타락하라!" 나약하면 어떻습니까. 물러터지고 패기가 없으면 안 됩니까. 전쟁이, 원자력발전이 부득이하다고 말하는 작자들은 결단코 겁쟁이입니다. 그런 무리들이 전쟁을 일으켜도 어차피 안고의 말대로 됩니다. 전쟁을 종식시키기 위해 '교쿠온 호소玉音放送'[29]라는 수단에 의지한 일본인에 대한 통렬한 비판입니다. 낭독하겠습니다.

견디기 힘든 것을 참고, 참기 힘든 것을 참으며 짐의 명령에 따르라고 천황이 말한다. 그러자 국민들은 엎드려 울며, 다름 아닌 폐하의 명령이니까 참기 힘들지만 억지로 참으며 지겠노라고 한다. 거짓말 마! 새빨간 거짓말 작작하라고! 닥쳐!

국민들이 전쟁이 끝나기를 오죽이나 오매불망했는가. 죽창을 들고 흔들며 전차에 대항하다 토우土偶처럼 픽픽 쓰러져 죽는 것을

29 일본군의 무조건 항복을 요청한 포츠담 선언에 따라 히로히토 천황이 대동아전쟁 종식 조서를 읽은 라디오 방송. 옥음玉音은 천황의 목소리를 뜻한다.

> 얼마나 몸서리치게 싫어했는가. 전쟁이 끝나기를 간절히 염원했으면서 말하지 못한다. 그리고 대의명분 운운하며 다시금 천황의 명령이란다. 참기 힘든 것을 참으라고 한다. 이 무슨 조화란 말인가. 비참하고도 한심하며, 역사적으로 중대한 기만행위가 아닌가. 더욱이 우리는 그들에게 기만당하는지를 모른다. 실제로 천황의 정전 명령이 없었다면 마지못해 토우가 되어 전차에 픽픽 쓰러지며 장렬하게 산화했을 것이다. 가장 천황을 모독하는 군인은 천황을 숭배하는 양하고, 국민들은 그다지 천황을 숭배하지 않지만 천황을 이용하는 것에는 익숙하다. 그래서 대의명분을 내걸고 엉큼한 속내를 채우려는 양두구육羊頭狗肉임을 모르고 천황의 숭고한 은혜를 구가한다. 이 무슨 계략이며 교활한 속임수란 말인가. 우리는 이 역사적 속임수에 홀려서 참된 인간의 모습과 인성을 상실했다.

안고는 "천황 폐하의 말씀이시니 전쟁을 끝내자고? 너희들이 좋아서 벌인 전쟁이면서 핑계 한번 그럴싸하구나" 하고 호통을 친 것입니다. 자신이 아픈 것, 다치고 죽는 것, 괴로운 것은 싫고, 그러한 속내를 인정하고 싶지도 않으니 이러한 속임수에 의지하는 것입니다. 천황제, 민족주의, 배외주의가 아니어도 이러한 속임수는 천지사방에 널려 있습니다. 전쟁이나 폭력행사로는 아무것도 해결되지 않습니다. 구타요법처럼 트라우마를 트라우마로 치유하겠다는 헛소리나 진배없으니까요.

견디는 것이 힘입니다. 수치심의 고통이 이만저만이 아니므로 상처 입은 사실을 인정하기가 어렵습니다. 하지만 크든 작든 상처를 입은 것은 사실입니다.

그러나 앞서 말했듯이 PTSD를 입은 사실을 자각하지 못하는 사람은 타인의 PTSD를 인정할 능력이 없습니다. 어쩌면 우리 모두 눈이 멀어서 알아차리지 못하는지도 모릅니다. 차라리 그렇게 생각하는 편이 낫습니다. 다들 지치고 상처받고 초조하고 곤혹스러워서 내면 깊숙이 피로가 자리하고 있습니다. 이 사실을 직시해야만 합니다. '프러스트레이션frustration', 우리말로 옮기면 욕구불만이 쌓인 상태입니다. 그러나 잭 라캉은 이 욕구불만이라는 말을 놀랍도록 정확하게 정의했습니다. 욕구불만은 'dédit'라고. dit는 '말하는 것', '말'을 뜻하며 옛날에는 '약속'이라는 의미로 쓰였습니다. dé는 '반대', '역逆', '분리', '제거'를 나타내는 접두어입니다. 다시 말해 욕구불만이란 약속을 깨는 것, 위약을 의미합니다. 한마디로 말해서 '약속과 다르잖아'입니다. ……그런데 달라도 어지간히 달라야 말이죠.

정말로 이 세상은 요지경입니다. 열심히 공부해서 좋은 대학에 들어가면 번듯한 아내나 남편을 얻고 집도 장만한다지만 새빨간 거짓말입니다. dédit이죠. 약속과 다릅니다. 원자력발전소도, 지진도, 빈곤도, 영토문제도 약속과 다른 것이 한두 가지가 아닙니다. 근본적으로 인생에 보장된 약속일랑 없다는 말입니다. 그런데 여태 그러한 약속을 미끼로 통치해온 것입니다. 뻔뻔스럽게 이제 와서 언제 그런 말을 했냐고 발뺌하다니.

여러분도 약속과 달라서 실망하셨던 경험이 있을 것입니다. 그 사실을 직시하세요. 감정을 억압하지 마세요. 억압된 것은 반드시 회귀한다는 프로이트의 말처럼 반드시 폭력이나 짐작조차 못한 참사로 회귀합니다. 아시겠습니까! 이것은 우리의 문제입니다. 이 위약의 책임을 외부에 전가해서는 안 됩니다.

옳지 않은 행동입니다. 눈을 깜빡이는 그 짧은 순간에 섬광처럼 스치는 이미지들, 상처들을 부정하거나 회피하거나 억압하지도, 애먼 사람에게 해코지하지도 마세요. 파울 첼란Paul Celan은 이렇게 노래했습니다. "서 있기. 공중의 상흔의 그림자 속에 / 그 누구도, 그 무엇도 위해서가 아닌 서 있기 / 아무도 모르게 오직 당신을 위하여", "너의 상처 안에서 쉬어라 / 가르랑가르랑 쉰 목소리와 쉼표에 에워싸여." 가령 다쳐서 손이나 손가락을 잃은, 한쪽 손이나 한쪽 발을 잃은 몸은 이미 원래대로 돌아갈 수 없습니다. 돌아가지 못한다고 불완전한 몸인가요? 아닙니다. 완전한 새로운 몸입니다. 몸 안에서 균형을 되찾아가니까요. 찰나일지언정 균형과 조화를 되찾고 힘을 회복해야 합니다.

무엇을 위해! 속죄해야 하는 치욕을 우리 손으로 씻기 위해서입니다. 굴욕이 아니라 치욕을. 인간이 생존하는 방도인 예술로. 어떤 치욕을 겪어도 우리의 예술은 야만도, 쓰레기도 아닙니다. 그 치욕만이 예술의 변혁을 정치적 혁명으로 만듭니다.*

마지막으로 요시다 겐이치吉田健一의 말을 인용하며 마치도록 하겠습니다. 요시다 시게루[30]의 아들이죠. 18세 때 케임브리지로 유학 가서 영어, 독어, 프랑스어, 고전어 외에 이탈리아어까지 구사했습니다. 그런 사람은 머리가 너무 좋아서 세습 의원 따위는 될 수가 없습니다. 그 요시다 겐이치가 이렇게 말했습니다.

용납되지 않는 일이니 일어나서는 안 된다는 논리가 비약해서 그런 일은 절대 없으리라고 단정하는 것은 순진하다 못해 유치하다. 그러나 정작 본인은 얼마나 유치한 발상인지를 깨닫지 못하니 절대 일어나지 않을 일이 일어나면 세상 탓으로 돌리고 체념한다. 체념이 빠른 편이거나 다른 관점에서 보면 얼뜨기의 태도다.

어떻습니까. 용납되지 않는, 일어나서는 안 될 일이니 일어나지 않는다고 믿고 살겠습니까? 이 판국에도 그럴 생각이라면 참으로 순진도 하십니다. 그런 유아적인 발상을 갖고 살아도 용납되지 않는, 일어나서는 안 될 일은 일어납니다. 과거에도 그랬고, 현재도, 또 앞으로도 일어날 것입니다. 그래서 현실과 타협할 작정

* 굴욕과 치욕의 구별, 그 정치철학상의 의미에 관해서는 졸저 『동소』(가와데문고)에 수록된 「굴욕이 아니라 치욕을—혁명과 민주제에 관하여」(2011년 4월 28일, 치카 대학에서 한 강연)와 『바스러진 대지에, 하나의 장소를』(가와데쇼보신샤, 2011)을 참조. 또한 '아우슈비츠 이후 시를 쓰는 것은 야만이다', '아우슈비츠 이후의 문화는 쓰레기다'라는 아도르노의 발언에 대한 비판에 관해서는 졸저 『동』에 수록된 「변혁으로, 이 치열한 무력을」과 『이 치열한 무력을』(가와데쇼보신샤, 2012)을 참조. (원주)

30 吉田茂: 1878~1967, 외교관 출신의 정치가로 태평양전쟁 이후 7년간 요시다 내각의 총리대신을 지냈으며 '평화헌법' 제정의 주도적 역할을 했다. 한국전쟁을 "신이 내린 선물"이라고 평하며 전후 일본의 경제성장에 박차를 가한 것으로 유명하다.

입니까? 어차피 힘 있는 자들의 세상인데 미련하게 사서 고생하느니 속 편하게 안주하는 얼뜨기가 되겠습니까?

저는 싫습니다. 그러기엔 아직 너무 이릅니다. 기다리고 끝까지 견뎌서 결코 얼뜨기가 되지 말아야 합니다. 가시는 길에 오늘 들으신 이 얼뜨기라는 공격적이고 비판적인 말을 새로이 가슴에 새기시기 바랍니다. 여기나 저기나 온통 얼뜨기 천지입니다. 저는 유치한 사람도, 얼뜨기도 되고 싶지는 않습니다. 재군비가 부득이하다는 작자가 얼뜨기입니다. 아직도 원자력발전소가 부득이하다는 작자가 얼뜨기이고 겁쟁이인 것입니다.

자, 우리는 겁쟁이도 얼뜨기도 아니니 기다립시다. 투쟁만은 계속할 수 있으니까요. 승리할 가능성이 요원하다 못해 희박할지라도 기다리는 방법은 얼마든지 있습니다. 플루토늄 반감기가 2만 4,000년이라고? 웃기시네. 인류가 음악을 고안한 지 7만 년이 넘었어. 까짓 7만 년 기다리지 뭐. 노래하면서, 연주하면서, 춤추면서. 인간을 얕보지 마.

이상입니다.

이렇게 이야기하는 동안에도 우리는 조금씩 늙고 썩고 있습니다. 한순간도 정지할 수 없습니다. 심장도 뛰고 혈액도 흐르며 모든 기관은 재질과 함께 점점 늙고 썩고 문드러집니다. 살덩이가 붙은 송장屍肉이 됩니다. 무생물이어도 사태는 하등 다르지 않다는 것은 아시죠. 사진으로 찍은 모습은 정지해 있는 듯이 보입니다. 하지만 실은 한순간도 정지하지 않습니다. 그리고 카메라 또한 정지하지 않습니다. 셔터를 눌렀다 떼는 시간, 노출시간이 0이 되는 것은 구조상 말이 안 됩니다. 카메라는 노출시간 동안 지속되는 상태를 찍습니다. 다시 말해 사진이란 시간예술입니다. 정지화면을 찍기란 사실상 불가능합니다. 사진이 정지화면으로 보인다면 부단한 운동의 근원에 있는 현실을 왜곡하고 변형하기 때문입니다. 따라서 사진은 변형입니다. 그 사실을 깨닫기 전에는 어떠한 시각표현도 이해할 수 없습니다. 그리고 베이컨은 초상화를 그릴 때 면전에서 직접 그리기보다는 사진을 선호해서 다양한 사진을 능수능란하게 이용했습니다. 그런 그에게 '현실을 그대로 찍는 것'과 '현실을 변형해서 현실에 접근하는 것'은 모순일 수밖에 없습니다. 필연적으로 그렇게 됩니다. 역시나 더할 나위 없이 날카로운 그의 지성이 느껴지지 않습니까?

/ 04

이 정온한 도착倒錯에 이르기까지

프랜시스 베이컨을 둘러싸고

/ 대담: 호사카 겐지로保坂健二朗

『예술신조藝術新潮』 2013년 4월호에 일부 게재된 대담의 완전판

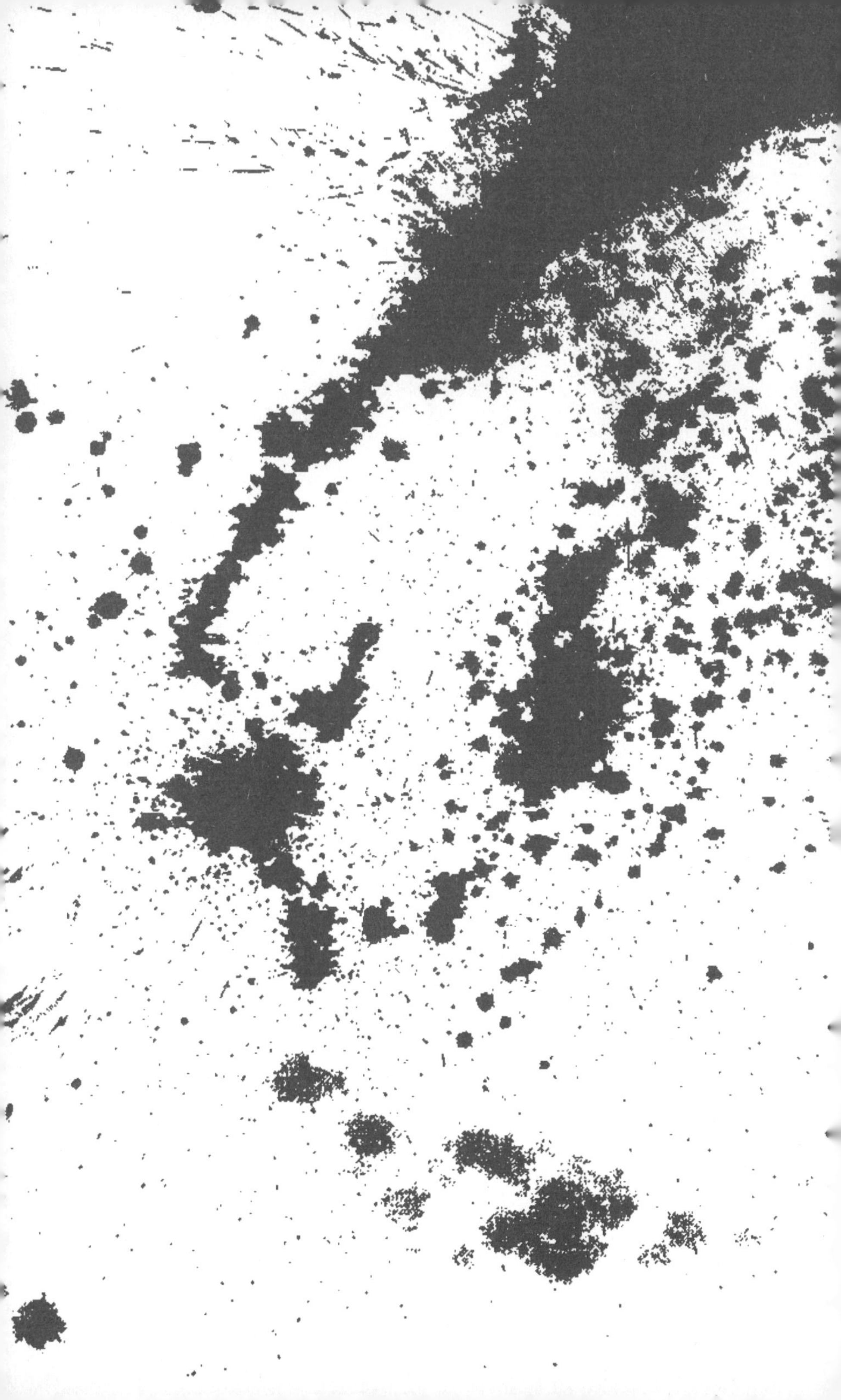

사사키 / 오늘은 프랜시스 베이컨Francis Bacon(1909~1992)이 그린 입에 관한 이야기로 시작하겠습니다. 그가 놀랍고도 요염하기까지 한 지성의 소유자라는 사실을 실감했기 때문입니다.

베이컨은 초기~중기, 특히 1950~1960년대에 특권적인 기관으로서 입과 입술을 집요하게 그렸습니다. 소리치거나 이빨을 드러내고 있거나 혹은 반대로 물어뜯은 듯한 신체를. 하지만 입을 소재로 동물과 유사한 비인간적인 상황에 놓인 현대의 인간을 표현했다는 판에 박힌 생각은 잘못입니다. 원래 인간은 이른바 입술을 가진 유일한 동물입니다. 다른 동물에게는 인간과 같은 입술이 없습니다. 점막이 있는 노출된 근육이 입 주위에 말려 올라가 있는 기묘한 동물은 인간이 유일합니다. 베이컨은 입술을 극명하게 묘사했습니다. 그럼 그가 입술과 입을 그린 목적은 무엇이었을까요?

입은 이상한 기관입니다. 기관이란 목적을 갖습니다. 삼척동자도 아는 얘기지만 눈은 보기 위해서, 귀는 듣기 위해서 존재합니다. 그런데 입이 존재하는 이유는 선뜻 떠오르지를 않습니다. 우선 호흡에 이용되며 먹고 마십니다. 씹고 물어뜯으며 맛을 느낍니다. 감각기관인 동시에 타액을 분비하는 소화기관이기도 합니다. 그러한 상당히 원시적인 생물로서의 행위에 이용됩니다. 또한 파트너의 성기를 핥거나 빠는, 즉 애무에도 이용되는 성적 기관이기도 합니다. 반면에 막다른 궁지에 몰리면 상대를 물고 공격합니다. 이를 드러내며 위협하기도 하지요. 송곳니도 남아 있습니다. 워낙 다양한 기능이 밀집되어 있어서 감당이 될까 싶을 정도지만 아직도 멀었습니다.

입은 말을 합니다. 인간을 가장 인간답게 하는 로고스logos, 다시 말해 언어를 관장하는 기관이기도 합니다. 야생의 가장 동물적이고 외설적인 행위를 하는 동시에 인간의 예술의 정화인 음악에도 관여합니다. 요컨대 노래 부르고 철학적인 토론이 가능한 것도 입이 있는 덕분입니다.

겉으로 드러난 신체부위 중 가장 단단한 치아와 가장 부드러운 입술이 입에 집중되어 있습니다. 게다가 거의 100퍼센트 근육으로 이루어진 혀도 있습니다. 혀의 표면에 다수 돋아 있는 설유두舌乳頭, lingual papilla라는 매우 복잡한 작은 돌기들 속에는 미뢰味蕾, taste bud가 있습니다. 그러한 치아와 혀는 또한 발음기관의 일부이기도 합니다. 가령 영어의 L은 치아의 뒤쪽에 혀를 대지 않으면 발음할 수가 없지요. 이러한 유기적인 기능의 도착적 연장을 항상 볼 수 있습니다. 노래 부르거나 말하는 가장 인간적이고 이

성적인 부분과 가장 동물적인 부분이 집중해서 공존합니다. 마리아 칼라스Maria Callas(1923~1977, 소프라노 가수)나 아레사 프랭클린[01]의 입이 음식물을 먹는 모습이 상상이 가시나요? 베이컨은 한때 집중적으로 입술, 혀, 입천장, 드러난 치아를 그렸는데 대체 어떤 의미가 있는 걸까요?

여기서 잠깐 우회하겠습니다. 도착倒錯이라는 뜻의 프랑스어 'perversion'의 어원은 '돌리다'라는 뜻의 라틴어 'vertere'입니다. 즉 본래의 목적이 있는 것을 다른 목적을 위해 사용하는 제반행위를 모두 도착이라고 한다고 롤랑 바르트는 정의했습니다. 예를 들면 필기도구인 펜을 손가락으로 뱅그르르 돌리는 것은 도착 행위입니다. 펜으로 귀를 긁는 것도 바르트의 정의에 따르면 완전히 변태 짓입니다. 그런데 입에는 너무나도 다양한 목적이 있습니다. 입은 목적에 종속된 채 무한히 도착할 수밖에 없는 특권적인 기관군입니다. 말할 때나 노래할 때나 본래의 목적과는 달리 혀와 치아와 입천장이 떨리는 쾌락을 느끼기 때문입니다.

프로이트는 아시다시피 인간의 발달단계에는 구순기, 항문기, 성기기가 있다고 했습니다. 그러나 항문으로 말하거나 성기로 씹지는 않습니다. 물론 항문의 쾌감이나 성기의 쾌락에 무지해서

01 Aretha Franklin: 1942~, 미국의 싱어송라이터이자 피아니스트. 1987년 로큰롤 명예의 전당에 헌액된 최초의 여성 가수로 2009년 오바마 대통령 취임식에서 〈My Country 'Tis of Thee〉를 불렀다. 〈I Never Loved a Man(The Way I Love You)〉을 비롯해 인권운동 축가와 아프리카계 미국인에게 자존심의 상징이 된 〈Respect〉 외 다수의 히트곡을 발표했다.

는 아니겠지만 베이컨이 평생토록 이상하리만치 시간을 허비한 것이 무엇인지 아십니까? 맛있는 음식과 술 그리고 술집에서 노닥거리는 일이었습니다. 그런 점을 통해 베이컨이 절규와 드러낸 치아를 주제로 그림을 그린 이유를 유추할 수 있습니다.

'베이컨은 신체를 입과 입술로 표현했다.'

깨물고, 씹고, 빨고, 핥고, 물어뜯어서 피범벅이 된 듯한 그의 작품 속 신체들. 이른바 '고기-되기', '동물-되기'라는 모습을 담은 것입니다. '되기'란 감각과 힘을 재배치한다는 의미입니다. 고기를 이용해 끊임없이 생성하는 원초적인 힘들을 구현한 것이죠. 절규하는 신체도 갈기갈기 해체되어 있습니다. 기관이란 기능에 국한된 하나의 목적을 수행하기 위한 것으로 그 목적은 이미 주어져 있습니다. 반면에 입은 호흡, 미각, 씹기, 공격, 성과 관련된 기관이고, 구토할 때는 배설기관이며, 노래와 의사표현을 관장하는 기관이기도 합니다. 베이컨에게는 신체가 곧 입이므로 모두 입으로 표현한 것입니다. 충동을 느끼고, 충동이 시키는 대로, 감각을 구현하는 신체. 들뢰즈는 전위극이라는 새로운 감각의 연극 장르를 개척한 극작가 앙토냉 아르토Antonin Artaud(1896~1948)에게서 빌려온 개념인 '기관 없는 신체corps sans organs'가 베이컨의 작품에서 그대로 실현되었다고 말했습니다.

그가 그린 가죽을 벗겨서 매단 죽은 짐승의 고기. 그 살과 뼈가 잇몸과 치아처럼 보이는 순간이 있습니다. 손으로 살짝 들추자마자 드러나는 살색의 입술 바로 안쪽의 잇몸에서는 쉽게 피가 납니다. 잇몸에 피가 난다고 반창고를 붙이지는 않죠.

피가 흥건해서 건드리면 뿜어져 나올 법한 기관. 그런 피투성이 형상이 충동에 따라 강도를 달리하고 감각과 정서를 집약해서 새롭게 기능을 재편합니다. 급조한 티가 나지만 만능기계라고나 할까요. 그 정도로 도착했기 때문에 입을 통해서 기관 없는 신체에 접근한 것이라고 말하고 싶습니다. 베이컨의 회화작품이 폭력적이라거나 동물적이라거나 인간적이라니 당치도 않습니다. 성스러운 이성을, 오욕을, 일체의 것을 한꺼번에 태연히 포용하는, 이른바 구강적입니다. 들뢰즈를 진심으로 존경하지만 『감각의 논리*Logique de la sensation*』에서 베이컨의 시각을 촉감적, 즉 물체를 만지는 듯한 눈길이라고 쓴 것은 너무 미온적이지 않나 싶습니다. 사람은 그렇게 피투성이가 될 때까지 만질 수 없습니다. 베이컨은 눈으로 먹습니다. 베이컨의 눈에는 잇몸이 달린 치아와 혀가 있어서 먹고, 트림하고, 게우고, 욕지거리하고, 맛난 술을 마시고, 애무하고, 노래를 부릅니다.

프로이트적인 의미에서 구순적이 아니라 입 자체입니다. 만지는 것이 아니라 씹고, 먹고, 핥고, 수다 떨고, 그리고 의도하지도 가공하지도 않고 순수하게 있는 그대로를 표현합니다. 모든 신체를 입으로 표현함으로써 목적에 종속한 기관이라는 고정관념을 철저히 타파합니다.

여기에는 들뢰즈가 생각지도 못했던 기관에서 탈출하는 방도가 있습니다. 들뢰즈를 정말 사랑하는데 미안한 마음이 드네요.

말씀 부탁드립니다. 호사카 씨.

호사카 / 압도당했습니다. 대단합니다. 제가 나설 자리가 아닌걸요. 구구절절이 눈이 번쩍 뜨이는 말씀이었습니다. 정신 차리고 말씀드리면 사실 베이컨은 1933년에 맨 처음 책형도(《십자가 책형 crucifixion》)를 그리는데 그 작품을 어느 유명한 수집가가 샀고, 그 사람이 다시 의뢰해서 그린 것이 이 작품입니다. 기존에는 지지리도 못 그린 졸작으로만 취급했습니다. 머리뼈에 뜬금없이 입술만 달려 있거든요. 의뢰인한테 받은 머리뼈 뢴트겐 사진을 보고 그렸다는데 무슨 이유인지 엑스선 사진에 찍힐 리 만무한 입술을 일부러 그려 넣었습니다. 그런데 그 의미를 이제야 비로소 알았습니다.

사사키 / 베이컨 개인이 구순적인 인간이었다고 말하려던 것은 절대 아닙니다.

베이컨의 회화 자체가 프로이트의 성욕론을 철저히 생산적으로 비판했다고 말하고 싶습니다. 입은 다른 두 개의 기관과는 비교도 안 될 만큼 향락이 넘쳐서 통상적인 기능만 발휘해도 도착 자체가 실체화되는 광폭하기조차 한 기관임을 프로이트는 몰랐습니다. 베이컨은 그 사실을 회화로 제시했고요.

호사카 / 그림이 이토록 단순하니 책형도와 입을 연결하는 회로가 베이컨의 내면에 있었다고 상정할 수 있지요. 베이컨은 자신이 무신론자라고 공언했지만 실제로는 개신교의 세례를 받았던 것 같습니다. 게다가 원래 그가 여러 번 그렸던 책형도는 서양에서는 이미지의 역사에서보다는 사회에서 속죄와 구원이라는 큰 의미를 담당해왔지요. 성서라는 장대한 이야기에 동참해서 책형도에서 일종의 희망의 빛을 발견했습니다. 바꿔 말하면 그리스도의 죽음을 그린 그림이 제 역할을 다했습니다. 그런데 서양에서는 두 차례의 세계대전이 발발했고, 그보다 앞서 "신은 죽었다"라고 하는 사람도 나왔습니다.

사사키 / 바티칸 공의회[02]가 중요한 역할을 했지요.

호사카 / 맞습니다. 신은 죽었다고 쓴 니체의 글이 나오기 얼마 전인 19세기 후반에 열린 제1차 바티칸 공의회는 보불전쟁[03]이 발발해서 도중에 중지됩니다. 그리고 제2차 공의회가 최종적으로 1962~1965년 사이에 개최됩니다. 앗? 이것은 사사키 씨의 전문 분야인데…….

사사키 / 오늘은 역할을 바꿔 서로 상대방의 장기로 겨뤄볼까요.

호사카 / 그 제2차 공회의에서 가톨릭의 기독교 세계에서는 피라미드형 계층조직(히에라르키Hierarchie)이 유명무실해졌습니다. 즉 이전에는 로마 주교인 교황이 수장이고, 기본적으로는 주교가 선

02 Concilium Vaticanum: 가톨릭 전체의 교의나 교회 규율에 관한 중요 사항을 토의하기 위해 교황이 바티칸으로 소집하는 회의를 말한다.

03 Franco-Prussian War: 1870년 7월 19일 에스파냐 국왕 선출문제를 둘러싸고 프로이센과 프랑스 사이에 일어난 전쟁. 프랑스는 독일군에 배상금을 지불하는 조건으로 알자스-로렌 지방을 할양받았으며, 프로이센의 빌헬름 1세는 베르사유 궁전의 '거울의 방'에서 독일제국의 황제로 즉위했다. 이로써 독일은 세계적인 강대국으로 발돋움하기 시작했다.

발한 추기경과 대주교, 주교, 그리고 사제, 조제, 그 밑에 일반 신도가 있었습니다. 더욱이 일반 신도는 주교가 위임하면 사도직에 참여했지요. 그런데 그러한 위계구조가 어떤 의미에서 붕괴된 것입니다. 이전에는 성성聖性에서 가장 멀다고 여겼던 일반 신도도 주교가 아니라 주 그리스도에 의해 사도로 임명된다고 했습니다.

기독교 신자라면 누구나 신과 같은 거리에 있다는 뜻이죠. 가톨릭 세계가 완전히 일변한 것입니다. 이러한 본질적인 문제를 둘러싸고 전 세계에서 추기경과 주교들이 모여 토론을 거듭한 4년여의 기간은 실은 베이컨이 다시금 책형도를 그리다가 그만둘 때까지의 기간과 완전히 겹칩니다. 그런데 베이컨 연구에서는 이 사실이 거론된 적이 없습니다.

사사키 / 저도 분명히 관계가 있다고 생각합니다. 꼭 맞아떨어지거든요.

호사카 / 유럽 혹은 가톨릭 중심의 기독교 사회에 일종의 인식체계의 대전환paradigm shift이 일어났음을 잘 알았으므로 더는 책형도를 그릴 의미가 없다고 생각했을 가능성이 있습니다. 거꾸로 말하면 그전에는 책형도를 그려야 할 당위성이 엄연하다고 생각했겠지요.

사사키 / 그 의미에서 그는 유럽 예술의 운명을 홀로 짊어지고 있었습니다. 아니 자코메티[04]와 베이컨, 두 사람이었나요. 과격한 주장일지는 몰라도 빗나간 얘기는 아닐 겁니다.

호사카 / 베이컨은 어쩌면 피카소의 책형도를 용납할 수 없었는지도 모릅니다.

분명 〈게르니카〉에 대해서도 썩 좋은 평은 하지 않았습니다. 베이컨이 피카소의 생물형태적인 그림에 영향을 받았다고 주장하지만 영향관계를 시각적으로 확인할 수 있는 시기는 초창기의 한때에 그치며 이후의 작품은 전혀 다릅니다. 어쩌면 피카소가 그렸던 인간의 모습은 한낱 단순한 형태의 변화, 생물형태적인 것에 불과하다는 비판적인 견해를 갖고 있었다는 반증인지도 모릅니다.

사사키 / 피카소가 그린 신체는 깨물지도, 물어뜯지도 않습니다. 입이 아닙니다.

호사카 / 살도 아닙니다. 서양에는 '이빨을 가진 질', 즉 '바기나 덴타타'[05]라는 환상도 존재하지만 피카소의 그림은 입 자체가 된 베이컨의 그림에 비하면 단순한 바기나(질)일 뿐입니다.

사사키 / 맞습니다. 바기나나 페니스penis(음경)나 밋밋하긴 매일반이지요. 입의 복잡함에는 당할 수가 없습니다. 베이컨도 페니스를 그리긴 했으나 매우 비참하고 왜소하게 묘사했습니다. 아무

04 Alberto Giacometti: 1901~1966, 스위스의 초현실주의 조각가이자 화가. 대표작으로 〈오전 4시의 궁전〉, 〈가리키는 남자〉, 〈남자의 얼굴〉, 〈도시의 광장〉, 〈쉬르리얼리스트 케이지〉 등이 있다.

05 Vagina dentata: 성교를 하는 동안 질이 남근을 깨물고 상처 입힐 수 있는 이빨을 가지고 있다는 환상을 가리키는 라틴어. 신경증과 성적 문제를 가진 사람들에게서 발견되며, 주로 거세 공포와 관련이 있다. 반대로 '이빨을 가진 남근penis dentata'이라는 환상도 존재한다.

렴 물어뜯고/물어뜯기는 신체의 본래의 형상을 상징하는 입에 비하겠습니까.

그런데 베이컨이 책형도를 거꾸로 그린 점도 중요하다고 생각합니다. 자, 그럼 거꾸로 매달려 책형(기둥에 묶고 창으로 찔러 죽이던 형벌)을 당한 성인은 누구일까요? 성 베드로입니다. 전설상의 초대 교황이죠. 카라바조[06]가 베드로를 거꾸로 매단 십자가를 들어 올리는 장면을 그렸죠(〈성 베드로의 십자가형Crucifixion of Saint Peter〉). 베드로를 학살한 것은 로마의 폭군 네로입니다. 간략하게 복습하겠습니다. 베드로는 예수를 두 번 배신합니다. 첫 번째는 빌라도Pilate에게 체포당하기 전 "너는 내 제자인 것을 세 번 부인할 것이다"라고 했던 그리스도의 예언대로 부인하고는 하염없이 웁니다. 이 장면은 모든 미사곡에서 가장 성대한 부분이죠. 그리고 이어서 기독교가 폭군 네로의 탄압을 당하는 와중에 로마를 탈출하면서 또다시 배신합니다. 그는 아피아 가도Via Appia를 걸어가던 중에 반대편에서 걸어오는 그리스도를 만납니다. 베드로는 묻습니다. "쿼바디스 도미네Quo Vadis, Domine?(주여 어디로 가시나이까?)" 그리스도는 "네가 내 어린 양들을 버렸으니, 또다시 십자가에 못 박히기 위해 로마로 간다"라고 대답합니다. 그때 베드로는 결심하고 로마로 돌아옵니다. 순교를 각오하고. 이렇게 두 번 그

06 Michelangelo da Caravaggio: 1573~1610, 이탈리아의 화가. 바로크로 미술양식을 확립한 거장이자 17세기 유럽 회화의 선구자다. 대표작으로 〈바쿠스〉, 〈성모의 죽음〉, 〈그리스도의 죽음〉, 〈나자로의 부활〉, 〈성 마태오의 순교〉, 〈성 요한의 참수〉 등이 있다.

리스도를 배신한 베드로는 마지막으로 십자가에 거꾸로 매달려 처형당합니다. 오욕으로 점철된 인생의 죽음입니다. 그런데 교황을 의미하는 말은 원래 '아버지papa'가 어원입니다. 즉 베이컨의 책형도에서 십자가에 거꾸로 매달린 것은 교황인 동시에 벌 받은 아버지 베드로이기도 합니다. 그리고 거기에는 기독교의 삼위일체론으로 말하면 아버지이자 아들이며 신인 그리스도의 모습도 겹쳐 있습니다. 폭군 네로에게 형을 당한 아버지는 성스러운 아들이자 신인 아버지께 비난당하고 거꾸로 매달려 순교한 아버지입니다. 이상하고 복잡하게 얽혀 있지요. 이런 그림은 기독교에서 제시하는 아버지 상이 이처럼 혼란스러운 데다 굴절을 내포하고 있다는 사실을 의식해야만 그릴 수 있습니다.

교황은 한 명이지만 단체입니다. 초대 교황인 성 베드로부터 현재의 266대 교황까지 전부 한 사람으로 생각하며, 홀로 하나의 법인입니다. 그 전체인 교황이 도착기관인 입으로 절규하는 그림을 그린…….

라틴어에서 대문자로 쓴 '말Logos'이라는 어휘는 신학 문헌에서는 그리스도를 가리킵니다. 성육신한(하느님의 독생자 예수가 인류 구원을 위해 성령에 힘입어 마리아의 태내에서 사람으로 잉태된) 신의 아들이 입으로 한 말입니다. 절규란 말이 더는 말이 아닌 임계지요. 교황이 입으로 절규하시다니. 달리 무슨 설명이 필요하겠습니까. 지독합니다. 기독교의 교의가 잉태한 도착을 이렇게까지 냉철하게 간파했습니다.

정리하겠습니다. 폭군, 즉 법 밖에 있는 아버지, 입법자이자 신인 아버지, 이 두 아버지에게 학대당한 사람의 아들인 아버지의 제자이면서 비난당하고, 형을 당한 아버지, 도착하고 굴절된 이 모든 아버지의 모습을 작품tableau에서 착란한 것입니다. 더욱이 입이라는 절대적으로 도착한 기관을 매개로 해서. 기독교의 정당성을 외부에서 비판하는 것이 아니라 오히려 가속화하고 폭주시켜서 도착을 유도합니다. 한창 정상일 때 정상적인 작용에 의해 이상을 생산합니다. 얼룩이 쫙 번지듯이 폭발적으로. 베이컨은 그러한 것을 그림으로 표현한 것입니다. 대단하죠.

호사카 / 사실 바티칸은 교황을 그린 베이컨의 작품(〈벨라스케스의 교황 이노켄티우스 10세의 초상에 대한 습작study after velazquez s portrait of pope innocent〉, 1953)을 소장하고 있습니다. 혹시 지금 사사키 씨가 말씀하신 그림에 담긴 의미를 알고 샀을까요?

사사키 / 누가 알아요. 그림 보는 안목을 지닌 밥맛없는 지성은 어디나 있기 마련인데 교황청이라고 예외겠어요.

호사카 / 그리고 앞에서도 언급했다시피 베이컨은 1965년도 이후로 기독교적인 주제의 작품활동을 중단하고 외부에서 영감의 원천을 찾습니다. 아이스킬로스[07]나 엘리엇, 가르시아 로르카[08] 등

07 Aiskhylos: 기원전 525~456, 웅대한 구상과 장중한 언어 구사가 타의 추종을 불허한 고대 그리스의 3대 비극시인이자 연극사의 첫 장을 장식하는 중요한 극작가다. 주요 작품으로는 『페르시아인』, 『제주를 바치는 여인들』, 『사슬에 묶인 프로메테우스』, 『오레스테이아』 등이 있다.

이 활동한 문학 쪽으로 바꾸었지요. 그렇다면 1965년 이후의 작품에서 그가 지향한 목적은 무엇일까요?

사사키 / 그의 작품은 책형도에서 친구의 초상화로 바뀌고 자화상이 됩니다. 바로 근대미술이 밟은 세속화로 가는 길을 갔다고는 죽어도 말하기 싫습니다. 또한 교과서 같은 단순화를 답습합니다. "그리스도는 사람임과 동시에 신이다. 고로 1=무한하다." 터무니없지만 이 논리에서 싹튼 모순이 기독교의 원동력입니다. 혹자는 그리스도는 신이니까 십자가에서 도망치는 것쯤은 간단하잖아, 로마제국을 멸망시키면 끝날 텐데 신이라며 그것도 못하냐고 매도하기도 합니다. 하지만 그리스도는 일단 죽음으로 인간임을 증명했습니다. 그리고 사흘 후에 부활해 신임을 증명했지요. 따라서 인간의 모습을 한 신을 표현한 것이 책형도입니다. 유한한 자로서의 신을.

그런데 신은 자신의 형상(이마고imago)으로 인간을 창조했다고 합니다. 그러나 르장드르에 따르면 신은 자신의 모습을 모릅니다. 거울을 볼 수 없기 때문입니다. 우리가 거울을 볼 때는 수염이 덥수룩하다든가 잘생긴 꽃미남으로 태어났더라면 좋으련만 하고 한심한 생각을 하지요. 즉 거울을 본다는 것은 어떤 윤곽

08 Federico García Lorca : 1898~1936, 민속적·전통적 요소에 독자적 양식을 가미한 스페인의 시인이자 극작가. 대표작으로는 시집 『집시 가곡집』과 희곡 「피의 혼례」, 마지막 작품인 비극 『베르나르다 알바의 집*La casa de Bernarda de Alba*』 외에 『관객*El Publico*』 등이 있다.

안에 갇힌 자신의 유한성을 인지하는 것입니다. 너는 이러한 형태의 사람이라는 한계를 설정하는 것입니다. 따라서 절대자인 신은 자신의 모습을 알아서는 안 됩니다. 설사 자신의 이미지로 인간을 창조했더라도 그 이미지는 모릅니다. 모습이 일정치 않으니까요. 신은 거울에 비치지 않습니다. 망막 같은 유한한 기관에 포착되어서는 안 됩니다.

신의 모습은 신 자신에게도 일정치 않습니다. 그러나 신의 형상을 베낀 것이 우리 인간이라면 굳이 이런 형상이어야 할 필연성은 없습니다. 이것을 알고 있었는지 베이컨은 신과 마찬가지로 인간의 모습도 가변적일 수밖에 없다는 잔혹한 사실을 표현했습니다. 기독교 내부에서 자신이 아는 바를 실천한 것입니다. 기독교 교의에 따르면 인간의 모습은 이러하다는 것을 담담하게 그려서 보여주었습니다. 베이컨은 단순한 질서의 파괴자가 아닙니다. 기독교 미술을 거기까지 발전시킨 것입니다. 정온靜穩한 도착에 이르기까지.

유대교와 이슬람교는 일신교이므로 신을 그리지 않습니다. 신은 보이지 않고 그릴 수 없으니 그걸로 끝입니다. 하지만 기독교의 경우는 인간의 모습을 한 신, 예수 그리스도를 그립니다. 가장 성스러운 존재를 그릴 수 없으니 유대교나 이슬람교권의 회화는 장식적입니다. 그러나 베이컨은 장식적인 그림을 철저히 비판하고 멀리합니다. 실은 기독교도로서의 운명을 짊어지고 삽니다. 이 세상에서 가장 성스러운 것을 그릴 수 있는 기독교는 사실묘사에 집착합니다. 그것은 해방임과 동시에 족쇄이기도 하지요. 베이컨이라는 사람은 기독교와 기독교 미술을 가능하게 한 방대한 미술의 역사를 훌렁 까뒤집어서 보여주었습니다. 장갑을, 아니 아예 손가죽을 훌떡 까뒤집어서. 거기에 보이는 신경조직과 혈관, 피투성이의 피부, 그리고 생생한 피부색이 얼마나 아름다운지를 여봐란 듯이 보여준 것입니다. 정말 대단한 지성이죠.

호사카 / 방금 하신 말씀을 들으니 1965년 이후의 베이컨의 그림에도 기독교적 요소가 전무하지는 않은 듯합니다.

사사키 / 풍경화에도 신이 창조한 피조물의 형상은 가변적이라는 생각이 담겼다고 생각합니다.

호사카 / 분명 책형도 이후의 풍경화는 1950년대에 그린 작품과는 판이하게 다릅니다. 우리에서 넘쳐흐르는 부정형不定形의 형태가 등장하는데, 예전에 그렸던 부정형의 그림자 같은 것보다 훨씬 물질적입니다. 책형도를 소재로 한 작품을 중단한 후에도 책형도를 빌려서 표현했던 의도는 작품에 계승된 게 아닐까요?

사사키 / 여담이지만 풍경화 속의 화살표는 책형이 집행된 골고다 언덕 같은 특권적인 공간이 예전에는 여기 있었다는 것을 가리키는 건지도 모릅니다. 면전에서 그런 해석을 했다면 한 손에 샴페인을 든 베이컨이 '어디서 개수작이야, 말 같잖은 소리 집어치워!'라고 역정을 내시겠지만.

마지막으로 한 가지만 덧붙이면 베이컨과 사진의 특이한 관계는 항상 논의되지요. 대부분 베이컨이 얼마나 교묘하게 사진을 이용했느냐 하는 수준에 그치지만 깊이 있는 연구가 필요합니다. 당연히 베이컨은 자코메티를 깊이 존경했습니다. 만나서 의기투합했을 때 "우리는 현실을 그대로 베낄 뿐이다"라고 했던 자코메티의 말에 베이컨도 동의했습니다. 그런데 다른 인터뷰에서는 현실을 변형(데포르메déformer) 혹은 왜곡distortion해서 현실에 접근하는 것이 중요하다고 했습니다. 베이컨의 이 말은 모순일까요? 제 생각은 다릅니다. 바로 이 말에 베이컨과 사진의 불가사의한 관계가 있다고 생각합니다.

베이컨이 여기서 무엇에 대해 형상을 왜곡하고 변형한다고 했는지를 생각해야 합니다. 필시 사진에 대해서입니다. 사진으로 찍은 철저히 사실적이며 정지화면이라고 여긴 그 모습을 변형한다고 했습니다. 그런데 문제가 있습니다. 실은 사진 자체가 왜곡(변형)이니까요. 장황한 철학적 토론은 피하겠으나 굳이 베르그송적으로 말하자면 운동하지 않는, 지속의 근원에 없는 것은 없기 때문입니다.

다시 말해 이렇게 이야기하는 동안에도 우리는 조금씩 늙고 썩고 있습니다. 한순간도 정지할 수 없습니다. 심장도 뛰고 혈액도 흐르며 모든 기관은 재질과 함께 점점 늙고 썩고 문드러집니다. 살덩이가 붙은 송장屍肉이 됩니다. 무생물이어도 사태는 하등 다르지 않다는 것은 아시죠. 사진으로 찍은 모습은 정지해 있는 듯이 보입니다. 하지만 실은 한순간도 정지하지 않습니다. 그리고 카메라 또한 정지하지 않습니다. 셔터를 눌렀다 떼는 시간,

노출시간이 0이 되는 것은 구조상 말이 안 됩니다. 카메라는 노출시간 동안 지속되는 상태를 찍습니다. 거듭 말하건대 사진이란 시간예술입니다. 정지화면을 찍기란 사실상 불가능합니다. 사진이 정지화면으로 보인다면 부단한 운동의 근원에 있는 현실을 왜곡하고 변형하기 때문입니다. 따라서 사진은 변형입니다. 그 사실을 깨닫기 전에는 어떠한 시각표현도 이해할 수 없습니다. 그리고 베이컨은 초상화를 그릴 때 면전에서 직접 그리기보다는 사진을 선호해서 다양한 사진을 능수능란하게 이용했습니다. 그런 그에게 '현실을 그대로 찍는 것'과 '현실을 변형해서 현실에 접근하는 것'은 모순일 수밖에 없습니다. 필연적으로 그렇게 됩니다. 역시나 더할 나위 없이 날카로운 그의 지성이 느껴지지 않습니까?

동일본대지진을 계기로 소설가 이토 세이코는 오랜 유배에서 귀환했다. 이미 기술했다시피 재해를 둘러싼 말들이 현실을 왜곡시켜 일말의 구원 가능성마저 차단하려고 할 때였다. 자선기금 모금을 위해 쓴 소설로 아무리 무력하게 끝날지라도 현실에 변화를 주고자 그는 재차 각성했다. 일단은 현실의 인간인 타인을 상대로 즉석에서 한 편씩 차례로 엮고 상대방의 허구를 자신의 허구로 비집고 들어가서 비틀어 재해석하고 각색했다. 이토 씨는 집필을 마칠 때까지 그 상대인 사사키 아타루와의 대담을 거절한다. 하긴 『파도 위의 장수풍뎅이』, 『풍성하게 열린 재』의 작가인 점을 고려하면 허구의 영향력이 미칠 상대가 실재하든 말든 뭐 그리 대수겠는가. 아무튼 21년의 세월이 지나서 돌연 신비를 기적이라고 바꿔 말하는 이야기를 마지막에 두었다. "어떻게 하면 좋겠습니까. / 손가락을 믿습니다." 손가락을 믿기로 한 것인가? 가능할까.

/ 05

신비에서 기적으로

소설가 이토 세이코의 고난

/ 『문예』(2013년 봄호)에 게재된 논고의 완전판

이토 세이코는 약간의 예외를 제외하면 15년에 걸쳐 소설을 쓰지 않았다. 그리고 그 오랜 침묵 때문에 소설가 세이코는 사람들의 뇌리에서 완전히 사라졌다. 실제로 그의 소설은 현재 『노 라이프 킹*No Life King*』(가와데분코, 초판은 1988년 8월)과 『Back 2 Back』(가와데쇼보신샤, 2012)밖에 신간으로 입수할 수 없다. 극히 공평하게 말해서 이것은 부당한 사태다. 소설가 이토 세이코는 과소평가되어 있다. 천성이 소설가인 그는 선악을 초월한 말의 힘은 오직 말로만 표현할 수 있다는 고난을 짊어지고 있다. 이제부터 별안간 망설이고 갑작스럽게 쇠약해지다가 이내 침묵에 빠져드는 모습을 보게 될 것이다. 거듭 말하지만 이토 세이코는 여전히 과소평가된 소설가다.*

그의 처녀작부터 차례로 살펴보겠다.

* 래퍼·코미디언·각본가·수필가·비평가 등등 다채롭게 활동영역을 넓혀가고 있으나 여기서는 소설가 이토 세이코에만 초점을 맞춰 논한다. 아울러 두세 가지의 예외를 제외하고 모두 소설작품에서 인용했다. (원주)

/ 1. 무기왕無機王이란 무엇인가?

1988년 의외의 난해함으로 독자들을 공격한 처녀작 『노 라이프 킹』이 출판된다. 이것은 '게임 속만이 현실'인 세대를 그린 작품이 아니다. 흔히 말하는 가상현실virtual reality을 주제로 한 작품도 아니다. 인터넷에서 유언비어가 난무하는 미래, 지금 우리가 사는 현재를 '예견'한 작품은 더더욱 아니다. 이 소설의 '시대성'에 관해 쏟아내는 비평은 부적합하다. 또한 수십 년 전에는 참신했을 법한 네트워크에 내재한 전체성이 불시에 '왕'이라는 초월적인 형상을 만들어내는 상투적인 유형도 따르지 않는다. 종말의 예감이 감도는 종반부의 죽음의 색채가 짙은 묘사에도 불구하고 궁극적으로는 '죽음'을 둘러싼 소설도 아니다.

그리고 이토 세이코 자신이 이 소설을 소설이 아닌 이야기라고 발문跋文에서 단언했다(『노 라이프 킹』, 2008). 그러나 그 말은 틀렸다. 이 소설은 소설이다. 그럼 어떤 소설인가. 일단 성전과 성전의 해석을 둘러싼 사건을 그린 소설이라고 할 수 있다.

여기서 한 가지 질문이 제기된다. 제목에서 말하는 '노 라이프 킹'이란 무엇인가? 아울러 소설이 전개될수록 이 노 라이프 킹이라는 말이 조금씩 중의적 성격을 내포하고, 그럴 때마다 정의에서 벗어난다는 사실에 주목해야 한다.

제일 처음 등장하는 단적인 예가 두 번의 실패는 용납하지 않는 버전, '라이프 킹 5'이다. 라이프 킹은 '디스콘'이라는 작품 속

가정용 게임기의 롤플레잉 게임[01]이자 주인공의 이름이다. 밝혀진 바에 의하면 전국적인 규모의 소문 네트워크가 '기성 언론'의 안정화 노력에도 불구하고 비공식적으로 이미 버전 4까지 존재한다.* 각각의 버전은 대동소이하지만 아이들은 미묘한 차이를 발견하는 재미로 게임에 빠져든다. 그런데 돌연 버전 5가 존재한다는 소문이 퍼진다.

다음은 이 소설에서 처음으로 노 라이프 킹의 문자열이 등장하는 대화다.

주인공 마코토가 다니는 학원의 '나한백회 특진클래스 4' 반에서 속삭이는 목소리다.

- 노 라이프 킹?

- 악마가 만든 게임 소프트웨어래.

- 아니야, 원래는 그게 버전 5야.

- 그래 맞아. 그 버전은 실수했다가는 끝장이야.

- 버전 5를 암흑미궁까지 완벽하게 푼 애가 있다며?

- 대박!

- 근데 '방'에 돌아오기 직전에 심장마비가 왔대.

01 role-playing game: 참가자가 각자에게 할당된 캐릭터를 조작하고 일반적으로는 서로 협력하여 가상의 상황에서 주어지는 시련을 극복하고 목표 달성을 목표로 하는 게임의 일종.

* 정확히 말하면 그것은 제조업체 측의 '상술'이었을 가능성도 암시하고 있다. (원주)

- 피를 토했다며?

- 그 아이의 저주로 생긴 게 노 라이프 킹이래.

- 무서워.

버전 5의 존재는 이미 다들 알고 있었다. 식상한 정보에 마코토는 무척 실망했다.

- 디스콘을 했던 애는 모두 저주에서 벗어날 수가 없대.

- 우와~

- 풀지 못한 애부터 죽인다더라고.

- 가족까지 죽인대.

이 대목만 봐도 아이들이 무심코 주고받는 대화의 의미를 짐작할 수 있다. 처음에 노 라이프 킹은 악마가 만든 소프트웨어였다. 그러나 말을 옮기는 과정에서 버전 5가 되고, 그것을 암흑미궁까지 완벽하게 풀고 죽은 아이의 저주로 생긴 게임으로 와전된다. 심지어 죽은 아이의 저주가 게임에 실패한 아이의 가족까지 죽인다는 근거 없는 말마저 보태진다. 여기서 노 라이프 킹에 관한 기묘한 중의적 서술이 발견된다. 자칫 방심해서 버전 5를 못 풀면 죽는 현상 자체가 '노 라이프 킹'인지 아니면 노 라이프 킹이라는 완전히 별개의 게임이 실재하는지가 애매하다. 실제로 나한백회의 전국 단말기 네트워크에서 주인공 마코토와 상대방을 연결하는 것은 제한된 짧은 시간에 키보드로 입력하는 메시지가 전부다. 따라서 깊은 신뢰와 우정으로 맺어진 삿포로 지부의 최우

수 게이머 오야마 요타小山洋太와의 대화에서는 실패하면 죽는 것이 노 라이프 킹 게임의 실체인 양, 혹은 독자들이 그렇게 오해하도록 부추기는 듯하다. 게다가 이튿날 학교의 아침조회 장면에서 마코토의 대사에 난데없이 '버전 5를 푼 아이의 저주'라고 삽입해서 노 라이프 킹이 저주인지, 저주로 생긴 게임인지 헷갈리게 만든다. 여기서 끝이 아니다. 이번에는 반 친구 아키라가 이 말을 받아서 "풀기 직전에 죽었어. 노 라이프 킹은 버전 5보다 열 배는 어려워"라고 대꾸한다. 만일 아키라의 말이 옳다면 버전 5도, 노 라이프 킹도 풀 수가 없다. 적어도 이 시점에서는 푼 사람이 한 명도 없다. 그렇다면 노 라이프 킹은 버전 5 게임에 실패하고 죽은 아이의 저주로 생긴 다른 게임이다. 그런데 이 게임이 다짜고짜 아이들에게 가족을 살리려면 저주를 풀라고 시킨다. 이유에 대해서는 일언반구도 없이.

그 일이 있은 직후에 노 라이프 킹의 정의가 바뀐다. 라이프 킹의 첫 번째 캐릭터인 뚱뚱한 털보 '팟츠'가 "디스콘 게임이 문제야"라며 주인공에게 싸움을 건다. 싸움에 진 그는 "라이프 킹이여. 싸움은 시작되었다. 네가 죽기 전에는 끝나지 않을 것이다"라는 메시지를 남긴다. 그런데 주인공 마코토가 다니는 구로미야마黒見山 초등학교의 '배불뚝이 교장'이 아침조회에서 "문제는 디스콘 게임이다!"라는 비슷한 말을 외친 뒤 뇌일혈로 사망한다. 이 장면에서 노 라이프 킹은 현실화된다. 대강당은 비명소리, 성난 고함소리, 울음소리 그리고 노 라이프 킹의 이름을 부르는 소리로 넘쳐난다. 독자적인 네트워크로 연결된 전국의 아이들에게 그 사건은 노 라이프 킹의 신호탄이 되었다. 최초의 적 '팟츠'가 졌으므로. 이렇게 싸움은 시작되었다. 네가 죽기 전에는 그 싸움은 끝나지 않을 것이다.

기묘하다. 문맥상 이것은 '노 라이프 킹'의 현실화가 아니다. 엄밀히 말하면 라이프 킹의 대사가, 나아가서는 라이프 킹 자체가 현실을 침범해서 노 라이프 킹이 시작된 것이다. 불과 5쪽 앞에서 밝힌 노 라이프 킹의 정의가 동일한 시점인 아침조회 시간에는 현실화된 라이프 킹의 시나리오로 바뀐다. 그뿐만이 아니다.

당연히 마코토를 포함한 아이들은 '강아지 남자'를 두려워한다. 강아지 남자는 라이프 킹의 시나리오에서는 팟츠를 무찌른 뒤에 출현하는 만만치 않은 적이다. 따라서 라이프 킹 시나리오가 현실화되었다면 노 라이프 킹 게임을 하는 이상 조만간 출현할 테니까. 그 상황을 모면하기 위해 아이들은 소문을 퍼뜨린다. 강아지를 주인공으로 한 인기 만화 프로그램의 시청률이 급락하고, 강아지와 노는 아이들을 찍은 대형 필름회사의 텔레비전 광고는 광견병과 죽음으로 귀결되는 소문이 돌아서 중단된다. 아둔한 기성 언론은 이번에도 헛다리를 짚고 강아지에 관해 떠들어댄다. 그 보도를 보고 자신들이 꾸며낸 소문의 큰 영향력을 실감한 아이들의 공포는 한층 더 커진다. 노 라이프 킹과 기존에 유행했던 소문들과의 결정적인 차이는 바로 그 부분이었다. 노 라이프 킹은 각각의 소문이 행동을 유발하고 일단락될 때마다 점점 더 실재처럼 생생하게 꿈틀꿈틀 살아 움직이며 아이들을 압박했다. 여기서 노 라이프 킹은 '소문'이다. 물론 사소한 차이로서 대충 읽고 넘길 수도 있다. 하지만 노 라이프 킹을 무엇으로 정의하는지는 중요한 의미를 갖는다. 단순히 라이프 킹 시나리오의 현실화인 것과 라이프 킹 시나리오의 현실화를 확산, 증폭시키는 원동력이자 매체인 소문인 것은 천양지차이기 때문이다. 그런데도 아랑곳하지 않고 다음 행에서 더더욱 비약시킨다. 이렇게.

소문 하나하나가 노 라이프 킹의 각본에서 나온 것 같다. 변질된 이야기가 담긴 그들의 소문 네트워크는 섬뜩하고 거대한 각본을 만들고 말았다.

적어도 이 시점에서 라이프 킹은 팟츠와 강아지 남자에 관한 소문의 출처였고, 노 라이프 킹은 현실이 된 소문이거나 소문을 현실화하는 수단이었다. 그런데 바로 앞 행에 뜬금없이 삽입된 "소문 하나하나가 노 라이프 킹의 각본에서 나온 것 같다"라는 문장 때문에 졸지에 소문의 출처가 바뀐 것이다. 소문 네트워크가 만든 섬뜩하고 거대한 각본, 노 라이프 킹으로. 이는 풀리지 않는 모순이 순환한다는 명백한 증거의 제시이며 노골적인 기원의 날조다.

따라서 사태는 또다시 확대되어 전개된다. 노 라이프 킹과는 전혀 무관한 '칠색전사七色戰士 · 프리즈맨'의 주연배우가 이미 죽었다는 소문이 나자 아이들은 색다른 형태로 프리즈맨의 캐릭터 상품을 처분하기 시작한다. 언론 역시 강아지 남자 때와 마찬가지로 오보를 쏟아낸다. 원래 이 소문은 광고대행사가 소문으로 야기된 운동을 조기에 진압할 목적으로 지어낸 것이었다고. 그런데 도리어 그 작전이 어둠의 제왕 노 라이프 킹이 단번에 세력을 불리는 계기가 된다.

사실인즉슨 라이프 킹에는 프리즈맨에 관한 언급이 한마디도 없다. 전거에 존재하지도 않건만 강아지 남자 때처럼 프리즈맨과 그 소문에 대한 공포가 사회적 반향을 낳고 말았다. 그러자 라이프 킹에 힌트가 없는 내용 또한 사전에 노 라이프 킹에 입력된 장면이었다는 공포가 인다. 노 라이프 킹은 이미 현실화한 라이프 킹 시나리오의 단계를 넘어선 지 오래이므로 어떤 돌발사태가 전개될지 예측할 수도 없다. 허를 찔린 아이들은 크게 동요했다.

라이프 킹을 능가한다는 노 라이프 킹이 자신들을 위협하는데도 속수무책으로 당할 수밖에 없는 상황이다. 그렇다면 수중에 있는 라이프 킹으로 최대한 해석해보는 것만이 유일한 살길이다. 그래서 '비장의 기술' 그 자체인 노 라이프 킹에 대처하기 위해 해석에 필요한 비장의 기술을 연이어 개발한다. 그 결과 출처는 늘어나고 출처를 능가하는 무형의 출처가 나타나면서 해석은 증식한다. 이를테면 라이프 킹의 광선을 쏘는 야수光線獸 기라기라가 프리즈맨이다, 동굴 속의 많은 사람이 프리즈맨이다, 프리즘 형태의 검을 머리에 장착한 원숭이가 프리즈맨이다 등등……. 어른들은 회로 속을 누비는 아이들의 소문을 모조리 회수하기 시작한다. 잡지란 잡지는 전부 앞 다투어 소문을 발본색원하고자 특집을 편성하고 사태 수습에 나선다. 실제로 소문과 해석의 증식은 멈춘다.

그러나 이윽고 소문이 활동을 재개한다. 마코토 반의 사회 시간에 "히가시마루 슈퍼에서 햄을 사면 악마 꿈만 꾸니 주의! 샀다가는 5년 후에 폭행을 당한다"라고 적힌 쪽지가 돌아다닌다. 그 일을 필두로 학교에서도, 나한백회에서도 소문이 증식하기 시작한다. 같은 반 친구인 여학생이 담임선생님과 키스했다더라, 히가시마루 슈퍼의 햄 때문에 죽은 사람이 나왔다더라 등등. 한편 삿포로에서는 오야마 요타가 하얀 마녀가 나오는 빌딩이 있는데 보면 죽는다, 도넛에 악마의 독을 넣는 가게가 있어서 다들 가지 않는다는 소문을 내며 가세한다. 여기서 소문이 다시 변질한다. 요컨대 이제는 디스콘 게임과 아이들이 좋아하는 텔레비전 프로그램에 얽힌 소문이 아니다. 일상생활 속에 존재하면서 기능하는 탓에 어른들이 다잡기에는 역부족이었다. 그리고 동시에 기존의 어른과 아이를 구분하는 경계선은 허물어져 점선처럼 군데군데 구멍이 뚫렸다. 마코토의 어머니 마미코가 "저 케이크 가게의 공장이 보건소의 단속을 당해서 폐쇄 직전이래. 이상한 세균이 득실득실했던 모양이야. 군것질하지 마"라고 이야기한 순간부터 마미코의 입에서는 계속해서 소문이 흘러나온다. 열거하면 이렇다. 케이크를 만드는 제과사가 공장의 탱크 안에서 부패한 시신으로……, 가메세이亀清의 초밥집에서 맞은 사람이 한둘이 아니라더라, 가메세이 주변은 옛날에 무덤이었다 등등. 어른들도 마찬가지로 소문이 침투된, 즉 변화된 현실에 휩쓸린다. 실제로 케이크 가게와 초밥집은 직격탄을 맞아 경영난에 빠진다.

그리고 이튿날이 되자 5학년 1반에 "여자 D형 에이즈(에이즈 바이러스의 아형) 환자"가 나타났다는 소문이 돌아서 그 여학생이 구경거리가 되는 지경에 이른다. 당연히 아이들은 언제 다음 차례가 될지 모른다는 불안감에 휩싸인다. 한편 안전권인 나한백회에서는 훨씬 분방하게 소문을 주고받는다. 가령 부인을 죽여서 표본을 만든 선생님, 인육이 들어간 고기완자를 만드는 도시락 가게, 일주일 이상 학교를 쉬고 있는 어떤 학생은 죽은 신의 사자, 체육복을 갈아입다가 흡혈귀인 것이 들통 난 상급생 등등. 요타가 "어디나 저주로 가득합니다"라고 메시지를 보내자 마코토는 "썩은 시체가 들어간 케이크 가게. 상급생은 에이즈입니다"라고 대꾸한다. 대화할 때마다 묘하게 마코토의 사기를 북돋는 오야마 요타의 다음 메시지는 이렇다.

노 라이프 킹은 살아 있다.*

* 같은 시기에 마코토를 밀착 취재한 미즈타水田라는 저널리스트가 노 라이프 킹은 마코토와 오야마 요타 같은 천재적인 아이의 왕이며 어른들에게 싸움을 걸고 있다는 엉뚱한 주장을 제기한다. 이것은 언제나 그랬듯 일종의 비장한 골계미를 자아내는 언동을 통해 이러한 노 라이프 킹의 실체화가 잘못임을 시사하고 있다고 볼 수 있다. (원주)

노 라이프 킹이란 무엇인가. 노 라이프 킹이 살아 있다니. 이 대목에 이르면 더는 현실화한 라이프 킹 시나리오도, 라이프 킹을 비롯한 가공의 롤플레잉 게임이나 아동용 만화영화에 얽힌 소문도 아니다. 물론 아이들만의 일도 아니다. 사람들 사이를 종횡무진 누비며 순식간에 속속들이 퍼져나간 소문이, 이야기가 현실을 침식시킨다. 즉 입에서 입으로 전파되는 일련의 말들이 곧 현실을 왜곡시키는 힘 그 자체인 것이다.

하지만 어른들은 자기들도 이미 그 내부에 있다는 사실을 이해하지 못한다. 텔레비전 특별방송에서 여당의 유명 의원은 "아이들 사이에 퍼진 유언비어가 사회를 혼란시키고 있다. 유언비어의 근원지는 이상한 시나리오가 판치는 디스콘 게임이다. 실제로 라이프 킹이라는 인기 소프트웨어는 교사나 부모로 짐작되는 적을 죽이는 게임이다"라고 지탄한다. 그리고 아이들이 디스콘 게임에 빠져서 삶의 기쁨을 모르고 죽음을 경시하며 현실에서 도피하고 있다는 언설이 잇따라 매스컴을 통해 증식해간다.

그러나 문제는 다른 데 있다. 그 특별방송에서 한 중년 탤런트는 "무분별한 아이들을 방임하지 마라. 라이프 킹을 뺏어라"라는 주장을 되풀이하며 『현실적으로 살아라』라는 책을 출판한다. 단숨에 미디어의 지지를 얻은 그는 디스콘 금지 캠페인의 선봉장이 된다. 그런데 하필이면 그 일이 이전 시점의 라이프 킹의 준거에서 떨어져 나와 어른들을 연루시켰던 운동, 즉 '노 라이프 킹'을 돌연 환원시킨다. 노 라이프 킹은 재차 라이프 킹과 겹친다.

바로 그 중년 탤런트가 아이들 눈에는 라이프 킹에 등장하는 막강한 적 매직블랙으로 비쳤기 때문이다. 캠페인이 시작되자 부모에게 라이프 킹 소프트웨어를 주지 않은 아이 셋이 자살한다. 그런데 그중 한 아이가 "버전 5를 못 푸는 제가 엄마랑 아빠를 살리려면 이 방법밖에 없어요"라는 유서를 남긴다. 이 사건이 역효과가 나서 아이들이 현실도피를 하고 있는 증거라는 여론이 형성되고 디스콘 금지 캠페인은 가일층 확산일로로 치닫는다.

성전聖典은 증식한다. 모든 사람은 신도로서 공통적으로 준거하는 성전을 이야기하고, 논하고, 낭송하고, 노래한다. 그리고 자신의 욕망에 따라서 성전을 복사하고, 각색하며, 왜곡한다. 재현 없이 다양하게 멋대로 해석해서 다른 판을, 즉 가짜 성전을 무더기로 양산한다. 의미는 무성하게 끊임없이 곁가지를 치며 현실과 주장에 적용된다. 그뿐만 아니라 바로 그 현실이 성전의 의의를 바꿔서 의미를 새로이 곡해하고, 창조하며, 생산하도록 도발한다. 그것은 예언이다. 따라서 현실을 초월하는 진짜 현실을 만들어낼 것이다. 진짜 현실이란 무엇인가. 그것은 이미 성전을 허구로 간주하지 않는다. 성전과 적용과 도발의 안정된 상호작용을 반복하지 않는다. 진짜 현실이란 성전에 적힌 그대로를 드러내는 것이다. 그것은 신비다. 그리고 기적이다.

지나친 말일까. 아니다. 앞에서 말한 것은 이토 세이코 씨의 소설에서 직접 도출할 수 있으며 이미 절반은 도출되었다.

계속해서 소설 '노 라이프 킹'은 이 시점에서는 이론만으로 이해하기 어렵다. 주제가 후속작품에도 이어지므로 부득이하게 우회하기 때문이다. 그것은 '하프라이프'가 남기는 데이터인 '현자의 돌'의 주제다.

하프라이프는 애초에 라이프 킹의 암살미궁 공략법으로 제시된다. 구태여 예를 들자면 처음 나오는 장면에서는 적이 비틀어 떼어낸 라이프 킹의 오른팔에서 태어난다. 떨어져나간 오른팔이 찰카닥 소리를 내며 일어나서 작고 땅딸막한 로봇으로 변신한다. 라이프 킹은 정해진 곳에서 일부러 공격하기 전에는 나오지 않는 하프라이프를 분리시키면서 몸을 해체하며 암흑미궁을 전진한다. 디스콘 게임 금지 캠페인과 라이프 킹 사냥이 창궐하는 가운데 이 하프라이프에게 어떤 요소가 부여된다. 경미한 자폐성향을 가진 탓에 말은 어눌해도 천재적인 게임플레이어인 사토루가 게임하는 모습을 마코토와 사토루의 형제인 아키라가 감상한다. 매직블랙에 대항할 수단은 사토루의 이상적인 전투방식에서만 찾을 수 있다고 판단했기 때문이다. 암흑미궁 속에 정확히 늘어선 빨간 점, 빨간 조명. 그중 특정한 하나에 라이프 킹이 접근하자 사토루는 하프라이프 한 마리에게 폭탄을 주고 자폭시킨다. 실로 암흑미궁의 완전공략에 필요한 수단이다.

그런데 바로 그 순간 화면이 완전히 어둠에 휩싸이더니 붉은 글자가 뜬다. 라이프 킹의 오른쪽 발목에서 생긴 하프라이프 '라이트앵클'이 자신의 신상에 관해 말한다. "저희 집안은 왕가 대대로 전통춤을 전수했습니다. 그러나 제가 태어나자마자 블랙매

직의 공격을 당했지요. 그 일로 소중한 빨간 구두를 빼앗긴 저는 맨발로 춤을 췄습니다. 다들 제 발에 있는 커다란 검정사마귀를 비웃었습니다…….” 그리고 끝으로 자신이 좋아했던 것들을 열거한다. “아빠, 엄마, 빨간 구두, 멜론, 피리소리, 숲, 검정사마귀, 축제, 라이프 킹.” 바로 이 하프라이프가 남긴 데이터가 ‘현자의 돌’이며 라이프 킹에게 무기와 능력을 준다. 화면 속으로 빨려 들어간 라이트앵클은 점점 작아지다가 결국 “잊지 마세요, 하프라이프를”이라는 말을 남긴 채 사라진다.

여기서 돌연 사토루 자신이 노 라이프 킹의 정의를 뒤흔든다. 화면에 손가락을 대고 게이머의 아바타인 라이프 킹을 ‘노 라이프 킹’이라고 외치며 하프라이프를 한 마리씩 일일이 ‘나’라고 외친다. 마코토가 “나는 이건가?”라며 라이프 킹을 가리켰지만 사토루는 대답이 없다. 자신들은 라이프 킹이 아니라 노 라이프 킹을 위해 목숨을 잃고 현자의 돌을 남기는 하프라이프일 뿐이었다. 한낱 반쪽짜리 몸, 반쪽짜리 인생이었던 것이다. 그런데 여기서 불쑥 이러한 문구가 튀어나온다.

노 라이프 킹은 저주받은 소프트웨어의 이름이다. 그리고 그 소프트웨어의 주인공 이름이다.

또한 자신들을 실제로 공격하는 저주의 총칭이기도 하다.

그러나 노 라이프 킹의 해법으로서 참고하기 위해 라이프 킹을 할 때는 자신이 노 라이프 킹이라 여긴다.

그럼 대체 누가 누구를 저주하고, 누가 누구를 추적하는 것일까.

우리가 추적한 노 라이프 킹의 정의에 담긴 중의적 성격은 극도로 혼란스러워진다. 이토 씨 자신도 모순을 드러내고 있음을 숨기지 않는다. 물론 노 라이프 킹의 애매한 정의는 이 작품의 가치를 조금도 실추시키지 않는다. 오히려 반대다. 이 의미의 변천은 그대로 소문의, 삶에서 주고받는 말들의 의미와 용법의 변용과 궤를 같이한다.

그래야만 한다. 왜냐하면 노 라이프 킹이란 말이기 때문이다. 노 라이프 킹이란 말이고 또한 말은 곧 현실을 변용시키는 힘이다.

여기서 1990년 스물아홉 살 때 그가 발표한 에세이와 2011년 쉰 살 때 그가 발표한 소설의 일부를 대조해보기로 하겠다. 에세이와 소설이라는 차이가 있지만 21년의 세월이 지나도 그가 말하는 주제는 한결같다.

고교시절 은사의 부고를 접한 이토 세이코는 은사와의 추억을 술회한다. 선생님께서 신비가 있다고 생각하는 사람은 손을 들라고 하시더니 이어서 무엇이 신비냐고 물었다.

고등학생 이토 세이코는 "타인을 만나서 이야기를 나누고 생각이 바뀌었다고 합니다. 그것이 신비 아닐까요?"라고 대답했다. 은사님은 "네 말이 가장 옳은 듯싶다"라고 했다(『전문게재全文揭載』, 신초분코新潮文庫, 1995, 이토 세이코가 쓴 칼럼을 빠짐없이 수록한 책). 21년 후 동일본대지진 자선기금 모금을 위해 저자와 공저한 소설 『Back 2 Back』의 이토 세이코 씨가 담당한 마지막 장에서 그 질문이 별안간 회귀한다. "기적이 있다고 생각하느냐?" 학교 건물 모퉁이의 교실에서 갑자기 연로하신 담임선생님이 했던 말씀이었다. "너희들은 기적이 있다고 생각하느냐? / 있다고 생각합니다. 지금 우리가 한 말을 듣고 누군가의 생각이 바뀐다면 그것이 기적 아닐까요? / 음, 내 생각에도 네 말이 옳은 듯싶구나." 이토 세이코는 소설의 제일 끝부분에서 선생님이야말로 그 순간 생각이 바뀌었고, 본인 역시 자신의 헛소리에 설득당해서 생각이 바뀌었다고 말한다.

신비에서 기적으로. 말이 현실에 사는 인간의 생각을, 현실을 바꾼다. 이것이 소설가 이토 세이코가 생각하는 기적이다. 노 라이프 킹은 기적이다. 말하고, 전달되고, 확산되며, 집합해서 성전으로 집대성되는 과정을 쉼 없이 되풀이하면서 무한 증식한 가짜 성전과 해석이 현실을 속이고 왜곡해서 변혁하는 말의 힘. 이것이 노 라이프 킹이다. 그렇다면 노 라이프 킹은 믿기 힘든 악을 행할 수 있다. 사람을 죽일 수 있다.* 하지만 이 기적만이 유일하게 정의를 행할 수 있다. 노 라이프 킹은 죽음을 내포하지만 죽음의 상징은 결단코 아니다. 원래 죽음에는 상징 따위는 없다.

다시 본문으로 돌아가서 주변 여론을 등에 업은 주인공들의 어머니는 도리어 게임인 양 능청맞은 대사를 늘어놓으며 라이

* 너희들이 퍼뜨린 유언비어가 죽였겠지. 너희들이 항상 수군거리는 유언비어가 살인범이야. (원주)

프 킹을 몰수해서 없애려고 한다. 어머니들, 아버지들, 사회는 더는 현실이 아니다. 아이들의 동향을 이해하고 지원하기 위해 잡지 『월즈 엔드 가든World's End Garden』(신초샤, 1991)을 창간한 모리이森井는 앞서 주석에서 언급한 저널리스트 미즈타를 통해 마코토에게 마지막 호를 전한다. 거기에는 "이것은 새로운 시련에 맞서는 사람들을 격려하는 그림책입니다. 새로운 현실과 싸우는 사상 최연소 투사들을 쌍수를 들어 열렬히 환영하는 뜻에서 그렸습니다"라고 적혀 있다. "마코토, 그게 뭘까? 새로운 시련이란 게 뭐지? 새로운 현실이란 또 뭐고. 악마라느니 저주라느니 하며 야단법석을 떠는 세계인가? 디스콘 하다 말고 왜 사색이 된 거야? 야! 마코토"라며 미즈타가 캐묻는다. 미즈타와 마코토 모두 모리이가 번지수를 잘못 찾았다는 불길한 예감을 떨칠 수가 없다. 새로운 시련, 새로운 현실. 그것이 대체 무엇인지 마코토는 알 수가 없었다.

그러나 그 자리에서 불현듯 깨닫는다. 오야마 요타가 단말기를 통해 말한다. "밖으로 나가 / 보세요 / 현실 / 입니까?" 밖에도 별다른 점은 없다. 오른쪽도, 왼쪽도, 네온불빛도, 평상시 모습 그대로인 익숙한 풍경의 밤거리다. 마코토는 '현실이란 무엇일까'라고 자문하면서 거리를 걸어간다. 여느 때와 다름없는 시가지도 현실이라면 현실이라고 중얼거리면서. 그런데 돌발상황이 벌어졌다. 샛길에서 나온 한 아이가 아스팔트 위에 자갈을 늘어놓기 시작한 것이다.

몇 초 후. 마코토는 몸이 파르르 떨리는 것을 느꼈다.

눈 딱 감고 돌아보니 번화가의 일직선으로 난 길에 자갈이 주르륵 배열되어 있다.

세계는 반전했다.

노 라이프 킹이었다.

자갈은 암흑미궁의 붉은 점과 똑같은 비율로 늘어놓은 것이다.

나는 지금 노 라이프 킹 안에 있다.

마코토는 목구멍까지 울컥 치밀어 오른 말을 간신히 삼켰다.

난생처음 경험하는 이상한 전율이 삽시간에 온몸을 파고들어 마코토는 와들와들 떨었다.

현실—.

그 말의 어감이 온몸 구석구석을 지배했다.

실재야.

현실입니다.

나는 진짜 세계에 있어.*

"나는 지금 언제 죽을지 모르는 실재 하프라이프입니다." 마코토는 현실에 도달했다. 현실이란 무엇인가. 허구에 또한 말에 대립되는 명제가 아니다. 성전에 적힌 그대로 일어나는 것이다. 알

* 이 자갈에 의한 세계의 변용은 아이들을 통해 계속해서 이루어진다. (원주)

량한 말 한마디가 이제껏 현실이라고 믿었던 것을 바꾸는 것이다. 이토 세이코 씨의 어휘를 온전히 살려서 헛된 생각도 버리고 정확히 말하겠다. 현실, 그것은 기적이며 신비다. 진짜 세계다.

마코토는 하프라이프가 되었다. 그렇다면 원전原典대로 그는 현자의 돌을 남겨야 한다. "현자의 돌을 오늘밤 안으로 완성하자. 그렇게 글로 남기면 내가 죽더라도 누군가가 기억해주겠지. 쓸 게 많아." 그러나 쓸 수가 없다. "80줄이나 되는 문장을 어느 세월에 입력해서 봉인하지. 생각나는 대로 입력하면 다른 하프라이프의 돌인 줄 알 테고. 아무리 다시 써서 읽어봐도 내가 아닌 것 같은데 무슨 말을 남기지."

라이프 킹에 등장하는 하프라이프는 자신의 전부를 15줄 정도의 글에 봉인해야 한다고 한다. "자칫하다가는 '자폭'은 물 건너가. 마코토는 그렇게 생각했다." 자폭, 그것은 기적인 무기왕(노라이프 킹)의 싸움에 참가하는 길이다. 게다가 자신의 글을 남겨야만 참가 자격이 생긴다. 친구인 캇창도 현자의 돌을 적다가 실패하고, "이거 내 얘기 맞아?"라고 중얼거리더니 마코토에게 해맑은 목소리로 말한다. "우리는 돌이 완성되기도 전에 죽을걸." 같은 반 학생들이 말을 주고받는다. "돌은 완성했어?" "넌?" "그럼 우리는?" "싸울 자격이 없잖아." "그냥 죽는 거지 뭐." 그리고 마코토가 독백한다.

대체 나는 누구에게 들려주려고 현자의 돌을 만드는 걸까.

누구에게 남기려고—.

그 사람이 어머니는 아님을 마코토는 알고 있었다. 마미코도 언젠가는 죽을 테니까.

나를 남기고 싶은 이 감정은 대체 무엇일까.

노 라이프 킹이라는 신비, 말의 힘으로 현실을 변혁한다는 기적, 그 싸움에 참가하려면 나에 관한 글이 필요하다. 글을 쓴 사람에게만 싸울 자격이 있다. 그런데 어째서 자신에 관한 글을 남겨야 하는가. 왜 하필 자기 자신인가. 풀리지 않은 이 의심의 해결은 차기작으로 미룬다.*

이미 친구들은 모두 제각각 행동한다. 노 라이프 킹 게임을 진행하며 고독한 싸움을 이어가거나 싸움을 포기하고 산다. 라이프 킹 속의 막강한 적 매직블랙으로 의심되었던 그 중년 탤런트도 마찬가지다. 매직블랙을 무찔러도 마코토는 이제 집에 돌아갈 수 없다. 노 라이프 킹은 끝나지 않는다.

하지만 그 싸움에 참가할 수도 없다. 그런 와중에 단말기 코드 S-8이 배정된 오야마 요타와 마지막 대화를 주고받는다. 처음부

* 이 말은 다름 아닌 이토 씨 자신이 어느 인터뷰에서 했던 말이다. "저는 개인사의 공개를 본능적으로 싫어하는 성격이어서 적나라하게 저 자신을 드러내거나 심상 풍경을 묘사한 것 같은 작품은 만들 생각이 없습니다"라고 단언한다. 그리고 "주변이 온통 자아에 관한 얘기로 도배되어 있어서인지도 모르지요. 가령 인터넷에서도 개인의 생각을 마음껏 표현하니 자아의 대행진이랄까요"라고 야유하며 "아쉬운 대로 이쯤에서 사라지겠습니다"라고 하므로 여기서 말한 의심은 다음에 다시 추궁해야 한다. (원주)

터 메시지로만 연락하던 두 사람 사이에 달랑 석 줄의 말이 오간다. “어떻게 하면 좋을까요?”라고 묻는 T-8, 마코토에게 S-8 요타가 이렇게 답한다.

“손가락을 믿습니다.”

마코토는 T-8을, S-8을, 또한 그 사이에 존재하는 모두를 믿었다. 지금 이 손가락으로 연결되어 있는 존재들을 잊지 않겠어. 반드시 기억하겠어. 잊지 마세요, 하프라이프. 그리고 두 사람은 현자의 돌을 쓴다. 잊지 말라는 기도를 영원히 남기는 방법은 손가락이 알고 있었다.

많은 아이가 저마다의 방법으로 노 라이프 킹의 밤을 무사히 지냈고 모든 것을 잊었다고 적혀 있다. 다음 행들은 이 작품의 마지막 부분이다.

그날 밤 무기왕은 그들 앞에 일일이 정체를 드러냈다. 왕의 모습을 똑똑히 목격한 것이다.

용감하게 싸운 자의 이름을, 왕은 결코 잊은 적이 없다.

언젠가 반드시 무기왕은 그들 한 사람 한 사람을 부하로 들일 것이다.

결론은 이렇다. 무기왕(노 라이프 킹)이란 말은 현실을 바꾸는 신비, 기적 그 자체다. 이 왕은 정의를 행한다. 하지만 이 왕은 사람을 죽인다. 말의 기적은 세계의 희망 그 자체지만, 반면에 악이란

악은 죄다 행할 수도 있다. 정말로 이 왕이 죽일 때조차 누군지도 모르는 후세에 삶의 단편을 남기는 기적에 의지할 수밖에 없다. 강박적으로 글을 쓰고 말하는 것이 악을 초래할지라도.

말의 기적은 구원인 동시에 파멸이다. 이것이 소설가 이토 세이코가 견지하는 가장 큰 주제다.* 그리고 말을 둘러싼 이 진정한 고난 때문에 소설가 이토 세이코는 절필했다. 이토 씨는 이 소설을 소설이 아니라고 말한다.

그러나 타인의 말이 지닌 영향력을 강조하는 작업이 소설이 아니고 무엇이란 말인가.**

그러므로 재해를 둘러싼 말들이 현실을 왜곡하고 구원 가능성을 말살할 때 이토 세이코가 부활한 것은 우연이 아니다. 이 생생한 재해의 근원에 있는 우리는 여전히 언제 죽을지 모르는 하프라이프이며 그 분단과 절규 속을 살아야만 할 테니까.

이토 세이코는 재차 무기왕의 소명을 받았다. 그는 손가락을 계속 믿을 수 있을까.

* 만일 그게 아니라면 앞에서 소개한 『노 라이프 킹』의 마지막 말은 신이나 죽음에 복종하는 인간이라는 흔해빠진 의미밖에 없다. 그렇지 않다. 무기왕은 스스로를 믿고 무수한 악을 초월해서 그래도 희망의 원리로서 언어를 구사하고자 했던 사람들을 칭찬한다고 이해해야 한다. (원주)

** 질 들뢰즈와 펠릭스 가타리가 공저한 『천 개의 고원』 4장과 8장 전체를 참조. 특히 간접화법과 단편소설에 관한 토론. (원주)

/ 2. 종말의 정원에서 침묵으로

처녀작에 적잖은 지면을 할애한 이유는 다름이 아니라 이후의 작품은 『노 라이프 킹』의 발전형이거나 증보판으로 볼 수 있기 때문이다. 물론 여러모로 전부 처녀작과 중복되긴 하지만 기발하고 참신한 발상이 돋보이며 작품의 일관성과도 하등 관계가 없다.

계속해서 『월즈 엔드 가든』은 "무슬림 도쿄에 코란 읊는 소리가 울려 퍼졌다"라는 문장으로 시작한다. 이슬람과 이슬람 풍속이 자아내는 이국적인 정서, 각종 마약, 클럽문화, 동성애, 폭력, 사교집단, 그리고 무슬림 도쿄(가상의 도시 이름)에 사는 유행을 좇는 젊은이들의 과격한 생태. 그 농밀한 묘사는 의심할 여지없이 최고다. 다만 읽을수록 농밀하다 못해 천박하기까지 한 묘사가 짜증나기는 한다. 그리고 간행 당시에 여러 작가가 표현했던 진부한 요소로 구성한 탓에 읽는 내내 지루하며 엉터리 모조품 같다는 인상을 준다.

그러나 그것은 이토 세이코의 의도적인 계획이다. 그 이유는 이 소설의 무대가 배후조종자인 쇼헤이章平가 부동산 업자를 사주해서 도쿄의 유목민에게 2년간만 제공한 오아시스에 불과하기 때문이다. 애초에 이 장소는 무대배경이고 모조이며 모형정원인 것이다. 그 안에서 교이치恭一와 사키미가 멋쟁이 불량배들에게 어울리는 판에 박은 행동을 하는 데 불과하다. 그리고 거기에 등장하는 예언자나 구세주도 하나같이 가짜이며 끝끝내 종이 호랑이 신세를 면치 못한다. 그러나 그 가짜 예언자가 돌연 이토 씨 소설의 풀리지 않는 수수께끼에 육박한다. 난데없이 사키미의 방에 나타난 '기억을 상실한 부랑자'에게는 미래를 예언하는 영적 능력(바라카[02])이 있는 모양이어서 그 능력에 끌린 사람들이 일종의 교단을 형성한다. 중요한 것은 주인공인 교이치가 그 남자에게 이름을 묻자 고토바라고 했다는 것이다. 고토바言葉(일본어로 말이라는 뜻)가 말한 대로 이루어지는, 현실에서 일어나는 상황을 보니 전율이 흘렀다. 남자의 예언은 적중했다. 이리하여 남자는 가짜 모형정원의 내부에서 이토적인 현실을 짊어진다. 하지만 남자도 끝까지 철저히 가짜다. 그는 고토바라는 이름을 버리고 진짜 이름을 찾기 위해 매일 다른 이름을 댄다. 게다가 처음에는 다쳐서 없었던 왼쪽 귀가 별안간 말끔히 나은 것을 발견하자 교이치는 '설마 이 남자 다른 사람과 바뀐 거 아냐'*라고 의아해한다. 급기야 동일성을 완전히 상실한 남자는 돌연 교이치를 '구세주'로 지정하더니 '아버지'라고 부르기 시작한다. 그동안에도 구세주와 예언자와 그 교단, 그리고 그들을 탄압하려는 쇼헤이 일파와의 항쟁이 끊이질 않지만 세기말의 정원인 작은 동네에서 벌어지는 어리석은 언쟁일 뿐이다. 그런 와중에 예언자인

02 baraka : 아라비아어로 축복을 의미한다. 신이 예언자들과 성자들에게 준 초인적인 능력을 지칭하는 말이다.

* 이 책이 끝날 때까지 결국 이 문제는 해결되지 않는다.

남자는 교헤이를 아들 취급하는 듯싶더니 "오늘부터 내가 교이치다"라고 선언하고는 교이치에게 "대체 넌 누구냐?"라고 묻는다. 다양한 준거가 떠오르는 장면이지만 자제하겠다. 한낱 땅 투기꾼의 퇴거 공작에 불과한 보잘것없는 성전이 한창일 때 교단에 적대적인 쇼헤이는 남자의 과거를 조사하기 시작한다. 그리고 일개 농사꾼 집안 출신의 상습 사기꾼인 '전과 3범·이노키 요시유키'라고 단정한다.

그 사실에 대해 남자는 "나는 누구지"라고 중얼거리더니 자신의 내력과 추억을 주절주절 늘어놓는다. "나는 꽃 피는 산에서 태어났어……." 그러나 그 얘기는 죄다 다른 등장인물의 기억의 단편을 짜 맞춘 것이었다.

이 남자는 사기꾼이 아니라 기억상실인 것이 분명하다. 하지만 15년 전 발생한 대화재 때 불속에서 죽어가는 아내와 아이를 속절없이 바라만 보았던 자신을 벌주려는 나머지 부젓가락으로 왼쪽 귀를 지진 이노키 요시유키라고 확신할 수도 없다. 요시유키 아버지가 말한 바에 의하면 여기에 온 남자는 아버지가 교이치고 어머니는 사키미라고 증언했다고 한다. 깊은 죄의식에 사로잡혀 차마 이노키 요시유키가 될 수 없어서 가짜 혈통에 의지해야 했던 남자는 자신이 날조한 혈통을 주장했다. 비록 말은 그렇게 했을지언정 그것 또한 가짜라는 것을 똑똑히 자각했을지도 모른다. 결국 마지막 장면에서 정체를 추궁하는 교헤이와 대치하던 남자는 교이치에게 "아버지, 저를 이노키 요시유키라고 인정해주세요"라며 눈물을 흘린다. 광활하고 텅 빈 어둠, 거대하고 허무한 수수께끼였던 남자는 돌연 죽음을 맞이한다. 가짜 이노키 요시유키로 변한 굳은 시체는 지금 찬란한 불속에서 장렬하게 죽음을 맞이함으로써 진짜 이노키 요시유키가 되었다. 이노키 요시유키이길 바랐던 남자의 욕망을 가로막은, 없었던 그 귀는 벌써 머리와 함께 녹아내려서 흔적도 없을 것이다. 교이치에게는 이 사태조차 허무맹랑한 거짓으로만 느껴진다. "이대로 그의 진실도 영원히 묻혀버렸어. 애초에 존재하지도 않았기에 시작도 끝도 없었고 급기야 가짜인 자신마저 빼앗겼어"라는 교이치의 독백으로 이 소설은 끝난다. 말의 힘, 즉 기적(노 라이프 킹)을 행하는 예언자가 말의 현실을 침범한 허구의 힘 때문에 현실을 잃어버려서, 가짜 신세를 면치 못하고 하프라이프처럼 강박적으로 자신의 얘기를 하는 난감한 상황에 직면한다. 이 소설은 일관성 있게 전작에 이어서 이 사실을 또렷하고 강렬하게 제시하고 있다.*

『빈털터리 남자의 휴가』(고단샤분코, 1994)는 문자 그대로 빈털터리에다 내력도 거의 모르는 한 남자가 남국에서 휴가를 보내던 중에 동화와 민화의 정형화된 줄거리를 차례차례 기억하지

* 부당한 일이지만 이 소설이 낮게 평가된 까닭은 앞서 기술했다시피 '진부한 요소'가 나열된 탓에 독해력이 결여된 독자들에게 온전히 전달되지 않아서인 듯싶다. 이토 세이코의 소설은 난해하다. 그러나 그것은 소설의 본성에 속하는 난해함이다. (원주)

못하는 이야기다. 보은하는 것은 학이 아니라 닭이고, 빨간 모자 이야기에 세 마리의 새끼 돼지가 등장하는가 하면, 백설공주는 일곱 명의 난장이가 부려먹고, 파랑새를 찾으러 가는 것은 치르치르와 그레텔이라고 한다. 그리고 유머와 남국의 빛으로 가득한 이 작품에서 내력은 고사하고 정형화된 줄거리조차 잃어버린 남자는 "아예 나 자신을 망각해버렸는지도 모른다"라고 말한다. 그러나 이토적 논리에 의하면 당연히 그는 자칭 예언자다. 이유는 우라시마타로[03]의 장에 나온다. 해변에서 거북이를 본 그가 "전부 다 아는 광경이야!"라고 눈물을 흘리며 예지하는 기쁨에 관해 말하기 때문이다. 그렇다. 성전, 즉 전거대로 일이 일어나는 현실. 하지만 그는 시시각각 그 전거를 망각한다. 결국 이 소설은 남쪽 섬 친구들에게 꼭 기억하겠다고 부르짖은 그가 방갈로에 둔 여권을 잊어버리는 장면에서 끝이 난다. 요컨대 망각이란 말할 내력이나 정형화된 줄거리는 고사하고 근거도 없는 것이다. 그리고 역설적이게도 그 빈약한 근거만이 현실로 드러난다. 라이프 킹이 궁색한 거짓말로 점철되었듯이, 종말의 정원의 예언자가 이리저리 끼워 맞춘 허황된 거짓말만 주워섬기다가 자신을 잃어버렸듯이.

03 浦島太郎: 거북을 살려준 덕으로 용궁에 가서 호화롭게 지내다가 돌아와 보니 많은 세월이 지나 친척이나 아는 사람은 모두 죽고 모르는 사람만 남아 있었다는 전설의 주인공.

『해체사 외전解体屋外伝』(고단샤, 1993)은 다른 각도에서 기적에 접근한다. 즉 말이 현실을 변모시키는 기법을 활용해 기적이 일상이 된 세계를 그렸다. 일명 세탁소washer라는 전문 세뇌집단과 탈세뇌脫洗腦 전문가인 해체사deprogramer의 복잡다단한 싸움을 묘사한 작품이다.

자아가 해체되어 정신병원에 감금된 채 '남의 말'이나 웅얼거리는 폐인으로 전락한 해체사의 묘사로 시작한다. 해체사는 의식을 회복하자마자 "말은 검이자 방패야"라고 호언장담하며 자신을 파괴한 세뇌집단에게 복수를 다짐한다. 타인의 뇌에 접속해서 해킹하는 천재소년 소라차이와 함께 목소리(명령 선율command melody)로 조종하되 정신은 '백지상태'인 노비루들을 만난다. 본인도 타인과 타인의 말에 완전히 세뇌되어 조종당하는 처지건만 말의 힘으로 본때를 보여주려고 한다. 이른바 "세상에 해롭지도 이롭지도 않다. 단지 세뇌당하느냐, 벗어나느냐의 문제다", "세뇌당했으면 벗어나고 세뇌시키려는 자들은 똑같이 세뇌시켜서 앙갚음해라." 즉 이토적 작품세계에서는 말의 힘(기적)이 악을 초래하는 측면에 대한 윤리적 판단을 배제한다. 오직 복수의 존재들의 기적을 조종하는 선악의 피안에서 이토 세이코적 논리를 관철시켰을 때의 결과만을 다룬다. 따라서 세뇌와 해체는 본질적으로는 같은 맥락이다. 다시 말해 서로 타인의 뇌를 침범하며 공방전을 벌이지만 어차피 타인의 말을 인용하는 것에 불과하다. 싸우는 와중에도 '자신의 말'을 되찾기 위해 고투하는 해체사의 모습이 묘사되어 있다. 하지만 회복하고도 여전히 '나'라고 말하는 주체가 자신이 아닌 다른 누군가는 아닌지 의구심이 든다. 작품의 클라이맥스에서 "암시에서 벗어나라, 우리에게는 미래가 있다"라는 촌철살인의 문구가 "암시의 세계에서 벗어나라, 그렇지 않으면 너희에게 미래는 없다"*라고 환기시킨다. 그리고 이후에도 "해체사는 지난 며칠간의 모든 체험이 그저 다른 사람의 말을 인용한 것 같은 기분이 들었다"라는 일종의 눈속임에 불과한 문장이 삽입되며 끝난다. 상습화한 기적의 폐해를 용납하면 타인의 말이 무한히 범람한다. 종국에는 강제로 지워진 기억마저도 순식간에 타인의 말로 빼곡히 채워진다. 망각 없이 타인의 말로 채워진 세계에서는 내력을 빼앗긴 해체사의 모습에서 보았듯이 자신을 설명하는 말은 일체 무의미하며 손가락을 믿고 쓸 필요도 없다. 전거를 망각하는 것만이 기적을 성립시키며 공백 없이 충일된 전거는 기적을 편재시키고 급기야 사라지게 한다는 역설을 명석하게 설명한 것이다.

여기서 1993년 6월 『해체사 외전』이 간행되기 한 달 전에 발표된 장편 「비밀의 소설」(『월간 가도카와』 6월호)을 소개하겠다. 주인

* 소라차이가 되풀이하는 가장 인상적인 대사. 사실 소라차이가 지시하는 장면에는 나오지 않지만 대신 이 대사를 해체사의 뇌에 주입한다. 다시 말해 해체사를 세뇌했을 가능성을 부정할 수 없다. 그리고 현실에 살고 있는 이토 세이코가 지진 후 시위연설이나 랩에서 이 대사를 되풀이하는 사실은 기적에 대한 신앙이라고도 할 만한 놀라운 뭔가를 시사한다. (원주)

공 미사美沙는 5개월 7일 전만 해도 연인이었던 '모즈'의 방을 떠나려 하지 않는다. 다른 여자가 생겨서 얼굴만 보면 두들겨 패고 온갖 욕지거리를 퍼붓는 남자를. 어째서인가. 머릿속으로 소설을 쓰고 있기 때문이다. 현실을 그대로 소설형식으로 각색하므로 현실과 판박이인 그 소설에 없는 것은 현실이 아니다. 따라서 소설에 없는 모즈의 언동은 모두 소설 내부의 논리로만 이해하므로 요구를 왜곡하고 무시하며 소설이라는 전거에 적합하게끔 해석한다. "흉포해 보여도 모즈는 약한 새야." 마침내 모즈가 대놓고 거부하며 구타를 일삼는 이유가 소설을 중단시키기 위해서라고 해석한다. 그러나 그 소설이 쓰라고 닦달한다.

미사는 허구한 날 두들겨 맞으면서도 꿋꿋하게 늘 꿈꿔왔던 '사랑해 모즈'라는 '소설'을 말한다. 마지막에는 꺼지라고 악다구니 치는 소리를 들으면서 모즈라는 고유명사만이 완성된 가장 짧은 소설임을 발견하고 행복에 젖어 이름을 되뇐다.* 이것을 단순히 정신 나간 여자의 웃기는 헛소리로 치부할 수 없는 까닭은 엄연한 자전적 소설이기 때문이다. 소설이 곧 현실이라면, 즉 기적의 본성에서 모종의 소격疎隔(거리두기)이, 구별이 완전히 사라지면 말하는 주체는 광기의 인물이 아닌 주체로 귀착될 수밖에 없다. 현실과 허구의 구별이 없는 기적의 영역은 악의 영역일 수도 있을뿐더러 광기의 영역일 수도 있기 때문이다. 그리고 세르

* 고유명사만이 가장 짧은 소설이라는 이 명제These 자체는 분명 시간을 갖고 논할 만한 가치가 있다고 생각되지만 우회했다가 논지를 흐릴 우려가 있으니 생략하겠다. (원주)

반테스 이후 소설이란 '허구에 잠식당한 주체의 광기를 다룬 이야기'이자 '허구를 둘러싼 광기 어린 허구의 인물 이야기'가 아니었던가. 따라서 미사는 소설을 그만 쓸 수가 없다. 돈키호테가 실패한 기사였듯이 미사는 실패한 예언자인 것이다.

말은 외부의 현실을 바꾸기에는 역부족인 까닭에 도리어 그녀의 내면을 좀먹고 현실만 완전히 잠식한다. 외부세계를 바꾸는 기적의 악이 아니라 자신의 현실만 잠식하는 기적의 광기라는 이 주제는 이토 씨의 작품 속에 스며들어 오래오래 이어지다가 느닷없이 또한 새로운 양상으로 계속 출현할 것이다. 물론 부활한 후에도.

『아타와 기이로와 미로리로리アタとキイロとミロリロリ』(고단샤분코, 1998)는 이른바 '성인문법성'[04]**으로 인해 잃어버린 언어세계를 그린 작품이다. 발음이 서툴러서 '안 돼'를 '앙대'라고 하고, 마음

04 adult grammaticality: 아이가 성인과 공통된 문법을 습득해서 화제를 공유하는 것을 말한다. 이와 관련해 나카이 히사오는 「발달적 기억론」에서 다음과 같이 말한다. "성인문법성이란 유한한 규칙과 유한한 어휘를 갖고 거의 모든 경우를 기술할 수 있는 마법의 도구다. 그러나 아무리 원시적인 생활을 하는 집단이라도 (만) 세 살 이전의 아이처럼 더듬더듬 말하는, 즉 적은 단어와 간단한 문법으로만 표현하는 집단은 없다. 또한 다른 민족에서 자라도 아이는 언어습득에 지장이 없다. 그 이유는 인간의 뇌에는 선천적으로 언어의 심층구조가 존재하기 때문이다. 인간은 어머니의 뱃속에서 언어의 리듬을 익히고, (생후) 한 살까지 옹알이를 하면서 언어의 음소와 조합을 체득한다. 그리고 단어로 더듬더듬 말하다가 결국 약 두 살 반에서 세 살 사이에 이른바 '언어폭발'을 거치면서 '성인문법성'을 획득한다. 이것은 미국의 언어학자 노엄 촘스키의 데카르트적 언어학, 요컨대 '개별언어에 공통되는 심층구조가 있으며 그것은 선천적인 것이다'라는 주장을 생리학적으로 뒷받침한다."

처럼 유창하게 말하지 못하는 유아 아타. 성인 언어에 도달하기 전에는 언어와 비언어의 구별이 없다. 그러므로 아타는 고양이 기이로와 라디오 미로리로리를 비롯해서 여러 동물, 벌레와 함께 상상의 나래를 펼치며 밤에는 혼자서 갈 수 없는 공원에서 겪은 행복한 모험담을 끊임없이 주고받는다. 그런데 마침내 그 공원에 실제로 불이 난다. "진짜는 밤에 공원에 못 들어가나 봐"라는 미로리로리의 말에 다 함께 직접 불을 끄려고 한다. 절망적인 상황에서 기이로와 미로리로리는 이내 아침이 찾아올 테니 그냥 공원에서 기다리면 된다는 결론에 도달한다.

이렇게 꿈은 끝난다. 성인 언어에 대해 상대적인 자립성을 지켰던 아타의 세계, 동물과 라디오와 벌레와 사람이 말을 주고받는 세계는 소멸한다. 아타는 이제 '안 돼'라고 말하며, 미로리로리는 평범한 라디오가 되었으며, 기이로와도 더는 말이 통하지 않는다. 그 광경에서 이 소설은 끝난다. 불안정한 언어를 바탕으로 성립한 현실이 그 언어가 변모하자 소멸한다. 평범하지만 꼭 필요한, 성장에 따르는 기적. 기이로와 미로리로리가 말하는 암

** 장황한 스티븐 핑커05의 저서보다는 기억의 문제와 관련해서 더 심오한 의미가 함축된 나카이 히사오의 「발달적 기억론」, 『징후·기억·외상』(미스즈쇼보, 2004)을 추천한다. (원주)

05 Steven Arthur Pinker: 1954~, 매사추세츠 인지과학연구소의 교수이자 소장이다. 시각 인지와 아동의 언어습득에 관한 연구로 미국 심리학협회와 국립과학아카데미가 수여하는 상을 받았다. 주요 작품으로 『우리 본성의 선한 천사』, 『빈 서판』, 『언어본능』, 『마음은 어떻게 작동하는가』, 『마음의 과학』 등이 있다.

시의 세계를 벗어나면 아타에게는 미래가 있는 것이다. 상실과 함께.

『파도 위의 장수풍뎅이波の上の甲虫』(겐토샤분코, 1995)는 『Back 2 Back』에까지 도달하는 완전히 새로운 기법이 고안된 작품이다. 저자의 신념을 뒷받침하는 치밀한 구성으로 메타픽션[06]을 자랑하는(메타픽션이 아닌 소설은 존재하지 않는다***) 모든 소설을 단박에 무색하게 한다. 10월 4일 화요일로 날짜가 찍힌 1장부터 10월 7일 금요일에 해당하는 4장까지의 구조는 지극히 단순하다. 한 작가가 도쿄로 보내려고 순박한 필치로 남국의 섬 보라카이에 도착해서 행복한 바캉스를 보내는 날들을 기록한 편지가 놓여 있다. 이어서 처음에 썼던 기행문과는 정반대의 아주 지루하고 우

06 meta-fiction: 작품의 내용이 허구임을 환기시키는 방식. 미국의 윌리엄 개스William H. Gass가 『픽션과 인생의 양태들*Fiction and the Figures of Life*』에서 쓴 용어다.

*** 원래 어떤 의미에서는 메타meta가 없는 언어는 없다. 전문傳聞, 간접화법이야말로 언어의 본질이다. 언어의 시원적 형태를 간접화법으로 보는 에밀 벵베니스트07의 지견을 새삼스럽게 다시 설명할 필요는 없을 것이라 믿고 여기서는 생략하겠다.

※ 보충설명: 벌은 언어가 없다. 벌은 본 것만을 전달할 수 있고, 보지 못하고 들은 것은 전달할 수 없기 때문이다. 그러나 인간의 언어는 처음 본 사람을 상정하지 않고도 들은 것을 다른 사람에게 전달한다. 따라서 인간은 그 자신이 하나의 기호다. (원주)

07 Emile Benveniste: 1902~1976, 인도유럽어 비교언어학자이자 일반언어이론가이며 언어인류학자다. 인도유럽어 비교문법의 역사에서 소쉬르-메이예의 연구 노선을 계승한 가장 탁월한 학자로 인정받고 있다. 주요 작품으로는 『고대 페르시아어 문법』, 『소그디아나어 문법』, 『소그디아나어 텍스트』, 『아베스타어 부정법』, 『오세티아어 연구』, 『일반언어학의 여러 문제』, 『고대 이란어의 칭호와 고유명사』, 『인도유럽 사회의 제도·문화 어휘 연구』 등이 있다.

울한 필치로 비스듬히 적은 글이 등장한다. 그 글은 항상 직전에 썼던 기행문을 부정하는 문장으로 시작한다. 이를 테면 그는 섬 북쪽에는 없었다, 그는 조슬린이라는 여자를 몰랐다, 그는 바다에 나가지 않았다 등등. 요컨대 한 작가가 남쪽 섬의 기행문을 의뢰받는다. 그러나 그는 칭찬 일색의 글만 써대야 하는 기행문 나부랭이는 안중에도 없고 온통 소설을 쓸 생각뿐이다. 그래서 궁리 끝에 간신히 편집부의 요구와 자신의 글쓰기 욕망을 절충할 방법을 찾는다. 새빨간 거짓말로 도배된 기행문을 편지지에 적어서 보내는 것이다.

싸늘한 미소를 띠면서 허구를 쓴 편지를 우체통에 넣고, 한편으로는 실제 행동을 산문으로 기록하며 이중생활을 한다. 그러나 7일, 허구를 쓴 편지와 현실을 적은 산문에 바다 위를 나르는 장수풍뎅이가 출현하면서부터 이 안정된 단순한 구도는 요동치고 착종한다. 8일에 반격이 개시된다. 편지 속 허구의 내가 남쪽 섬에서 편지를 보내는 남자를 주인공으로 쓴 소설에서 "그 남자는 날마다 거짓말을 쓴다"라고 말한 것이다.

"기분이 묘합니다. 작업 중인 본문은 모두 거짓이건만 소설의 주인공에게는 오히려 당신에게 보내는 이 편지가 조작이니까요." 편지 속 허구의 주인공이 현실의 저자이고, 현실의 저자는 허구의 등장인물에 불과하다고 단언한다. 같은 보라카이 섬에서 동일 인물이 분명한 남자가 쓴 두 개의 글이 서로 현실이라고 주장한다. 이에 대응하기 위한 행동이 개시되고 동시에 경계선이 희미해진 현실과 허구가 섞여서 편지글의 남자(A)와 허구로 편지를 쓴 남자(B)의 세계가 서로 침범하기 시작한다. B는 우체통에 편지를 넣으러 가는 길에 자신이 만든 등장인물을 만날 것 같은 예감이 들고, A는 B가 갖고 있을 와인 얼룩이 진 지도를 발견한다. B를 만난 것으로 보이는 백인 청년에게 "또 만났네. 오늘 와인은 어땠어?"라며 허물없이 묻지만 지도도, 백인 청년도 자신이 썼음을 깨달은 A는 당연히 깜짝 놀란다. 글로 적은 일이 눈앞에서 고스란히 현실로 일어나고 있었던 것이다. 물론 A가 반격했던 편지를 쓴 장본인인 B도 거짓말 속에 "유일한 진실을 삽입하다니 돌이킬 수 없는 짓을 저질렀어"라며 후회한다. 추신에 덧붙인 그 한 구절을 교점으로 세계가 뒤집힐 것 같은 예감이 들었기 때문이다. 그리고 A가 만났던 작품 속 등장인물인 '등이 굽은 남자'*가 B의 거짓 형상에게 말을 건넨다. B는 보복으로서 현실에서 만났던 인물을 글로 적어 A의 세계에 등장시키기로 한다. "그는 섬에서 글 쓰는 일로 하루의 대부분을 보낸다." 이어서 장수풍뎅이가 두 사람(?) 사이에 두세 번 나타나고 마침내 A는 결정적인 수단을 쓰기로 한다. A는 자신이 쓰는 허구 속에서 거짓말에 지친 B가 거짓말을 자백하게끔 그림엽서를 보내려고 한다. 파도 위를 나는 장수풍뎅이 사진 위에 파도 위의 장수풍뎅이 따위는 본 적이 없다고 쓴 그림엽서를. B도 '허구 속 허구의 세계에서

* 이 남자의 이름이 바로 '장수풍뎅이'인 것에 주의.

온 엽서'의 의도를 알아차리지만 A의 세계를 진실답게 하는 행위라며 응수를 단념한다. 대신 우체국에서 편지를 써서 이제까지의 A의 세계가 모두 거짓이었다고 넌지시 비춘다.

그러나 방금 전 편지에서 거짓말을 자백하기로 한 이상 자신이 쓴 허구에서 벗어날 수 없음을 미처 몰랐다. 이리하여 글로써 허구를 만들고, 현실을 안정화시켰던 두 사람은 글 쓰는 행위에 정신이 팔려 자기가 만든 허구 속에 침몰한다. B는 A가 친하게 지냈던 로잘릿과 찰리를 만나 A처럼 섬사람들에게 환대를 받고, 소녀 조슬린과 나눈 담백한 사랑의 삽화까지 갖는다. A와 B는 자신과 자신이 창조한 또 다른 자신과의 구별을 해소하는 저주에서 벗어나고자 진짜 작품이 적힌 노트를 도쿄로 보내려고 한다. 그러나 계획이 어그러진다. B와 대화를 주고받았던 창녀 마리아를 만난 A가 대뜸 "오늘은 이름을 조슬린이라고 할까"라고 한다. 그리고 그녀와 하룻밤을 보내며 B가 언젠가 눈이 오는 나라에 데려가겠다고 약속했음을 확인한다.* 동일성의 상실? 아니 그뿐만이 아니다. 이토 씨는 제일 마지막에 편집자에게서 온 편지를 읽는 장면을 설정한다. 편지도, 노트도 도쿄에는 도착하지 않았으며, 파도 위의 장수풍뎅이 따위는 본 적이 없다고 적힌 그림엽서 한 장만 달랑 왔노라고 적힌 편지를. 모든 것은 공무空無(존재하는 듯이 보이는 사물도 실은 허상이며 실재하지 않는 것)로 귀결

* 여기서 돌연 마리아가 피우는 여송연이 이전의 B가 있는 장소에 출현한다.

된다. 모든 것은 허구가 된다. 물론 오래도록 남는 작품의 여운이 우리를 전율시킨다. 이 작품을 읽는 독자의 현실을 환기시키므로. 하지만 그뿐만이 아니다. 현실에 안주한 자가 스스로를 이중화하고 허구를 그린다. 그 안에서 벌어지는 사건은 조작이 가능한 듯이 보이고, 말이 현실을 침식하는 힘, 신비 혹은 기적은 바로 그 힘의 본질인 까닭에 글을 쓰는 자의 현실도 왜곡한다. 자기가 쓴 글에 자신의 현실이 침식당한다. 결국 모든 것은 허구라는 것인가. 아니다. 그럼 독자가 현실 자체를 의심하게 하는 것인가. 역시 아니다. 기적이 지배하는 이토적 세계에서 말을 이용해서 쓴 글은 현실을 변용시킨다. 그렇다면 사라지는 것은 현실이 아니다. 허구와 현실 사이에 명확히 그어진 선만 증발할 뿐이다. 허구와 현실의 경계가 모호한 기적이 이루어지는 거기에는 시간이 영원히 멈춘 듯 더디게 흘러가는 영역이 돌출한다. 사실 자신을 말로 표현하는 자는 허구일지라도 이 기적의 영역에 들어갈 수밖에 없다. 어떠한 현실적인 상식과 윤리도 통용되지 않는 세계로.

실제로 이 편집자의 편지조차 실재하는 것인지 미심쩍지 않은가. 이 소설에서 결국 이런 질문이 가능하다. "이것을 쓴 이토 세이코는 누군가. 실재하는 사람인가. ……실재?"**

이 소설의 이른바 발전형이 전작과 마찬가지로 부당하게 무시당했던 『풍성하게 열리는 재豊かに実る灰』(매거진하우스, 1996)다.

모든 것은 말의 힘 자체에 있다는 천명으로 시작하는 이 작품은 전작의 이중성에 새로이 우연성을 도입해 기획했다. 이토 씨는 햇수, 지역과 각 장에 해당하는 13장의 타로카드 비스콘티 스포르자 타로[08]와 복잡한 수순으로 설정한 상징적 해석에 따라 단편 연작을 집필한다. 이야기의 무대와 소재에는 제약이 따른다. 여기서 그는 각 장마다 한 쌍의 남녀가 번갈아 한 가지씩 이야기를 엮어가도록 설정한다. 말이 이야기이지 남자의 말마따나 "전부 거짓말이라고는 단 한마디도 없는 실화다."*** 더욱이 상대방이 읽은 시점에서 이야기를 하나씩 태운다. 그리고 무작위로 부여한 상징적 해석을 연료로 하므로 이토 씨의 이야기는 유례없이 풍성하다. 나폴레옹의 자손을 임신한 여자, 별안간 중국에 출현한 해커, 멕시코의 옛 신전에서 춤추는 여자, 헛살았노라고 뉘우치며 후회하는 미국 노인, 남아프리카의 제2의 밤바타 Bhambatha의 반란[09]을 저지하는 메두사, 결연히 남자를 버리고 여자가 되어 변혁에 대한 의지를 보이는 아랍 아가씨, 몬트리올에

** 여기서 르포르타주와 비슷한 『바위투성이의 그리운 별岩だらけの懐かしい星』(가도가와쇼텐, 1996)의 마지막 부분에서 슬그머니 「전대미문의 당나귀破天荒なロバ」라는 인상적인 단편을 논한다. 하지만 이 소설은 인터뷰를 통해 현실적 전거典據인 서사적 의도를 전제했으며, 기적에 대한 언급이 발견되지 않으므로 이토적 논리가 없는 소설로 생각된다. 따라서 작품의 평가와는 별개로 여기서는 논하지 않겠다. (원주)

08 Visconti Sporza 타로: 현재 전 세계적으로 사용하는 78장의 타로의 원형을 보여주는 가장 오래된 카드.

*** 거짓이 아닌 실화라는 이 대사는 실제로 여러 번 반복된다. (원주)

서 차별에 저항하며 영화를 찍는 중국인 여성 감독. 그들은 모두 은밀하지만 결정적인 삶의 전향Kehre을, 새로운 삶新生, vita nouva을 주제로 한다. 때로는 미셸 투르니에[10]가 쓴 최상의 단편처럼 달콤하고, 위엄 있고 당당하며, 비통하고 잔혹하다. 사사로운 얘기를 해서 죄송하지만 투르니에는 현존하는 작가 중에서 내가 가장 소중히 여기는 한 사람이다. 연작을 쓰고 태우는 남녀가 참견하듯이 키득거리며 주고받는 대화도 아련한 잔향 같아서 이것만으로도 백분 주목할 만한 작품이다. 날카로운 전작과는 다른 포근함 비슷한 무언가가 이 작품에는 찰랑찰랑 채워져 있다. 하지만 이토 세이코는 그러한 소설에 만족하지 않는다. 12장, 2010년 드디어 크레타 섬에서 조우한 두 사람의 사랑을 이야기한다. 필력이 다한 남자 소설가와 인기 없는 여류 각본가의. 그리고 남자가 여자에게 제안한다. 둘이서 짧은 이야기를 써보자고. 무작위로 여섯 개씩. 반면에 그는 이런 말도 했다.

09 Bambatha Rebellion: 1906년 4월 아프리카 남단에 있는 나탈Natal이라는 영국 식민지에서 인두세poll tax를 도입하는 것에 반대하는 무장봉기가 발발한다. 반란은 실패했고 영국인 거주지를 습격해 막대한 손해를 입힌 토착민 줄루족의 수장 밤바타는 목이 잘려 거리에 효수되었다.

10 Michel Tournier: 1924~2016, 처녀작 『방드르디, 태평양의 끝』으로 아카데미 프랑세즈 소설대상을 받았고, 『양철북』과 함께 20세기 최고의 전쟁문학으로 평가받는 『마왕』으로 공쿠르상을 받았다. 아카데미 공쿠르의 종신회원이다. 주요 작품으로는 『동방박사와 헤로데 대왕』, 『메테오르』, 『황야의 수탉』, 『가스파르, 멜쉬오르, 발타자르』, 『질과 잔』, 『움직이지 않는 떠돌이』, 『금 물방울』, 『로빈슨과 방드르디』, 『사랑의 야찬』, 『지독한 사랑』, 『피에로와 밤의 비밀』, 『푸른 독서노트』 등이 있다.

"자기 얘기를 쓰자고 한 게 누구야? 난 말이지, 지난 15년간, 즉 과거에 젊은 우리가 데뷔했던 무렵부터 지금까지의 일을 전부 거짓부렁이로 다시 써보자고 제안했던 거라고." 타로카드를 이용한 무작위로 쓴 연작은 두 작중인물의 기법이다. 그리고 이들의 이야기는 실화가 아니라 창작이며, 게다가 두 사람이 '새로 태어나기' 위한 것이었다. 함께 과거를 다시 쓰던 두 사람은 자신들이 쓴 픽션(=허구)을 읽고 있다는 사실에 도취한다. "읽고 태워버리는 이야기 하나하나가 내게는 투명한 유리구슬 같았습니다. 글 쓰는 작업의 기쁨, 아니 이야기를 꾸며내는 기쁨에 달떴습니다." 하지만 다음의 대사가 이 기쁨을 차단한다. "끝까지 거짓말을 할 작정이야?" "우리는 하나가 아니야, 이제 진실을 말해." "안 돼, 그럴 수 없어. 행동으로 옮기지만 않으면 우리가 만든 이 세계도 완성될 거야!"

결과는 어떻게 되었을까. 마지막 장에서 한 말은 이렇다. 2010년 남자는 북아일랜드의 벨파스트에 있었다. 2002년 임신한 여자가 결혼하고 싶다는 뜻을 넌지시 비치자 위화감을 느낀 남자는 유치하게도 페루의 푸노Puno로 취재여행을 떠난다는 핑계로 다짜고짜 벨파스트 체류를 취소한다. 그 바람에 공원에서 폭탄테러를 당한 여자는 임신한 아이와 함께 목숨을 잃는다. 회한에 사무친 나머지 글을 쓰지 못하는 그 소설가는 벨파스트에 장기 체류한다. 그러던 어느 날 우연히 방 한 귀퉁이에서 낡아빠진 타로카드 한 벌을 발견하고는 혼잣말로 중얼거린다. "남자와 여자를 바꿔치기하거나 현실과 다른 세계를, 과거와 미래를 뒤바꿔서 실재했던 일이 일어나지 않도록 바꿔버리겠어"라고. 그는 여자를 처음 만났던 15년간과 세계 각지에 타로카드를 배분해서 홀로 허무맹랑한 이야기를 날조하기 시작한다. 그리고 테러를 당해서 죽기 직전에 쓴 그녀의 편지를 인용한다. "슬픔과 쓸쓸함, 후회와 증오, 상실감과 무력감과 분노. 그런 감정들을 말끔히 지워버리고 새로 거듭난 세상에서 우리는 다시금 살아갈 거야. 내 말이 맞지? 그럼, 다녀올게." 소설의 마지막 부분에서 남자는 태우지 않고 간직해온 그간에 썼던 이야기를 편지와 함께 태우며 그녀가 죽은 공원의 사과나무 아래에 뿌린다. 이 몇 줄의 글로 소설은 끝을 맺는다.

남녀가 각자 새로 태어나기 위해서 했던 진실한 이야기는 일단 허위였음이 밝혀진다. 그 창작물은 두 사람이 기쁘게 새로 태어나기 위해 다시 쓴 과거였다.

그런데 그것 또한 거짓이었다. 사실 여자는 우연한 참극으로 이미 죽었다. 남자는 여자와 보냈던 15년간의 기억만 바꿔치기할 생각이었다. 다름 아닌 새로 태어나는 희망을 이야기한 편지를 남긴 그녀에 얽힌 기억만. "자, 나도 슬슬 재기해볼까. 옥색 종이에 적은 다른 세상의 너와 내가 지금 여기에 사는 나를 정화시켰다는 확신이 드니까." 자신의 진실을 이야기하는 것은 새로운 삶을 준다. 전해 들은 진실을 이야기하는 것도, 전해 들은 허구를 이야기하는 것도, 실재하지 않았던 이야기를 기록하는 것도.

그리고 태우는 것도. 이토 씨는 언어의 힘이 현실을 바꾸는 기적에 끌렸던 소설가다. 자신의 얘기를 해야만 하는 이유가 드디어 반쯤 밝혀진 듯하다. 그가 조형한 사람들과 마찬가지로 미장아빔[11] 기법 수준으로 작품에 등장하는 각각의 남녀는 새로 태어나고자 자신에 관해 이야기한다. 그런데 그들이 하는 이야기가, 진실이 느닷없이 허구로 바뀐다. 또한 그 허구가 안심하고 의거依拠했던 현실에도 녹아들어 새로운 이야기가 꼬리를 물고 생겨난다. 현실과 허구의 이분법을 초월한 말이 초래하는 기적의 힘. 그러나 그것은 이토적인 기적의 정의로 보아 처음부터 분명했다. 그런데 작품 속 소설가와 완전히 흡사한 형식으로 소설을 쓴 이토 세이코는 정말 앞으로 글을 쓸 수 있을까. 이 남자처럼 정화되었을까. 재기했을까.

그러지 못했다. 간결하게 말해서 차기작 『거세훈련去勢訓練』은 에로틱한 장면만 마냥 이어진다. 비범한 구석이라고는 없고 온통 성욕과 도착행위뿐인 진부한 내용이어서 이제나저제나 이토 세이코 특유의 반전과 공격, 기적을 고대했던 독자는 허탈한 기분으로 체액냄새가 진동하는 공간에 남겨진다. 기적은커녕 주제도 취지도 없다. 현실을 바꾸는 그 힘은 그냥 비참한 성적 욕망에 흡수되고 만 듯하다. 다짐해두지만 에로틱한 소설은 과격하고

11 Mise en abyme: '심연 속에 놓다'라는 뜻으로 한 작품 안에 또 하나의 작품을 집어넣는 것을 말한다.

부도덕하니 읽지 말라는 말은 아니다. 오히려 그 반대다. 라캉적으로 말하면 그것은 현실에 순응한, 얌전히 길들여진 것에 불과하다. 푸코의 말을 인용해도 그것은 고백이라는 형식으로 계속 자신의 성적 기호를 말하고, 이를 통해 성을 규격화하며 다시 대상인 인간에게 규격화된 성을 부여하는 권력의 작용을 받을 수밖에 없다.

이 책에 존재하는 에로티시즘은 말만 에로티시즘이지 내용은 과격하지 않다. 그것은 현실을 바꾸는 말이 아니다. 이리하여 이토 세이코는 기적을 놓친다. 무기왕은 그를 추방한다. 왕은 그에게 15년형을 내릴 것이다.*

/ 3. 무기왕의 소명 혹은 소설가 이토 세이코의 귀환

동일본대지진을 계기로 소설가 이토 세이코는 오랜 유배에서 귀환했다. 이미 기술했다시피 재해를 둘러싼 말들이 현실을 왜곡시켜 일말의 구원 가능성마저 차단하려고 할 때였다. 자선기

* 정확히 말하면 2009년 웹사이트에서 소설을 시도한다. 복잡하게 얽히고설킨 두 개의 줄거리 속에 친아버지의 수기와 그것에 대한 어머니와 이토 씨 본인의 주석을 곁들인다. 뒤섞인 현실과 허구가 불가사의한 유머를 입고 비뚤어지고 발전한다. 그야말로 이토적 세계가 부활할 조짐이라고도 할 사태가 진행된다. (원주)

금 모금을 위해 쓴 소설로 아무리 무력하게 끝날지라도 현실에 변화를 주고자 그는 재차 각성했다. 일단은 현실의 인간인 타인을 상대로 즉석에서 한 편씩 차례로 엮고 상대방의 허구를 자신의 허구로 비집고 들어가서 비틀어 재해석하고 각색했다. 이토 씨는 집필을 마칠 때까지 그 상대인 사사키 아타루와의 대담을 거절한다. 하긴 『파도 위의 장수풍뎅이』, 『풍성하게 열린 재』의 작가인 점을 고려하면 허구의 영향력이 미칠 상대가 실재하든 말든 뭐 그리 대수겠는가. 아무튼 21년의 세월이 지나서 돌연 신비를 기적이라고 바꿔 말하는 이야기를 마지막에 두었다. “어떻게 하면 좋겠습니까. / 손가락을 믿습니다.” 손가락을 믿기로 한 것인가? 가능할까.

조용한 광기와 함께 그것은 재생되었다. 이토 세이코에게 재활 따위는 필요치 않았다. 후속작인 단편 「이마이 씨今井さん」(잡지 『스바루』 2012년 3월호)는 테이프의 내용을 글로 옮기는 일을 업으로 하는 우도노鵜殿가 편집자 이마이에게 말하는 1인칭 소설이다. 그런데 끊임없이 이어지는 우도노의 독백 속에 갑자기 이마이의 자동응답기에서 흘러나오는 소리를 삽입한다. 음성의 정확한 문자화를 으뜸으로 여겼던 우도노의 원고에 있을 수 없는, 있어서는 안 되는 문구가 이상한 잡음처럼 증식되어가는 모습이 묘사된다. 우도노는 말한다. 정확을 기하려면 “이른바 생명력을 잃은 죽은 말의 겹겹이 쌓인 잔해도 문자화해야 한다. 입술에서 나오

는 쩍쩍 들러붙는 소리, 입맛을 다시거나 헛기침하는 소리, 코를 훌쩍이는 소리, 중복이나 망각, 머뭇거림에 기인하는 기묘한 발음까지도"라고. 그리고 마침내 대담의 장이라는 과거로 다이빙한 우도노가 대담을 나누는 사람에게 욕하는 소리가 들린다. 모진 욕설은 마치 수영장에 가라앉을 때 들리는 아이들의 아우성치는 소리처럼…… (중략) ……멀리서 울린다. 물론 정확을 기한다면 멀리서 울리는 소리도 똑같이 글로 옮겨야 한다. 이리하여 테이프 속에는 다른 사람에게는 들리지 않는 우도노 본인의 말이 몰래 한데 섞인다. 모든 인간의 내면에는 여러 명의 인격이, 여러 개의 의식이 혼재하므로 수시로 탈바꿈하고, 고양이처럼 행동이 돌변한다. 그는 니체나 페르난두 페소아[12]가 하는 얘기를 문자로 옮기는 상상을 하며 한참을 망설이다가 이내 포기하는 모습을 귀로 포착하지 못했다고 말한다.* 결국 우도노는 이마이의 자동응답기에서 들리는 말을 한마디, 한 구절도 듣지 못한다. 그리고 그동안 혼연일체가 되어 살아온 듣는 나와 문자로 옮기는 내가 분리된 게 아닌지 묻는다. 그런 그가 이마이에게 읽어보라며 속일 수 없는 심경을 고스란히 문자로 옮겨서 보내는 결말에서는 절로 깊은 전율이 느껴진다. 다만 회의가 드는 것은 바로

12 Fernando António Nogueira Pessoa: 1888~1935, 카몽이스, 켄탈과 함께 포르투갈을 대표하는 시인이자 작가. 대표작으로 「불안의 서」가 있다.

* 여기서 이 고양이의 갑작스러운 행동 변화를 신비라는 말로 표현한 것에 주의하라. 여기서 논하기에는 너무 거대한 문제이니 나중에 기회가 되면 상세히 설명하겠다. (원주)

언어와 비언어의 구별 그 자체다. 강박적 집착으로 언어와 비언어의 구별이 위태로워지고, 언어의 윤곽이 급속히 잡음 속에 묻히는 동시에 자타의 언어의 구별도 사라진다. 따라서 교착된 복수의 의식의 흐름을 맥락도 없이 비약하면서 말할 수밖에 없다. 물론 듣는 나와 쓰는 나의 분열과 아울러 듣는 언어와 쓰는 언어의 구별도 요동칠 것이다. 가히 기적의 마이크로 분석이다. 기적에서 말은 현실을 바꾼다. 말은 말을 바꾼다. 요컨대 관측이 가능하다면 찰나의 순간에 일어나는 현상은 다름 아닌 끊임없는 언어의 붕괴, 현실의 붕괴, 언어가 초래하는 각종 구별의 붕괴다. 언어와 비언어의, 자타의, 혹은 귀와 손의, 현재와 과거의. 이토 씨는 기적의 어두운 면이 아니라 정온한 광기부터 말한 것이다. 이렇게 부활한 이토 세이코는 다시금 위험하고 벗어나기 힘든 기적을 말한다.* 외부의 현실을 바꾸지 못한 기적은 되돌아와서 말하는 주체를 습격하고 난도질해서 광기의 심연으로 떨어뜨린다. 이것이 실은 오랜 세월에 걸쳐 이토 씨가 그려온 광기다. 예를 들면 앞서 말한 「비밀의 소설」 같은 콩트에서도 여실히 드러났다.

* 여기서 논하는 「내가 그린 사람은私の描いた人は」(『문예』 2012년 여름호)이란 작품은 망각과 관련된 '법 선고'를 우스꽝스러운 형상을 이용해서 말하고 있다. 현실을 바꾸는 막강한 힘을 가진 법이 법을 말하는 자의 무능 때문에 부득이하게 헛된 망각과 공전을 하는 모습을 생생하게 묘사한 이 소설은 기적의 실패를 그렸다고 일단은 말할 수 있다. 여기서는 지면관계상 생략하겠지만 이토 씨의 새로운 주제의 맹아라고도 볼 수 있는 세세한 부분이 많다. (원주)

그리고 그는 걸작 『상상라디오』를 쓴다. 이제 와서 같은 잡지에 게재된 소설을 상세히 논하는 것이 온당한지 모르겠으나 판단은 독자 여러분에게 맡기기로 하고 결론만 말하겠다.

이 소설은 방주方舟라는 뜻의 아크ark라는 DJ가 동일본대지진으로 죽은 사람의 말을 수다스럽게 늘어놓는 장면으로 시작된다. 물론 죽은 사람의 말을 대변하기란 불가능하다는 의견이 나올 수 있고, 충분히 설득력이 있다고 등장인물 중 한 명에게 말한다. 죽은 사람의 말을 듣고 말하는 것은 화자가 이 세상에 존재하지 않기 때문에 기만이고, 해서는 안 될 몰염치하고, 주제넘으며, 부도덕하고, 불가능한, 윤리적으로 용납되지 않는 일이다. 옳은 말이다. 진심이다. 그러나 이미 말했듯이 기적은 옳고 그름을 따질 수도, 상식적으로 생각할 수도 없는 기이한 일을 뜻한다. 그래서 무기왕은 선악과, 다시 말해 정신과 광기의 피안에서 악을, 그리고 선을 행한다.

말이 현실을 바꿀 수 있다면, 그래서 말과 현실의 구별이 사라진다면 기적은 논리적으로, 죽은 자와 산 자의 구별조차 예사로 넘길 수 있어야 한다. 실제로 들리는 것은 쾌활함을 가장한 말뿐이다. 텔레비전에서도 라디오에서도 신문에서도 거리에서도, 죽은 자의 명복을 빌고 멀리하며, 맹렬한 속도로 잊으려 하고, 그런 태도가 사회를 발전시키는 유일한 길인 양 되었다. 죽은 자와 함께 이 나라를 재건할 수밖에 없건만 마치 아무 일도 없었던 듯이 뚜껑을 덮어버리는 우리는 뭔가. 언제부터인가 이 나라는 죽은 자를 끌어안고 살아갈 수가 없다. 어째서인가. 이 세상에서 가고 없는 사람일랑 속히 잊고 살 사람은 살아야 한다. (중략) 하지만 정말로 그것만이 옳은 길일까.

분명 산 사람은 죽은 자와 소통할 수도, 죽은 자를 대변할 수도 없다. 그 의견은 옳다. 하지만 그래도 상상하라, 잠든 상상력을 깨워라, 그리고 계속 말하라. 미치광이가 될지라도, 실수로라도. 그것이 무기왕의 명이라면 잊지 마세요, 기억하세요, 하프라이프.*

말할 수 없는 것, 상상 불가능성에 저항하는 이토 세이코는 처녀작 이후의 작품에 영향을 미친 의문에 완전한, 완벽한 대답을 준다. 왜 자신의 이야기를 해야 하는가. 고백의 올가미에 빠진 것은 아닌가. 그러나 이토 씨는 단호히 대답한다.

자신이 겪은 이야기야말로 말해야만 한다. 재해 중에 일어났던 일이기에 증언해야만 한다. 절대 타락한 자신을 방류하거나 천한 자신을 드러내는 것이 아니다. 왜냐하면 그것은 언젠가 죽을 자신이, 언제가 죽을 아무도 모르는 산 사람에게, 간신히 현자의 돌을 던지는 것이기 때문이다. 대체 나는 누구에게 들려주

* 이토 세이코가 『상상라디오』에서 말한 논지는 조르주 디디 위베르만의 훌륭한 정열을 연상시킨다. 『이미지 그럼에도 불구하고』에서 '말할 수 없는 자', '상상 불가능성', '표상 불가능성'을 방패로 일제히 비난하는 란즈만 일파에게 그는 이렇게 단언했다. 그러한 불가능성이 나태라도 상상해야만 한다고. 조르주 디디 위베르만의 『이미지 그럼에도 불구하고—아우슈비츠 수용소에서 간신히 건져낸 네 장의 사진』(Paris, Minut, 2003)을 참조하라. (원주)

려고 현자의 돌을 만든 것일까. 누구에게 남기기 위해—.

『노 라이프 킹』에서는 화자의 증언만 묘사했으나 『상상라디오』에서는 드디어 청취자 입장과 화자의 입장을 동시에 묘사한다. 현자의 돌은 쓰기도 어렵지만 던지고 받기는 더 힘들다. 그러나 말하고, 들어야 한다. 설사 제정신 가진 인간이 할 짓이 아닌, 도덕에 반하는 일일지라도.

생생한 재해의 원인에 있는 우리는 여전히 언제 죽을지 모르는 '하프라이프'이며, 그 분단과 절규 속을 살아가야 한다. 그 분단을 넘어 절규를 이해하려면 귀를 기울여야 한다. 기적의 이름으로.

이토 세이코는 재차 무기왕(노 라이프 킹)의 소명을 받았다.

그는 계속 손가락을 믿을 것이다.

사사키: 지금 후쿠시마에서 이루어지고 있는 '오염 제거'는 거의 다람쥐 쳇바퀴이며 헛짓입니다. 그것은 이미 체르노빌에서 증명되었습니다. 생명체가 살 수 없는 지역이 나오기 때문입니다. 정든 터전을 빼앗기고 타향에서 살아야 했던 사람들이 있는 것입니다. 하지만 이 만화 속 할아버지와 할머니는 굳이 고향으로 돌아가서 죽는 길을 택합니다. 이 만화를 읽고 생각했는데 지금은 신 유목민 시대여서 어디든 정붙이고 살면 그만이라고 합니다. 거짓말입니다. '그 땅을 떠날 수 없는 사람들', '떠나고 싶지 않지만 강제로 그 땅을 떠나야 했던 사람들'에 관해 진지하게 고민해보는 것은 정말로 중요합니다. 전자는 역시 체르노빌과 후쿠시마에 계속 머물러 사는 사람들입니다. 체르노빌 피난구역의 350명이 주민이라면 반대로 강제로 이주해야 했던 사람들은 난민이며 세계적인 문제입니다. 외적 원인이든 내적 원인이든 마음의 문제든 여하간 불가항력적인 이유로 마지못해 그냥 눌러 살거나 떠나는 사람들의 심정을 헤아리는 것이 가장 중요합니다.
우타마루: 아무렴, 그래야죠.
사사키: 체르노빌과 후쿠시마에 살기로, 남기로 한 사람도 난민입니다. 난민이 된다는 것은 자신이 살아갈 터전을 빼앗긴다는 말이니까요. 이분들은 송두리째 터전을 빼앗겼습니다.

/ 06

라임스타 rhymester 우타마루의 위크엔드 셔플 Weekend Shuffle

/ TBS 라디오 프로그램 봄 추천도서 특집

〈TBS 라임스타 우타마루의 위크엔드 셔플〉

2013년 3월 24일 방영분 수록

우타마루/ 네, 타마플(위크엔드 셔플의 애칭)의 봄, 가을을 위한 독서기획입니다. 다양한 게스트 분들이 추천해주시는 책을 소개하는 시간입니다. 지난번에 초대했을 때는 지진 때문에 온 국민이 아주 힘든 시기였죠.

사사키/ 고작 일주일 정도 지난 무렵이었으니까요.

우타마루/ 지진 직후인 2011년 3월 19일 추천도서 특집방송에서는 힘든 와중에도 열정적으로 추천도서를 소개해주셨습니다. 작가이자 철학자이신 사사키 아타루 씨입니다.

사사키/ 감사합니다. 안녕하세요. 사사키 아타루입니다.

우타마루/ 얼마 전 파시피코 요코하마에서 마친 라임스타의 생방송에도 오셨습니다. 처음에는 이 특집방송 때문에 못 간다고 빼시더니만.

사사키/ 김새게 왜 그러세요.

우타마루/ 제가 뭘 어쨌다고 그러세요. 가자고 조르기라도 했어야 합니까. 시답잖은 공연에 억지로 모시고 가서 죄송합니다.

사사키/ 천만에요. 정말 훌륭한 무대였어요.

우타마루/ 개인적으로는 힘들어 죽을 뻔했지만 즐겁게 감상하셨다니 다행입니다.

사사키/ 우타마루 씨도 편안히 감상하라고 하시기에 느린 템포의 듣기 편한 곡을 연주하려나 보다 했더니만 웬걸, D씨의 말이 끝나기가 무섭게 마지막까지 눈물이 쏙 빠질 만큼 열광의 도가니로 몰아넣더군요.

우타마루/ 뒷부분에서 휘몰아치는 격정적인 무대가 펼쳐지기는 하지요.

사사키/ 가슴이 뭉클하고 이런 대단한 사람과 라디오에서 얘기하는 저 자신이 대견했습니다.

우타마루/ 아타루 씨도 아시다시피 무대 위에서는 카리스마가 넘쳐도 무대를 내려오면 평범한 아저씨입니다. 지금은 정신 나간 아저씨고요. 그나저나 이번에는 무슨 책을 추천해줄지 매우 기대됩니다.

사사키/ 네.

우타마루/ 그럼 무슨 얘기부터 할까요. 잠깐 아타루 씨에 관해 전해드릴 말씀이 있습니다. 타마플 추천도서이기도 했던 사사키 아타루 씨의 『잘라라, 기도하는 그 손을』이 2010년에 기노쿠니야 인문대상을 수상했다고 합니다.

사사키/ 감사합니다.

우타마루/ 시기적으로 적합한 책을 상의하다가 들었는데 소설이라고 했던가요?

사사키/ 맞습니다. 소설이 출간됩니다.

우타마루/ 벌써 4권째시죠? 아주 그냥 찍어내는군요.

사사키/ 쓰다 보니 그렇게 됐습니다.

우타마루/ 이번 달 18일에 갓 출판된 네 번째 책 『밤을 빨아들여서 밤보다 어두운』이 어떤 소설인지 독자 여러분과 청취자 여러분께 소개해주세요.

사사키/ 광고 문구를 인용하면 지금까지와는 전혀 다른 충격적인 결말의 원자력발전소를 반대하는 시위소설입니다.

우타마루/ 아아.

사사키/ 짐작이 가시죠.

우타마루/ 복선을 왕창 깔아놓은 모양이군요.

사사키/ 맞습니다. 얼떨결에 놀라운 결말로 빠져듭니다.

우타마루/ 처음부터 구상하신 게 아니세요?

사사키/ 네. 제가 워낙 즉흥적인지라.

우타마루/ 오오, 그렇다면 아타루 씨의 소설이 처음이신 분은 이 책으로 시작하면 되겠네요.

사사키/ 아마도 가장 편하게 접근할 수 있는 책일 겁니다.

우타마루/ 이해하기가 수월한가 보군요.

사사키/ 네. 12쪽까지만 인내심을 갖고 보시면 그다음부터는 정말 쉽습니다.

우타마루/ 독특한 리듬이나 문체는 제쳐두고 일단 흐름을 타란 말씀이죠. 타는 것은 제 전문인데.

사사키/ 네. 원자력발전소를 반대하는 시위소설이라고 해서 짜증나는 설교만 잔뜩 늘어놓은 그런 책이 아닙니다. 권선징악이나 원자력발전소 반대시위에 참가하지 않는 사람을 비난하거나 혹은 원자력발전소를 추진하는 사람들을 싸잡아서 비난하는 내용도 절대 아닙니다.

우타마루/ 음…….

사사키/ 맹세코. 그날 이후 '우리 잘못이 아니잖아, 아무 잘못도 없는 우리가 왜 이런 일을 당해야 하지?'라든가 혹은 무엇이 진짜 진실인지도 모르겠고 뭐라고 외치든 결국 우리 목소리는 묵살될 거라는 실망감이나 무력감 같은 어두운 그림자가 드리워진 밤이 찾아왔다고 생각합니다.

우타마루/ 지진 직후에 오셨을 때는 무슨 수든 내야 하는 끔찍한 상황이었기에 그 긴장감을 조심하라고 당부하셨는데요. 지금은 그마저도 잦아들었다고 할까, 완전히 지쳤습니다.

사사키/ 맞습니다. 한 번이라도 무기력한 기분을 맛본 모든 분께 열린 책입니다. 2011년 6월 29일 관저 앞에서 벌이는 금요시위 현장에 20만 명이 모인 사실을 여러분도 기억하실 겁니다. 시위에 참가했던 20만 명의 여러분은 이 소설의 등장인물로 나옵니다. 정밀하게 묘사되어서. 그뿐만 아니라 텔레비전에서 성운처럼 또렷하게 십자형으로 뒤섞여 있는 빛의 무리를 보셨죠. 아마도 감동하거나 애가 타기도 하고, 영문을 몰라 혼란스러울지도 모릅니다. 다들 모종의 불안에 떨고 계신 겁니다. 그런 모든 분, 즉 여러분을 위해 쓴 소설입니다. 바로 여러분이 이 소설의 등장인물입니다. 그리고 개개인의 불안에 힘입어 충격적인 결말로 치닫습니다.

우타마루/ 말씀을 듣고 보니 안 읽고는 못 배기겠네요.

사사키/ 쑥스럽습니다. (웃음)

우타마루/ 본인 책을 추천하시다니 어떻게 그런 기발한 생각을 하셨을까. 진짜 고단수시라니까요. (웃음)

사사키/ 뻔뻔하죠.

우타마루/ 책에 대한 자부심이 돋보이는 좋은 아이디어예요! 게다가 줄거리를 생략해서 호기심도 자극하셨으니 일석이조지요.

사사키/ 지난번에 출연했을 때부터 다시 출연한 오늘 이 시간까지 지난 2년간은 갖가지 괴로움, 슬픔, 고통, 불안, 분노, 긴장, 실망을 절감한 어두운 밤이었다고 생각합니다. 그 밤을 쓴 소설입니다.

우타마루/ 아하, 그래서 제목이 『밤을 빨아들여서 밤보다 어두운』이구나.

사사키/ 그렇습니다. 추천합니다! 아니, 잘 부탁드립니다!

우타마루/ 『잘라라, 기도하는 그 손을』이나 『야전과 영원』 같은 철학서와 소설은 작업하는 방식이 전혀 다른가요? 아니면 연장선상이어서 같은 방식으로 쓰시나요?

사사키/ 다릅니다. 제가 소설을 쓰는 이유를 말하면 이 소설의 충격적인 결말이 잘못되었다고 생각할지도 모릅니다.

우타마루/ 아아.

사사키/ 주인공 격인 등장인물이 어떤 행동을 합니다.

우타마루/ 그 행동의 잘잘못을 따지면요?

사사키/ 순수한 정의라고는 할 수 없어요. 저라면 그가 실제로 그런 행동을 한다면 비판할지도 모릅니다. 하지만 실수를 통해서만 아는 진실이 있거든요. 실수일지도 모르는 흉하고 한심한, 볼썽사나운 인생의 진실이란 것이 있기 마련입니다. 그런 것은 철학서에서는 쓸 수가 없어요. 철학서는 진실만 써서도, 실수를 써서도 안 되므로.

우타마루/ 학술서니까.

사사키/ 허구에서만 다룰 수 있는 진실을 여러분에게 일깨워주고 싶습니다.

우타마루/ 방금 한 말 근사한데요. 명료해서 픽션론으로서도 그만인 걸요.

사사키/ 저지른 잘못을 통해서만 아는 진실을 추구하려면 픽션밖에 없습니다.

우타마루/ 이제 사사키 씨의 추천도서를 소개해주세요.

사사키/ 지난 시간에는 지진이 발생한 직후여서 거리의 시민들도 극도로 예민했기에 저도 전염되었는지 꽤 심각한 이야기를 했습니다.

우타마루/ 똑같은 사람인데 그 시기에 가벼운 얘기는 무리죠.

사사키/ 그래서 이번에는 자신을 다잡자는 의미에서 만화를 소개할까 합니다. 만화입니다!

우타마루/ 가볍게 시작하시겠다, 어디 들어봅시다. (웃음)

사사키/ 만화입니다. 가볍게? 가볍게? 가볍게?

우타마루/ 알겠어요. (웃음)

사사키/ 프란시스코 산체스Francisco Sanchez 글, 나타차 부스토스Natacha Bustos 그림, 『체르노빌: 금지구역*Chernobil. La Zona*』입니다.

우타마루/ 제목부터가 가벼운 것과는 거리가 먼데 뭔 소리세요.

사사키/ 정말 미안합니다. 죽을죄를 지었습니다. (웃음)

우타마루/ 농담이니까 하던 말씀 계속하세요.

사사키/ 훌륭한 만화입니다. 체르노빌 인근 마을에 살았던 가족의 3대에 걸친 이야기입니다. 할아버지와 할머니가 우겨서 체르노빌 피난구역에 있는 집으로 돌아오는 장면에서 시작합니다. 그리고 마지막에 손자들이 굳이 위험을 무릅쓰고 그 집을 찾아와 돌아가신 할아버지와 할머니의 묘지에서 유품을 건네받는 장면에서 끝납니다. 아까 후루칸(구성작가 후루카와 고우古川耕) 씨가 소개한 만화 『얼어붙은 손바닥—시베리아 억류기凍りの掌 シベリア抑留記』[01]와는 반대지요. 아치라 씨의 그림이어서 약간 강한 인상을 풍기지만 대신 특징이 있고 대사가 적습니다.

우타마루/ 아, 그래요.

사사키/ 기묘한 적막감이 흐르고.

01 일본 위원이 엄선한 학습만화 100권에 속하며 저자 오자와 유키おざわゆき의 아버지처럼 시베리아에 억류되었다가 귀국한 사람들을 취재해서 완성했다. 보장은커녕 빨갱이라고 의심받는 것도 모자라서 일자리조차 구할 수 없었던 참담한 인생이 담겨 있다.

우타마루/ 처음에는 대사가 없는 책인 줄 알았는데 있기는 있어요.

사사키/ 이상한 정적이 지배하는 책으로 물론 체르노빌이 폭발하는 장면을 인상적으로 묘사하긴 했지만 그것에서조차 차분한 절제미가 느껴집니다. 너무나 절제된 필치여서 여러 번 읽기 전에는 할아버지와 아버지와 손자를 그린 가족 3대의 이야기인지를 모를 정도입니다. 다시 말해 설명이 과하거나 원자력발전을 놓고 이런저런 주의·주장을 남발하거나 책임을 전가하지 않습니다. 끝에 부록으로 손자가 회상하는 형태의 1인칭 화법의 문장이 첨부되어 있습니다. 줄거리니까 거기부터 읽으면 이해하기 쉬울 겁니다.

우타마루/ 그렇군요.

사사키/ 제가 매우 신뢰하는 시인이자 사상가이며 번역가이고 대학교수이기도 한 스가 게이지로菅啓次郎 선생님이 이 책을 보내주셨을 때 솔직히 감이 오질 않았어요. 스가 씨는 대체 왜 이런 책을 번역하셨을까. 이게 다야? 이런 대형 참사를 어떻게……라고 생각했습니다. 하지만 자꾸 신경이 쓰여서 반복해서 읽다 보니 마지막 컷에서 억눌려 있던 엄청난 슬픔이 울컥 밀려왔습니다.

우타마루/ 위험해요. 진정하세요. 까딱하다가 결말까지 말씀하시겠어요.

사사키/ 지금 후쿠시마에서 이루어지고 있는 '오염 제거'는 거의 다람쥐 쳇바퀴이며 헛짓입니다. 그것은 이미 체르노빌에서 증명되었습니다. 생명체가 살 수 없는 지역이 나오기 때문입니다. 정든 터전을 빼앗기고 타향에서 살아야 했던 사람들이 있는 것입니다. 하지만 이 만화 속 할아버지와 할머니는 굳이 고향으로 돌아가서 죽는 길을 택합니다. 이 만화를 읽고 생각했는데 지금은 신유목민 시대여서 어디든 정붙이고 살면 그만이라고 합니다. 거짓말입니다. '그 땅을 떠날 수 없는 사람들', '떠나고 싶지 않지만 강제로 그 땅을 떠나야 했던 사람들'에 관해 진지하게 고민해보는 것은 정말로 중요합니다. 전자는 역시 체르노빌과 후쿠시마에 계속 머물러 사는 사람들입니다. 체르노빌 피난구역의 350명이 주민이라면 반대로 강제로 이주해야 했던 사람들은 난민이며 세계적인 문제입니다. 외적 원인이든 내적 원인이든 마음의 문제든 여하간 불가항력적인 이유로 마지못해 그냥 눌러 살거나 떠나는 사람들의 심정을 헤아리는 것이 가장 중요합니다.

우타마루/ 아무렴, 그래야죠.

사사키/ 체르노빌과 후쿠시마에 살기로, 남기로 한 사람도 난민입니다. 난민이 된다는 것은 자신이 살아갈 터전을 빼앗긴다는 말이니까요. 이분들은 송두리째 터전을 빼앗겼습니다.

우타마루/ 맞아요. 평범한 공동체는 이미 사라졌으니까.

사사키/ 그야말로 진짜 유랑생활이자 유배생활이 아닌가 합니다. 우타마루 씨의 노래 〈꿈의 섬夢の島〉의 소절은 아니지만 "입찬소리했던 놈만 도망쳤다"라는 노랫말 속의 인간들은 역시 그 사람들에 비하면 어디서든 잘 살고 도망칠 수 있다고 생각하겠죠. 착각은 자유지만 단지 자신은 만능이라는 유아적인 환상에 불과

합니다. 삶의 터전이나 주거지에 대한 애착이 덜할 뿐입니다. 유목민이라는 말을 중요시하고 유명하게 만든 들뢰즈와 가타리라는 철학자는 유목민이란 움직이지 않는 사람[02]을 말한다고 했습니다.

우타마루/ 개념을 편리하게 곡해한다는 말인가요?

사사키/ 분명 그런 감이 없지 않습니다.

우타마루/ 그럴싸하군요.

사사키/ 한편 토지와 인간과의 확고한 유대감이라고 할까, 인간은 고향 땅에 뿌리 내리고 살아야 한다고 주책없이 잔소리해대는 아저씨가 있지 않습니까. 그 말도 왕왕 틀립니다. 물론 앞서 말했다시피 인간은 어디서든 잘 살고 도망칠 수 있다는 생각도 환상입니다. 둘 다 주거지를 빼앗길 수밖에 없었던 많은 사람의 삶을 전혀 고려하지 않습니다. 후쿠시마와 체르노빌에 남았던 사람도 난민이고, 쫓겨났던 사람도 난민이라는 사실을.

우타마루/ 역지사지 해보면 충분히 아실 것입니다. 정붙이고 살기 나름이라지만 말이 쉽지 막상 닥치면 막막한 것이 인지상정이죠.

사사키/ 방금 전에 말한 두 가지 극단적인 생각의 중심에 진실이 있습니다. 원자력발전소 문제의 핵심부터 의식주 생활에 이르는

02 들뢰즈와 가타리는 『천 개의 고원』에서 유목주의nomadism를 논하면서 역사적으로 실재했던 유목민의 경험에 주목해 통상적인 방식과는 다르게 유목민을 정의했다. 그들에 따르면 유목민은 단지 이동하는 사람이 아닌 불모지에 정착해서 살아갈 방법을 궁리해 새로운 삶의 공간으로 재탄생시키는 사람들이다.

근본적인 문제까지 여러 가지를 생각하게 하는 책입니다. 반복해서 읽으면 붓끝으로 전해지는 한없이 절제된 표현이 심금을 울립니다. 추천합니다!

우타마루/ 맞아요. 삶은 곧 그들의 일상이니까요.

사사키/ 대단히 멍청한 말이지만 러시아 사람에게 동병상련을 느낍니다. 역시 픽션의 힘이지요.

우타마루/ 힙합 아티스트이자 래퍼인 케이 더브 샤인K DUB SHINE도 말했습니다. "일본이 아니야. 힙합 왕국이야!"라고.

사사키/ 다음은 사카구치 안고 원작, 곤도 요우코近藤ようこ 그림의 『전쟁과 한 여자戦争と一人の女』[03](세이린코게이샤青林工藝舍)입니다.

우타마루/ 드디어 나왔군요! 거물의 이름이 둘씩이나.

사사키/ 거물이시죠. 대단히 오랜 경력을 자랑하시는 곤도 요우코 씨는 여러분도 잘 아실 겁니다. 새삼스러운 감도 없지는 않습니다. 하지만 사카구치 안고라는 가장 존경하는 작가이자 소설가이며 사상가이기도 한 분이 『전쟁과 한 여자』를 만화로 만들었다는 소식을 듣고 한껏 흥분해서 읽어보니 훌륭했습니다. 이 만화의 바탕이 된 안고의 소설이 세 가지가 있습니다. 『전쟁과 한 여자』, 『속편 전쟁과 한 여자』, 『나는 바다를 안고 싶다』.

03 1946년 『신생新生』에 발표된 작품으로 일본의 패전을 알리는 천황의 방송이 전파를 타던 1945년 8월 15일 정오가 소설의 현재다. 태평양전쟁 말기에 무분별하게 성을 탐닉하는 '여자'와 허무주의에 빠진 소설가 노무라의 기묘한 동거를 통해 패전 직후 일본인의 혼란한 심상을 엿볼 수 있다.

우타마루/ 오오.

사사키/ 그 세 가지를 합쳐서 만화로 만들었습니다. 처음에 『전쟁과 한 여자』는 GHQ, 즉 연합국 최고사령관 총사령부General Headquarters of the Supreme Commander for the Allied Powers의 검열을 받았는데 검열당하지 않은 복원된 원고를 바탕으로 했습니다.

우타마루/ 호오.

사사키/ 개인적으로 10대 시절부터 엄청 좋아한 소설이라 만나는 사람마다 읽으라고 권했어요.

우타마루/ 저는 안 읽었는데.

사사키/ 그런데 여성들이 보인 반응이 매우 격렬했습니다.

우타마루/ 격렬하다니요?

사사키/ 7대 3까지는 아니어도 6대 4 이상 반발했습니다.

우타마루/ 어떤 반발이요?

사사키/ 똑 부러지게 말하지 못하기에 반발하는 이유를 물었습니다. 『전쟁과 한 여자』는 남자 입장에서 그린 다정한 커플의 이야기입니다. 분명 '뭐 이런 이기적인 남자가 있어'라는 생각이 듭니다. 그런데 재미있게도 『속편 전쟁과 한 여자』는 같은 이야기를 여성의 입장에서 묘사했습니다. 그래서 "이래도 못마땅하냐?"라고 물었더니 사카구치 안고의 소설을 술술 읽을 정도면 똑 소리나게 해명할 만도 하건만 그냥 우물쭈물합니다. 반발심이 들긴 하지만 딱 꼬집어서 얘기할 수가 없는 거죠.

우타마루/ 뭔가를 건드렸군요.

사사키/ 그런 모양입니다. 어찌나 반발이 심한지 '혹시 여성 차별적인 소설인가', '이 소설을 좋아해도 되나' 싶더라고요.

우타마루/ 살짝 불안한데요.

사사키/ 그러니 진짜 여성이고 아는 사람이자 아는 만화가인 곤도 요우코 씨가 이 소설을 만화로 만들었다는 소식을 듣고 얼마나 흥분했겠어요!?

우타마루/ 해묵은 감정이 해소될까 기대하셨군요!?

사사키/ 그러나 원작에는 굉장히 충실하지만 결말이 너무 싱겁게 끝나서 '엥, 끝이 뭐 이래!?' 싶기도 하고 주도면밀한 묘사가 탄성을 자아내기도 합니다. 남자 입장에서는 도무지 이해가 안 가는 부분도 있으므로 작품 자체가 안고 소설의 가장 좋은 비평입니다.

우타마루/ 호오.

사사키/ 혹자는 소설이 만화로 나왔다니까 다짜고짜 "만화는 무슨 얼어 죽을, 그까짓 게 오죽 하겠어"라며 깔봅니다. 하지만 주제넘은 소리는 이 책보다 나은 작품을 낸 다음에 하라고 꼬집고 싶습니다. 여성 특유의 시점에서 연출해서 색다른 재미를 선사하는 완전히 독립된 하나의 작품으로 완성했습니다. 더욱이 여주인공이 엄청 매력적으로 묘사되어 있습니다. 한마디로 안고 작품에 빠져 있던 조각을 곤도 씨가 절묘하게 끼워 맞춘 것 같은 통쾌함을 느꼈습니다.

우타마루/ 이상적인 다른 매체를 통해 만든 작품이 아닙니까. 아타루 씨가 그토록 답답하고 개운치 않았던 원인을 곤도 씨의 작품이 알려주던가요?

사사키/ 그건 말이죠…….

우타마루/ 무엇을 건드렸기에 여성들이 떨떠름해하는 거죠?

사사키/ 아마도 곤도 씨의 묘사나 여주인공의 싸늘한 눈길, 그리고 훌륭한 후기의 마지막 한마디까지 읽으면……. 내용에 관해 잠깐 말씀드려도 될까요. 남성의 입장과 여성의 입장에서 쓴 각각의 세 작품은 패전 직전이던 제2차 세계대전 말의 이야기입니다. 원폭도 투하됩니다. 전쟁의 종식, 파멸이 임박했던 시점이죠. 역사적 사실이지만 상륙한 미군 병사들에게 남자들은 몰살당하고, 여자들은 강간을 당하거나 정부가 될 수밖에 없는 상황이었습니다. 여성은 목숨을 부지해도 남자는 죽는다는 속설이 팽배했던 시절입니다. 어차피 떠나면 그뿐이니 그때까지만 동거하자는 매우 찰나적인 육체관계인 것입니다. 그렇다고 육체관계만 나누는 철저히 외설적인 이야기는 아닙니다. 여성은 원래 창녀이므로 육체적 쾌락을 못 느낍니다. 남자도 매력적이지만 무력감과 권태를 느낍니다.

우타마루/ 냉담한 현실 탓이군요.

사사키/ 어차피 두 사람 사이는 시한부 연인이므로 언제고 매몰차게 돌아서야 할 날이 옵니다. 남자가 여주인공에게 "네가 내 마지막 여자라는 것만은 확실해"라고 하는 장면에서 가슴이 멥니다.

다양한 감정과 욕망이 천천히 일렁이는 소설로 섬세한 심리묘사가 압권이죠. 냉혹한 상황에서 담담하게 파멸을 기다리는 주인공들의 사랑과 증오가 생생하게 전해져서 비통하기까지 합니다. 그러나 전쟁은 맥없이 싱겁게 끝나버립니다. 여주인공은 "나는 전쟁이 좋아, 전쟁이 없으면 심심해"라는 말을 내뱉습니다. 하지만 회상하는 장면에서 전쟁 전에 바의 마담으로 일했던 시절의 자극적인 생활도 지루했다고 말합니다. 전쟁 중에는 이 두 사람도 암거래로 약삭빠르게 맛난 음식을 조달하고, 무료한 시간에는 마냥 농탕치며 아주 행복하게 삽니다. 다시 생각하면 기억조차 가물가물하지만 묘하게 냉정하고 섬뜩한 연애를 정적이면서도 섬세하게, 따분하고도 심드렁하게 묘사하고 있습니다. 어차피 이별이 예정된 연애건만 무료함과 절박함 때문에 서로 싸우는 이유는 무엇일까요. 곤도 씨의 후기로 갈무리됩니다. 읽겠습니다. "이것은 전쟁 때문에 목숨을 부지하려고 함께 사는 남녀의 이야기다. 그러나 전쟁이 끝나도 그들은 살아간다. 어느 시대나 인간은 질긴 목숨을 이어간다. 물론 지금도 마찬가지다." 완벽하지요. 사족을 달 필요가 없습니다. 냉정하고 어두운 내면을 통해 남녀관계를 명쾌하게 결론짓고 있다고 스스로를 달래는데 아무래도 흥분됩니다. 극한 상황이어서 그럴까요? 아닙니다. 극한 상황이 아닌 시대는 없습니다. 아무튼 극한 상황을 빌려서 완벽하게 표현한 안고의 소설을 곤도 씨가 절묘하게 재해석한 작품입니다.

우타마루/ 음, 음.

사사키/ 가장 사소한 육욕, 피할 수 없는 애증, 슬픔, 우리의 가장 민감하고 아픈 곳을 푹 찌르는 위대한 소설가이자 사상가의 소설을 이런 식으로 만화화해서 여성의 시점에서 재조명합니다. 과연 명성대로 낙하산처럼 안고의 핵심에 정확히 톡 떨어뜨려주는 안고 작품의 최고의 입문서입니다. 여성 독자의 감상이 궁금합니다. 이상입니다.

우타마루/ 혹 떼려다 더 붙일 수도 있어요.

사사키/ 그러라지요.

우타마루/ 하나하나 끝난 후에 휑하고 떠나는 것이 재미지요. 해방감을 만끽하며! (웃음) 이 만화는 원작을 읽고 비교해서 읽으면 좋을 듯합니다.

사사키/ 먼저 앞으로도 유익하고, 비교해서 읽어도 재미있는 대단히 뛰어난 양서입니다. 저는 이 만화를 읽고 『전쟁과 한 여자론』을 써볼까 생각했어요.

우타마루/ 샘나지만 멋진 생각입니다. 자, 한 권 더 소개해주세요.

사사키/ 시마다 도라노스케島田虎之介(데쓰카 오사무 문화상 신인상 수상)의 『대니 보이』(세이린코게이샤青林工藝舍)입니다. 시마다 도라노스케 씨도 알 만한 사람은 다 알고, 만화 애호가들은 열광하는 명실상부한 작가지요. 존경하는 시마토라 씨는 화려한 신년회장에서 딱 한 번 뵌 게 전부입니다. 팬이었다고 고백할 기회를 놓쳐서 아쉬워하던 차에 트위터에서 서로 팔로우한 것을 보고 한두 번 메일을 주고받았습니다. 그런데 시마토라 씨에게 이 작품을 타마플에서 소개해도 되겠느냐고 여쭸더니 실은 자신의 작품 중에서 가장 인지도가 떨어지는 작품이라고 하시더군요. '엥, 이런 걸작이!?' 너무 의외였어요. 저는 시마토라 씨의 만화는 모두 좋아합니다. 읽을 적마다 흐느껴 울기 때문에 만날 약속이 있는 전날에는 못 읽습니다.

우타마루/ 전날!? 직전이 아니라? 얼굴에 흔적이 남을 정도예요?

사사키/ 맞아요. 그럴 만한 이야기가 절대 아닌데 한 컷, 대사 하나면 절로 눈물이 납니다. 천재입니다. 2년이 지난 지금 소설가가 되고 보니 시마토라 씨는 현존하는 만화가 중에서 가장 질투 나는 재능을 가진 분입니다.

우타마루/ 대체 표현 능력이 얼마나 탁월하기에 그토록 샘을 내시는 거죠?

사사키/ 영화를 사랑하고 영화에 정통한 그는 오즈 야스지로[04]를 존경해서 영화적인 배치layout를 한다는 평가를 많이 받습니다. 농밀하고 고전적이랄까, 그의 화풍은 현재의 그림이 아닌 만화라는 장르에만 존재합니다. 실로 만화 자체가 그림이고 영화의 영향을 받았지만 오직 만화로만, 정지화면으로만 가능한 것을 추구하는 작가입니다.

04 小津安二郎: 미조구치 겐지, 구로사와 아키라와 함께 일본 영화의 3대 거장. 카메라를 앉은키에 맞추고 롱테이크로 잡아내는 '다다미 쇼트'라는 독특한 촬영기법으로 유명하다. 주요 작품으로 〈태어나기는 했어도〉, 〈작심作心〉, 〈외아들〉, 〈만춘晩春〉, 〈맥추麥秋〉, 〈도쿄 이야기〉, 〈석산石蒜〉 등이 있다.

우타마루/ 호오.

사사키/ 우와, 몇 장 분량의 소설을 만화 한 컷에 담는다고요.

우타마루/ 맞습니다.

사사키/ 저더러 왜 이리 기묘한 문체로 소설을 쓰냐며 좀더 솔직하고 평범하게 쓰라고 하는데, 다 이유가 있습니다. 저는 영화나 만화, 애니메이션만이 아니라 힙합을 비롯한 음악이나 여타의 장르도 무척 존경합니다. 그래서 다른 장르에서는 불가능한 묘사를 하고 싶습니다.

소설로만 할 수 있는 표현이지요. 아무 지장 없이 예사로 그림이나 만화로 표현할 수 있다면 굳이 소설로 만들 의미가 없기 때문입니다. 그래서 반대로 방금 전에 말한 곤도 씨가 대단한 것입니다.

시마토라 씨의 『대니 보이』가 왜 인지도가 낮은지를 다시 읽어보고 알았습니다. 그의 『라스트 왈츠ラストワルツ』, 『도쿄기일東京命日』, 『트로이메라이』는 모두 걸작입니다. 그런데 특히 뒤의 두 권에는 분명한 특징이 있습니다. 하나의 것을 둘러싸고 다양한 사람들의 과거와 미래가 순간적으로 교착하는 영롱한 순간을 묘사한 것이죠. 가령 '엘도라도'라는 전설의 자전거나 발파르트라는 극히 기묘한 이력을 지닌 피아노의 명기를 둘러싸고 다양한 사람들의 인생이 교착합니다. 오즈 야스지로의 기일에 성묘하러 모인 남녀의 인생 이야기가 복잡하게 얽힙니다. 그런 많은 사람의 인생이 어떤 사물을 통해서 교착하고 불꽃이 튀는 순간을 허실피

막[05]의 위험한 경계를 넘나들며 감동적으로 그립니다.

『대니 보이』도 같은 구조를 갖고 있습니다. 다만 한 가지 다른 점은 사물이 아니라 사람입니다. 한순간 역사의 무대에 등장했다가 사라진 이토 사치오라는 천재적인 가수를 둘러싸고 사람들의 이력과 기억이 교착합니다. 자전거와 피아노와 기일은 사람이 아니므로 난폭한 표현을 쓰면 맹목적인 집착, 확신, 원한 등을 마음껏 주입할 수 있습니다. 실제로 그러한 장면이 나옵니다. 자전거를 끌어안고 키스하는 노인 같은. 그런데 이번에는 인간이고, 게다가 어딘가 천사 같은 종잡을 수 없는 매력을 뿜어내는 아름다운 청년 가수입니다. 그것이 이 작품이 지닌 경쾌한 매력입니다. 새로운 경지라고 생각합니다.

그것은 그림에도 명확히 드러나서 기존의 만화보다 여백의 미를 잘 살려서 간결한 인상을 주는 작품입니다. 아마 새로운 경지라는 저의 소감에 대부분 동의하실 겁니다.

일순간 반짝 빛나다가 역사에서 사라진 가수, 사람들의 기억 사이를 산들바람처럼 지나가지만 귓가에 맴도는 노래로 자신의 존재를 각인시킨 어떤 남자의 이야기입니다. 그는 마지막에 '많은 사람이 내 노래를 칭찬했어. 내가 부른 그 노래는 지금 어디 있지. 그 사람들이 듣던 노래는……'이라고 비통하게 중얼거립니

05 虛實被膜: 허와 실은 얇은 피막 하나 차이라는 뜻으로 에도 초기의 일본 전통 인형극(닌교조루리), 가부키의 작자인 지카미쓰 몬자에몬近松門左衛門이 주장한 예술론이다. 예藝라는 것은 허와 실의 피막 사이에 있는 것으로, 바꿔 말하면 픽션에는 사실이, 다큐멘터리에는 허구가 동시에 잠복해 있으며 그 사이에 예술의 진실이 있다는 뜻이다.

다. 인간의 영혼을 울리지만 가장 덧없는 노래가 전해지는 과정을 그와 그의 노래를 둘러싸고 교착하는 이야기 속에서 똑똑히 보여줍니다. 나나오 다비토[06]가 수수께끼 같은 말을 합니다. "녹음한 음원이 들어 있는 하드 디스크를 읽지 못하면 데이터는 남지 않는다. 하지만 노래는 남는다"라고 단언해서 무슨 의미일까 궁금했는데 이 만화를 읽으면 알게 됩니다. 역사의 어둠 속으로 사라져버린 이토 사치오라는 사람의 노래는 이렇게 여러 사람의 인생 속에 스며들어 사라지지 않습니다. 다시 말해 역사에 남지 않은 것이, 역사의 빛으로 남지 않고 그림자로 사라진 것이 전부 덧없이, 헛되이, 허무하게 잊히는 것은 아니라는 것을 극명하게 묘사하고 있습니다. '진즉부터 이런 소설을 쓰고 싶었는데 분하다!'라는 말로 시마토라 씨의 책을 추천합니다!

우타마루/ 또 가볍고.

사사키/ 가볍다 못해 경쾌하죠!

우타마루/ 상쾌한 만화인가 보군요.

사사키/ 정말로 그가 존경하는 오즈 야스지로의 영화 같은 유머가 있어요. 그러한 경쾌한 만화니까 꼭 읽어보셨으면 합니다.

우타마루/ 전부 만화네요. 전부 만화지만 아타루 월드였죠. 하지만

06 七尾旅人: 1979~, 일본의 가수이자 작곡가로 미국의 9·11 테러사건을 모티브로 한 앨범 〈9·11 FANTASIA〉를 발매했다. 2011년부터 지금까지 일본대지진 의연금 모집 프로젝트(DIY HEARTS 東北関東大震災義捐金募集プロジェクト)를 진행 중이다. 대표곡으로 〈롤링 롤링Rollin' Rollin'〉, 〈빌리언 보이시스Billion Voices〉, 〈리틀 멜로디〉, 〈서커스 나이트〉 등이 있다.

꼭 읽어야 할 세 권이었습니다. 어, 아타루 씨?

사사키/ 이것은 저와는 아무런 관계가 없는 사람이지만 추천합니다. 연례 프로그램 '안 가는 놈은 바보다 시리즈!'

우타마루/ 언제 그런 특집을 시작했어요!

사사키/ (웃음) ……지금 국립근대미술관에서 하는 프랜시스 베이컨전, 강력 추천합니다!

우타마루/ 프랜시스 베이컨전.

사사키/ 20세기 최대의 화가입니다. 제가 가장 존경하는 화가고요. 이토록 통일성 있는 전시회는 평생 없을 테니 놓치면 후회합니다. 이 전람회를 기획한 호사카 겐지로 씨와 대담을 나눴는데 미술관에서 그분을 통해 표 석 장을 선물로 주셨습니다! 그리고 25일, 모레죠. 『예술신조芸術新潮』라는 잡지에 호사카 씨와 저의 베이컨 대담이 실립니다. 혼신의 힘을 기울여서 열띤 토론을 벌였으니 꼭 읽어주세요.

우타마루/ 참조하세요.

사사키/ 나머지 두 개. 마이클 페피어트[07]의 『프랜시스 베이컨: 수수께끼의 해부*Francis Bacon: Anatomy of an Enigma*』가 신초샤新潮社에서

07 Michael Peppiatt: 1941~, 영국 출생으로 케임브리지 대학에서 주재한 잡지 『케임브리지 오피니언』을 위한 취재를 통해 베이컨과 친분을 쌓고 이후 30년간에 걸쳐 우정을 나누었다. 졸업 후에는 파리로 이주해 『뉴욕타임스』지와 『파이낸셜타임스』지의 미술 통신원으로 근무하며 많은 영미 잡지에 기고함으로써 미술평론가의 지위를 구축했다. 1978년 잡지 『아트 인터내셔널』의 선임편집자, 편집장 겸 사장을 거쳤다. 현재는 베이컨을 비롯한 전시회의 큐레이터로 활약 중이다.

나옵니다. 베이컨전의 결정판입니다. 그리고 데이비드 실베스터[08]의 『나는 왜 정육점의 고기가 아닌가*Interview with Francis Bacon*』는 품귀여서 구하기가 힘듭니다. 지쿠마쇼보筑摩書房에서 꼭 다시 인쇄해주세요. 번역하기는 다소 힘들어도 베이컨이라는 위대한 화가의 방법론에 관한 단독 인터뷰입니다. 이 두 권을 아울러 추천합니다!

우타마루/ 네, 대단히 감사합니다!

08 David Sylvester: 1924~, 런던에서 태어났다. 40년 넘게 베이컨의 충실한 해석자이자 여행 친구였고 때로는 모델이 되었다. 1951년 이후 런던, 파리, 베니스, 뮌헨, 더블린, 뉴욕, 워싱턴 등의 여러 미술관에서 피카소와 미로, 마그리트, 무어, 베이컨의 개인전 등을 비롯한 수많은 전시를 기획했다. 또한 테이트 미술관 이사, 영국예술위원회 회원, 미술 패널 의장, 헨리 무어 재단 이사, 사우스뱅크 이사회 회장을 역임했으며 1983년 영국제국의 작위와 프랑스의 예술과 문학 훈장을 받기도 했다. 1993년에는 미술평론가 최초로 베니스 비엔날레의 황금사자상을 수상했다. 주요 저서로는 『자코메티 보기*Looking at Giacometti*』, 『현대미술에 대하여: 비평 에세이 1948-96』, 『프랜시스 베이컨에 대한 반추*Looking back at Francis Bacon*』 등이 있다.

/ 추천의 말

인간을 얕보지 마!

'선동'하는 철학자

일본의 '젊은 니체'로 꼽히는 사사키 아타루의 책을 진심으로 좋아한다. 그의 책에는 새로운 시각, 놀라운 통찰이 있다. 그래서 『잘라라, 기도하는 그 손을』(송태욱 옮김, 자음과모음, 2012)에서 시작해 『야전과 영원』(안천 옮김, 자음과모음, 2015)까지 국내에 나온 아타루 책들을 빠트리지 않고 두루 섭렵했다. 아타루는 니체에서 푸코, 라캉, 르장드르, 들뢰즈를 잇는 철학의 계보와 지식, 그 해석의 특이점은 물론이거니와 방대하게 습득한 철학 지식을 바탕으로 방송, 강연, 대담, 소설에 이르기까지 다재다능한 재능을 보여주고 있다. 그는 현재 일본에서 대중의 열광적 지지를 끌어내는 유일한 철학자다. 그의 지적 관심은 당면한 정치사회의 현안에서 음악과 미술, 그리고 파울 첼란의 시에 이르기까지 넓게 퍼져 있다. 그는 사상, 비평, 학문, 지식을 하나로 아우르며 이것을 가로지르는 약동하는 사유의 모험을 보여준다. 삶의 잔혹함과 지리멸렬함을 통찰하는 예지가 번뜩이고, 사유는 혼란을 꿰뚫으며 에두르지 않고 핵심으로 직격하는데, 그것은 생동하다 못해 '선동적'이다. 아울러 문장들은 '그리스적 명랑성'과 지독한 비관주의자의 우울이 뒤섞인 채 독특한 리듬을 구현하는데, 그 지점에서 내 독서욕이 자극을 받고 발화되었을 것이다. 나는 아타루의 철학적 원점을 보려고 그 책들을 좇아갔다. 하찮은 인간종의 부정할 수 없는 조건들을 향한 깊은 통찰, 문제제기의 도발성, 관습과 필요의 지배에서 엇나가는 메커니즘, 동시대를 뛰어넘는 통시적 시점, 대의제와 당위들에 엇박자 놓기, 하지만 그 중심을 벗어나지 않는 것, 철학 중심으로의 회심回心이라는 측면에서 나는 그를 철학의 새로운 사도使徒로 여긴다.

『야전과 영원』, 그 이후

『야전과 영원』의 출간 소식을 듣고 서점으로 뛰어가 책을 손에 넣은 뒤 곧바로 읽기 시작했는데, 솔직히 고백하자면 900여 쪽이 넘는 분량에다 텍스트 자체의 난삽함에 부딪쳐서 읽다가 그만두기를 거듭했다. 책에도 색깔이 있다면, 이 책은 검은색일

테다. 검은색은 그 바닥을 가늠할 수 없는 심연의 색이다. 그 심연은 철학의 심연이고, 아타루의 어법을 빌려 말하자면, '영원한 야전'의 심연이다. 이 책은 단숨에 독파할 수 없는 두께를 갖고 있거니와 과속방지턱이 많은 도로 같아서 속도를 내며 질주할 수는 없다. 서문에 쓴 "책을 쓰는 사람은 '집필하는 동안 직면하는 기댈 곳 없음'을 감당해야 한다"는 구절에 격하게 공감했지만, 펼쳐지는 내용이 워낙 방대해서 맥락을 잡기가 쉽지 않다. '야전'과 '영원'이라는 개념도 모호해서 윤곽이 잘 잡히지 않는다.

이 명민한 철학자는 거울상, 신체, 주권, 대타자, 향락, 규율 권력, 국가, 세속화, 종교, 법, 윤리…… 따위의 개념을 가로지르며 푸코와 라캉과 르장드르의 철학에 대한 새로운 이해에 도전하는데, 논점과 논의들은 자주 엉키고 방향 없이 소용돌이치며 성실한 독자를 따돌리기 일쑤다. 난해하기 짝이 없는 라캉과 푸코에 대한 책이 아닌가! 라캉의 난해함에 대해 이렇게 쓴다. "한마디로, 라캉의 난해함은 그가 제시한 개념의 혼성성混成性과 불균질성에 기인한다. 라캉이 제조한 개념은 하나하나가 특수한 잉여성을 지닌다 할 수 있다. 라캉은 단호한 어조로 정의하지만 라캉의 개념은 결국 항상 그 정의를 지키지 못한다." 라캉은 여러 개념을 만들어 쓰지만 그 안에는 불균질한 것들과 혼성적인 것들이 섞여 있다. 그것은 단일하지 않을뿐더러 중복과 잉여를 품고 애초에 정의한 범주를 쉽게 넘어선다. 그러니까 라캉의 개념들 안쪽에는 항상 "이중으로 된 끝없는 설명의 증식, 해석의 번성"이 잠재되어 있다는 것이다. 라캉이 만든 개념의 혼성성은 어떻게 나타나는가? "'말하는 것'은 항상 '보는 것'으로 미끄러져가고, 보는 것은 항상 말하는 것과 포개진다. 상상적인 것은 신속히 상징적인 것을 향하고, 상징적인 것은 돌연 실재적인 것에 퍼져간다. 실재적인 것은 상상할 수 없는 상상적인 것이라는 역설 속에서만 스스로를 드러낸다." 아타루의 설명에 따르면 라캉이 만든 개념들의 난해함은 불가피한 것이고 태생적인 것이다. 그 개념들은 늘 무엇인가 낯설고 이상해서 독자를 어리둥절하게 만든다.

라캉의 『세미나』 제2권 마지막에 일어난 '전회'에 대해서 설명하는 부분을 보자. "그것은 어떤 의미에서 '상상계의 막다른 골목'에 뒤이은 '첫 번째 상징계의 막다른 골목'이다. 첫 번째 상징계는 어쩐지 순진하고 인공적인 느낌이 난다. 우리의 끝없고 한없는 욕망, 우리를 괴롭히고, 결코 사그라지지 않는 불이 되어 날마다 사람을 미치게 만드는 욕망은 온건한 약속의 말 속에서 정화되고 진정되고 마는 듯하다. 사랑의 욕망은 정말 이런 것이었을까? 성대한 약속의 진리, 계약의 진리인 것은 틀림없다. 그것이 충분히 집행력을 지니고 있음을 우리는 알고 있다. 약속의 파기가 어떤 죄에 해당하는지도. 하지만 정말 약속의 말이 계속해서 옆으로 미끄러져가는 우리의 욕망을, 승인을 얻으려는 몸을 불태워버릴 것만 같은 욕망의 뜨거움을 회수할 수 있다는 말인가? 무엇인가 이상하다. 여기에는 무엇인가가 짐짓 모른 척 침묵을 강요하는 것이 있다." 이렇듯 라캉이 제시하는 개념 내부에서 번성하는 잉여로 인한 혼돈과 어리둥절함은 불가피하다. 그 불가피함에서 텍스트에 대한 독자의 위화감이 생겨난다. "그 위화감은 아마도 정당하다." 독해를 위해 멈칫거리며 매우 성실하게 텍스트를 따라온 독자들은 텍스트 안으로 스며들 틈도 없이 바깥으로 미끄러져나간다. 읽는 내내 나는 얼마나 자주 아타루의 텍스트 바깥으로 미끄러져나갔던가!

아타루의 사유는 논리와 이성 위에 세워진 계보학이기보다는 혼돈과 무질서에 더 가깝다. 그의 사유는 한 개의 중심점으로 응축되지 않고 여러 개로 쪼개지며 흩어지는 작은 점들의 지향이다. 체계를 지우며 생성되는 글쓰기. 그 속에 흩뿌려진 다채로운 사유는 질 들뢰즈와 펠릭스 가타리가 『천 개의 고원』에서 말한 '리좀' 형태를 이룬다. 리좀은 시작도 없고 끝도 없다. 항상 중간에서 나오고, 그 중간을 취한다. 그는 '발문'에서 니체가 이끄는 바에 따라서 이 책을 썼다고 고백한다. 따라서 니체는 모호함과 비밀의 문을 여는 만능열쇠다. 아타루는 그 니체의 계보학에 의지해서 라캉과 푸코와 르장드르를 호명한다. 그것은 난삽한 철학에 뛰어든다는 의지의 표명이다. 과연 아타루는 라캉과 푸코와 르장드르의 텍스트를 읽고 엮고 풀면서 해석의 번성에 도달한다. 끝이 어디로 갈지 모르고, 일목요연하게 정리할 수 있는 전체성도 없다. 삶이 끝도 없고 전체성도 파악할 수 없는 '영원한 야전'이듯이. '서문'을 다시 들춰본다. 이 책을 쓰는 일이 알 수 없음, 무지, 우연성에 몸을 던지는 일이라고, "얕게 고동치며 하루하루를 혼탁하게 만드는 건망과 편집광적인 기억에 괴로워"하며, 그 한가운데를 헤쳐 나오는 일이라고 말하는 서문을! 이 말은 맞다. 이 책을 읽는 명료한 도식은 없으니까! 나는 무엇에 이끌려 『야전과 영원』을 읽었는가? 이 두꺼운 책을 끝까지 붙들고 읽은 것은 그것이 다른 사유의 가능성을 모색하는 일이고 '야전과 영원'이라는 새로운 시공으로 나아가는 실천이기 때문이다.

번역과 그로테스크한 그림과 가상현실에 대하여

『춤춰라 우리의 밤을 그리고 이 세계에 오는 아침을 맞이하라』를 잔뜩 기대감을 품고 읽는다. 여기에는 여섯 편의 글이 실려 있다. 먼저 「어머니의 혀를 거역하고, 다시—번역·낭만주의·횔덜린」은 '번역의 문제'를 두고 독일 낭만주의와 횔덜린의 예를 들면서 번역에 얽힌 오해와 이해를 폭넓게 다룬 강연이다. 아타루는 '번역'은 뜨거운 감자와 같은 주제임을 "번역이란 저자의 머리를 접시에 담아 내놓는 짓이며, 죽은 자에 대한 모독"이라는 나보코프의 말을 인용하며 넌지시 드러낸다. 어느 나라에나 외부에서 들어온 불순물(외국어)이 섞이지 않은 순수한 언어로서의 모국어를 옹호하는 순혈주의자들이 있는 법이다. '번역 대국'이라는 일본에도 '순수한 일본어'에 집착하는 사람이 있는 모양이지만, 아타루에 따르면 이런 생각은 언어에 대한 무지를 드러낸다. 언어는 살아 있는 것, 즉 생물이다. 모든 생물은 그 자체로 고립된 채 독야청청할 수가 없다. 자기를 둘러싼 세계와 교섭하며 그 영향의 자장磁場 안에서만 제 생명을 꾸릴 수가 있다. 마찬가지로 모든 언어는 고유하고 독창적인 상태로만 있을 수 없고, 외부적인 것이 유입되어 섞이고 스미며 새로운 생명을 얻는다. 외부적인 것이 섞여든다고 순수성이 오염되었다는 생각은 단견에 지나지 않는다. 한 번도 번역된 적이 없는 언어를 '처녀'라고 말한 독일 낭만주의 철학자 폰 헤르더의 생각이 멍청하고 상스러운 발상이라는 아타루의 신랄한 비판에 전적으로 동의한다. 언어는 "반드시 타인이 되는 시련, 번역이라는 시련, 타인에게 상처 입는 시련"을 통해 확장성을 획득하는 법이다. 그게 언어의 외부적인 것의 유입에 의해 착종하고 교란되며, 상처나고 정련되는 게 하나의 숙명이다. 현대 일본어라는 것, 다시 말해 "어머니의 혀(모어)"도 번역어와 조어의 영향을 피할 수 없고, 바로 그런 까닭에 번역에 내재된 "혼효주의, 복수성, 다문화주의, 타인성의 존중"을 통해 끊임없이 새로 성립되는 언어다. 야나부 아키라의 『번역어 성립사정』에도 세세하게 나오지만, 오늘날 일본에서 널리 쓰이는 사회, 개인, 근대, 미, 연애, 존재, 자연, 권리, 자유, 철학, 이성, 의식, 사고는 물론이거니와 신경, 선腺, 수소, 탄소, 질소, 황산, 염산, 중력, 원심력, 지식, 관찰, 분류, 연역, 추상, 정의, 귀납, 현상, 명제 등등 같이 무궁무진한 어휘들이 일본 메이지 시대 번역자들에 의해 만들어진 조어로 출발한다. 이런 번역어와 조어가 없었다면 일본어는 얼마나 빈곤했을 것인가! 그런 까닭에 "어머니의 혀는 번역되고 제조된 것"이며 "이토록 혼란스럽고, 이중삼중으로 번역에 번역을 거듭한 탓에 우리 어머니의 혀는 기묘한 생김새를 띠고 지금 여기"에 있는 것이다. 현대 일본어는 더도 아니고 덜도 아닌 번역어라는 것이다!

「이 정온한 도착倒錯에 이르기까지―프랜시스 베이컨을 둘러싸고」는 베이컨의 회화를 다루는데, 부정형의 표현주의적인 '입-신체' 그림들에 대한 철학적 의미를 중심으로 펼쳐지는 짧은 대담이다. 베이컨은 신체를 기괴하게 일그러지고 뭉개지고 비틀린 살덩어리로 표현한다. 가죽이 벗겨진 채 죽은 짐승의 시뻘건 고기로 그려낸 '신체들'은 매우 그로데스크하다. 아타루는 베이컨의 "깨물고, 씹고, 빨고, 핥고, 물어뜯어서 피범벅이 된 듯한 그의 작품 속 신체들", 특히 시뻘건 살덩어리로 뭉개진 '입과 입술' 그림들을 "성스러운 이성을, 오욕을, 일체의 것을 태연히 포용하는, 이른바 구강적"인 것으로 보았다. 입이란 무엇인가. 입은 "호흡, 미각, 씹기, 공격, 성" 기관이고 "충동을 느끼는 대로 감각을 구현하는 신체"인 것이다. 아타루는 베이컨이 신체를 왜곡한 게 아니라 "먹고, 트림하고, 게우고, 욕지거리하고, 맛난 술을 마시고, 애무하고, 노래"하는 의도나 가공 없이 있는 그대로 표현한 것으로 본다. 베이컨은 현대 철학자들이 주목한 '문제적 화가'다. 당연히 아타루도 언급하고 있지만, 질 들뢰즈는 아예 『감각의 논리』라는 책을 써냈는데, 저 유명한 앙토냉 아르토에게서 '기관 없는 신체'의 개념을 빌려와 베이컨의 회화들을 철학적으로 조명한다. 아타루는 베이컨에 대한 들뢰즈의 철학이 '미온적'이라고 비판하지만, 내 생각엔 아타루의 견해 자체가 들뢰즈의 것에서 크게 벗어나 있지는 않다는 판단이다.

「신비에서 기적으로—소설가 이토 세이코의 고난」은 내게는 생소한 일본 작가에 대한 일종의 작가론이다. 아타루는 이토 세이코라는 작가가 쓴 『노 라이프 킹』을 중심에 두고 『빈털터리 남자의 휴가』와 『해체사 외전』을 거쳐 『상상라디오』에 이르기까지 작가론의 측면에서 그 의미를 파헤치고 따진다. 『노 라이프 킹』은 가정용 게임기의 롤플레잉 게임이자 주인공 이름이다. '노 라이프 킹'은 게임, 소문이고 유언비어인 동시에 행동을 유발하고 현실화하며 '노 라이프 킹'을 공격하는 저주의 총칭이다. 이렇듯 '노 라이프 킹'은 중의적인 의미를 내포한다. 아타루는 이 '무기왕無機王'의 서사가 게임 속의 현실을, 사이버 공간의 유언비어가 난무하는 미래의 세계를 그린 게 아니라지만, 내 생각엔 진짜 현실과 가상현실, 혹은 모조현실 사이의 경계를 지우는 서사의 세계를 탐색한 것으로 짐작된다. "눈 딱 감고 돌아보니 번화가의 일직선으로 난 길에 자갈이 주르륵 배열되어 있다. 세계는 반전했다. 노 라이프 킹이었다." 말들의 세계, 세상을 떠도는 소문과 유언비어들, 이것이 기적을 일으켜 '현실'로 변한다. 가상의 것이 현실을 침범하고 현실을 움직이며 구원이자 파멸이 될 수 있다는 것, 그게 '노 라이프 킹'의 세계다. 하지만 이토 세이코의 이 작품들이 국내에 소개된 적이 없고, 나는 그것들을 읽어본 적이 없다. 아타루의 글은 내 의식에 어떤 의미의 결절점으로 맺히지 못한 채 표면에서 미끄러져나간다. 읽지도 않은 소설에 대해 이러쿵저러쿵 얘기를 더 첨언하는 것은 무의미해 보이지만 이토 세이코가 문제작가라는 점에는 공감한다.

인간을 얕보지 마!

무엇보다도 이 책에서 내 눈길을 끈 것은 「상처 속에서 상처로서 보라, 상처를」과 「춤춰라 우리의 밤을 그리고 이 세계에 오는 아침을 맞이하라」라는 글이다. 아타루는 줄기차게 "용납되지 않는, 일어나서는 안 될 일이니 일어나지 않는다"는 믿음의 허구성을 까발려 만천하에 드러내 폭로하면서 사람들에게 '봐라, 이것들을!'이라고 말한다. 우리는 언제라도 쓰나미로 익사한 자, 원폭으로 몸이 가루가 되고 방사능에 쬐여 살이 녹고 뭉개져 죽는 자, 가스실에서 쓰러진 자, 대학살의 현장에서 찢겨 죽는 자가 될 수 있기 때문이다. 그는 '이것들을 잊지 마라'라고 말하는데, 잊지 않는 것은 상처를 직시하는 것이다. "다들 지치고, 상처받고, 초조하고, 곤혹스러워서 내면 깊숙이 피로가 자리하고 있습니다. 이 사실을 직시해야만 합니다." 수치스럽고 치욕이 될지라도 그것을 부정, 회피, 억압하는 것은 진정한 해결책이 아니다. 상처와 트라우마, 그것을 직시하는 일이야말로 거기서 벗어나고 치유하는 첫 단계다.

우리는 미증유의 사태에서 살아서 돌아온 자들이다. 전쟁과 분쟁에서, 재난과 재해에서, 인종 청소와 유혈 테러에서 살아 돌아온 자들은 트라우마를 안고 살아간다. 우리가 일상에 복귀하려고 안간힘을 다할 때 그 안간힘의 한 방편은 망각에 매달리는 것이다. 학대당하고 고통을 당한 나쁜 기억들을 애써 떨쳐내려는 몸짓은 본능적이다. 나쁜 기억을 떨쳐내려는 것은 그것에서 멀리 도망가려는 무의식의 충동이다. 그러나 아타루는 이렇게 말한다. "심적 외상을 입었다고 자각하기는 매우 어렵지만 자각해야만 합니다. 그런 노력이야말로 꼭 필요합니다. 산산조각 나서 가루가 된 유리를 분무한 듯이 이미지에 은색 가루가 흩뿌려져 있습니다. 눈으로, 코로, 입으로 들어가서 무심결에 찔끔찔끔 피가 배어나오듯이 우리도 재앙과 그 화상의 단편에 상처를 입습니다." 트라우마에서 도망가지 않고 그것을 자각하라. 그게 아타루의 권유다. 심적 외상의 무서움은 그것을 자각하지 못할 때 타인의 트라우마, 타인의 상처에 무신경해지기 때문이다. 그것은 '잔혹한 질병'이다. 오직 자신의 트라우마를 자각하는 사람만이 남의 트라우마에 대해서 관대해지는 법이다.

아타루는 「상처 속에서 상처로서 보라, 상처를」에서는 '사진'과 '이미지'들에 대해 언급한다.[01] 아타루가 선각으로 추종하는 철학자들, 즉 베르그송, 들뢰즈, 가타리 같은 이들은 시간의 지속과 운동과 무관한 '사진 나부랭이'를 중요하게 취급하지는 않는다. 그렇다면 아타루는 왜 사진에 대해 말하는가? 사진은 '개체의 포착'을 가능케 하는 현대적 기술의 하나지만, 아타루는 "외상 후 스트레스 증후군의 플래시백 현상"에 대해 말하려고 롤랑 바르트의 『밝은 방』을, 조르주 디디 위베르만의 이미지 정치학과 아도르노의 저 유명한 "아우슈비츠 이후 서정시를 쓰는 것은 야만이다"라는 명제까지 논의 속으로 끌어들인다. 사진이 일반적으로 정지된 피사체를 찍고 정지화면을 산출하는 것으로 인식되지만, 아타루는 이 관습적 인식을 전면 부정한다. 사진에는 '시간의 착종'이 있고, 그 안에는 '사실로서의 과거', '불확실한 미지

01 아타루는 사진에 관해 쓴 수전 손택과 롤랑 바르트의 책을 언급한다. 두 사람은 각각 『사진에 대하여』와 『밝은 방』을 썼는데, 아타루는 수전 손택의 책을 "혼란스럽고 시답잖은" 것으로, 상대적으로 롤랑 바르트의 책을 뛰어난 것으로 판단한다. 두 권의 책을 통해 의미 깊은 독서 경험을 한 바 있는 나는 아타루의 판단에 동의할 수 없다.

의 미래' 그리고 현재에 일어나는 모종의 사건들이 한데 뒤엉킨다. 그것은 시간이 흘러도 변함없이 선명하고 사람들은 사진을 통해 과거의 시간, 과거의 경험을 되풀이한다. 이 되풀이가 가능한 것은 사진이 기억의 항구화이며 이미 있었던 일과 사람의 부활이기 때문이다. 그래서 거의 모든 사고, 전쟁, 재해들이 사진으로 기록되고 사람들은 사진을 통해 기억을 반복적으로 환기하는 것이다.

유대인 600만 명을 죽음으로 내몬 나치 독일의 만행, 수십만 명의 인명 살상을 낳은 히로시마와 나카사키의 원자폭탄 투하, 일본군의 난징대학살, 크메르 루즈, 체르노빌과 후쿠시마의 원전 사고와 방사능 피해 따위는 용납되거나 일어나서는 안 될 일이다.[02] 그럼에도 그런 비극이 현실에서 버젓이 일어난다. 이 세계에 사는 일의 이상함과 의문 그리고 곤혹스러움을 낳는 이런 반문명적 비극들은 되풀이하며 진중한 이들의 의식 속에 기억과 망각 사이에 자리 잡는다. 비극의 경험들은 의식과 삶을 서서히 붕괴시키고, 기억과 망각 사이에 자리 잡은 채 되풀이해서 '기억 투쟁'을 벌인다. 아타루가 "상처 속에서 상처로서 보라, 상처를"

02 사사키 아타루는 여기에 덧붙여 "아프가니스탄, 이란, 문화대혁명, 폴 포트, 유고슬라비아 내전, 알바니아 내전, 르완다, 수단, 기타 등등"에 대해 언급한다. 인류는 정치분쟁, 종교분쟁, 인종분쟁에서 촉발된 수많은 내전을 겪으며 서로를 죽이는 일을 서슴지 않았다.

이라고 말하는 것은 그게 우리를 무력 속에 빠뜨리고 의식과 삶을 붕괴시키는 사태들에 대응하는 창조적인 방식이기 때문이다. 이 젊고 명민한 철학자에게도 '동일본대지진'이 나무의 옹이같이 원체험으로 자리 잡은 것은 돌발적인 충동이 아니다. 그의 삶과 사유는 이 자연재난의 전과 후로 확연하게 갈라진다. 이 재난은 나치의 아우슈비츠에 견줄 만한 비극적 사건이다. 아타루는 사유가 불가능한 지점으로 소환되어 이 표상 불가능한 것에 대해 사유하고 그것을 얘기도록 명령받는다. 그는 재난에서 살아남은 사람이기 때문이다. 그에게는 살아남은 자로서 말해야 할 의무가 부과된다. "플루토늄 반감기가 2만 4,000년이라고? 웃기시네. 인류가 음악을 고안한 지 7만 년이 넘었어. 까짓 7만 년 기다리지 뭐. 노래하면서, 연주하면서, 춤추면서. 인간을 얕보지 마."

춤춰라, 상처와 무기력을 넘어서서

아타루는 무엇을 선동하는가? 그는 인간이 만든 재난과 재해, 인간의 추악한 욕망과 그것이 만든 범죄들의 밑바닥을 파고든다. 그는 동일본대지진과 쓰나미, 원전 파괴에 따른 재난 이후 심리적 외상을 입고 집단적 무력에 감염된 일본과 일본인의 마음을 자극하고 '치열한 무력'을 선동한다. 이 선동은 고정된 것, 굳은 것, 위축된 것, 죽은 것을 깨우고 그것들을 넘어서 가라는 부추김이다. 그는 우리 마음에 신명을 지펴 몸을 흔들어 춤을 추게 한다. 어떤 사람은 춤추는 걸 좋아하고, 어떤 사람은 춤추는 걸 심드렁해하지만, 아타루는 죽어가는 우리에게 "날쌘 발놀림으로 유쾌하고 신명나게 춤추는 괴물"이 되라고 독려한다.

이 책의 표제어이자 주제인 '춤'에 주목하자. 아타루는 클럽 영업의 규제와 관련해 전위음악가 존 케이지와 아프리카 원시부족, 그리고 일본 헌법까지 끌어들여 담론의 폭을 춤과 정치, 춤과 종교 쪽으로 넓혀간다. 우리는 어떤 음들에 맞춰 몸짓을 한다. 그게 바로 춤이다. 세상은 온갖 소리로 가득 차 있고, 그 소리에 대한 반응으로 몸은 어떤 몸짓을 드러낸다. 리듬을 타는 모든 신체 동작이 다 춤이라면 걷고, 우물을 길어 나르고, 농사짓고, 사냥을 하고, 아기를 어르고 하는 등등 사람이 취하는 동작에는 다 춤이 들어 있다. 인간은 한시도 쉬지 않고 춤을 추고 있는 셈이다. 그렇다면 춤은 살아 있는 자의 일상인 셈이다. 사람은 왜 춤을 추는가? 살아 있기 때문이다. 춤은 그만큼 자연스러운 본성의 발로다. 춤추는 것은 살아 있음의 기쁨을 표현하는 일이고, 원시사회에서는 태양을, 빛을 맞이하기 위한 제의였다.

오늘날은 '클럽'에서 춤을 춘다. 클럽이란 "정부의 지침에 고분고분 따르는 폐쇄된 공간"이다. 여기에서 추는 춤은 사방 벽으로 둘러싸인 채 격리된 춤이다. 이런 춤은 진정한 창조성이 결여되어 있다. 따라서 종교적 열정, 해방감, 민중 봉기의 촉매에까지 이르지 못한다. 오로지 자발적으로 추는 춤, 일찍이 장자가 「양생주」편에서 말한 '상림桑林의 무악舞樂'에 맡긴 몸의 춤만이 우리를 자유로 이끈다. 삶이 고달플수록 춤추고 노래하라! 춤은 우리를 음악의 몸으로 살게 하고, 리듬과 운명을 무아지경 속에서 하나로 통합한다. 더 나아가 춤은 모든 평범한 악에 저항하고 견디며, 재난과 재해로 고갈된 우리 마음을 기쁨으로 적시는 일이다. 왜 춤추느냐고? 인류는 원시시대부터 춤을 추었다. 인류가 춤에 열광한 것은 본성적인 것의 발로다. 춤의 역사를 더듬어보면, 춤이 더러는 저항운동의 한 방식으로 돌출한다. 춤이 민중 봉기의 불씨이기도 했던 것이다. 춤은 '체육'이 아니고, 더더구나 '범죄의 온상'은 아니며, '생활 그 자체', 생명의 율동이다. 결국 아타루는 헌법보다 낮은 하위의 '풍영법'(우리의 풍속법과 비슷한)으로 밤에 춤추는 것을 억압하고 금지시키려는 일의 부당함을 주장하며, "법을 지켜라. 아침까지 춤추게 하라"라고 쓴다.

아타루는 한 시대를 이끈 댄서이자 위대한 가수인 마이클 잭슨의 얘기를 잇는데, 아타루는 그의 춤에서 아프리칸 아메리칸들의 방대한 춤의 완성을 본다. 이 댄서의 위대함은 춤을 추면서 보여준 '제동력', 즉 멈춤에서 극명하게 표출한다. 춤은 동작, 운동, 율동의 그침 없는 연결이다. 춤에는 멈춤이 없다. 그런데 마이클 잭슨은 "불가능한 정지동작을 펼침으로써 춤이라는 폭발적인 운동의 존재를 역설적으로 증명해" 보인다. 춤은 삶이 한순간의 정지도 없는 역동임을, 인간은 정지 자체가 불가능함을 보여주는 것인데, 아타루는 마이클 잭슨에게서 그 불가능성을 거슬러 오르는 '멈춤'을 본다. 춤은 "찰나일지언정 균형과 조화를 되찾"는 동작이고 율동이다. 대지진과 전쟁 따위로 입은 상처와 피로, 그리고 마음 깊은 곳까지 뿌리를 내리는 트라우마와 유약함을 망각하고, 그 망각을 넘어서서 새로운 삶의 역동으로 나아가기를 원한다면 춤춰라! 춤은 인간이 온갖 시련과 수난을 넘어서 살아남는 방도이자 삶의 권태와 치욕을 넘어서는 원동력이다. 춤추는 사람들은 제 몸을 음악의 신체로 바꾸고, 어떤 황홀경으로 나아간다. 아타루는 춤이 섹스와 비슷한 그 무엇이라고 말한다. 그런 까닭에 춤은 종종 '음란한 것'으로 오해되기도 한다. 하지만 문명국가에서 법으로 춤을 금지시킨다고? 아타루는 일본의 역사서인 『고사기』와 『일본서기』까지 전거로 끌어들이며, 한밤중에 반라로 춤을 췄던 일본의 전통을 환기시킨다. 춤추는 것을 금지시킨 법의 부당함과 가소로움을 말하기 위해서. 인간은 왜 춤추는가? 이 책을 읽었다면 이미 그 대답을 알고 있다. 춤춰라, 살기 위해! 그리고 태양을, 아침을 불러들이기 위해! 춤추며 신들과 함께 웃어라!

장석주 시인, 『일상의 인문학』 저자

독자 북펀드에 참여해주신 분들

강부원, 강석여, 강영미, 강은희, 강재웅, 강주한, 고혜숙, 김경은, 김기남, 김기태, 김미현, 김병순, 김병희, 김새누리, 김성기, 김수민, 김수영, 김인겸, 김정환, 김주원, 김주현, 김중기, 김진성, 김푸름, 김현철, 김형수, 김혜원, 김홍명, 김희경, 김희곤, 나준영, 남요안나, 노진석, 문희정, 박근하, 박나윤, 박성우, 박소연, 박순배, 박연옥, 박진순, 박진영, 박혁규, 서형석, 설진철, 송덕영, 송화미, 신민영, 신정훈, 심만석, 안진경, 안진영, 원성운, 원혜령, 유성환, 유승안, 유영호, 유인환, 유지영, 이경훈, 이나나, 이덕영, 이만길, 이상훈, 이수한, 이승빈, 이지원, 이지은, 이한아, 이현화, 임원경, 장경훈, 장영일, 전미혜, 정다운, 정담이, 정대영, 정민수, 정상철, 정솔이, 정원택, 정윤희, 정율이, 정이나, 정진우, 정해승, 조민희, 조선아, 조승주, 조정우, 최경호, 탁안나, 한민용, 한성구, 한성훈, 한승훈, 한정목, 함기령, 허민선, 허지현, 현동우

춤춰라 우리의 밤을 그리고
이 세계에 오는 아침을 맞이하라

2016년 5월 9일 초판 1쇄 발행

지은이 | 사사키 아타루
옮긴이 | 김소운
펴낸곳 | 여문책
펴낸이 | 소은주
등록 | 제2014-000042호
주소 | (03994) 서울시 마포구 동교로 224, 102호
전화 | (070) 5035-0756
팩스 | (02) 338-0750
전자우편 | yeomoonchaek@gmail.com
페이스북 | www.facebook.com/yeomoonchaek

ISBN 979-11-956511-4-6 (03300)

이 도서의 국립중앙도서관 출판시도서목록(cip)은 e-CIP 홈페이지(http://www.nl.go.kr/ecip)에서 이용하실 수 있습니다(CIP 제어번호: 2016009786).